中国电子信息产业统计年鉴
（电子篇）

2018

工业和信息化部运行监测协调局

電子工業出版社
Publishing House of Electronics Industry
北京 • BEIJING

未经许可，不得以任何方式复制或抄袭本书之部分或全部内容。
版权所有，侵权必究。

图书在版编目（CIP）数据

中国电子信息产业统计年鉴. 2018. 电子篇 / 工业和信息化部运行监测协调局编. —北京：电子工业出版社，2019.12

ISBN 978-7-121-33396-5

Ⅰ. ①中… Ⅱ. ①工… Ⅲ. ①电子信息产业－统计资料－中国－2018－年鉴 Ⅳ. ①F49-66

中国版本图书馆 CIP 数据核字（2020）第 010813 号

责任编辑：徐蕾薇　　文字编辑：赵　娜
印　　刷：天津画中画印刷有限公司
装　　订：天津画中画印刷有限公司
出版发行：电子工业出版社
　　　　　北京市海淀区万寿路 173 信箱　　邮编：100036
开　　本：787×1 092　1/16　印张：16.25　字数：433 千字　　彩插：2
版　　次：2019 年 12 月第 1 版
印　　次：2019 年 12 月第 1 次印刷
定　　价：368.00 元

凡所购买电子工业出版社图书有缺损问题，请向购买书店调换。若书店售缺，请与本社发行部联系，联系及邮购电话：（010）88254888，88258888。

质量投诉请发邮件至 zlts@phei.com.cn，盗版侵权举报请发邮件至 dbqq@phei.com.cn。

本书咨询联系方式：xuqw@phei.com.cn。

编辑委员会

主　　任：黄利斌

副 主 任：解三明

成　　员：孟　燕　王宝艳　宋辰超

特约编辑：（按姓氏笔画排序）

王永剑　王凯文　左翊君　吕炳娜　任　骏

刘　晶　刘　婷　刘　蓉　刘广程　刘东巍

李　政　李文淑　李姣姣　杨　隽　杨乐怡

何致君　张　乾　张攀科　武震宇　易永彤

罗　萍　罗家泰　周光强　郑闽红　贺　琪

耿　萌　郭银华　曹志芹　喇淑玲　鲁德保

童　昊

编 辑 说 明

（1）《中国电子信息产业统计年鉴（电子篇）2018》（以下简称《年鉴》）是全面记载2018年度中国电子信息制造业经济运行的综合性统计资料，通过对中国电子信息制造业各地区、各行业、各产品门类发展数据的统计和分析论述，系统反映了中国电子信息制造业在2018年取得的成果、存在的问题和发展的趋势。

（2）《年鉴》共分综合、数据2个部分。

（3）“综合”部分的主要内容：一是2019年中国电子信息制造业综合发展指数报告；二是2018年全国主要省（直辖市、自治区）、计划单列市电子信息制造业发展情况。

（4）《年鉴》统计范围：①工业和信息化部2018年电子信息制造业统计年报：在我国境内注册（不包括中国港、澳、台地区）的年主营业务收入1000万元以上，从事电子信息产品生产及研发的企、事业独立法人单位。②国家统计局规模以上工业：指主营业务收入2000万元及以上的工业法人单位。

（5）《年鉴》数据来源：①电子信息制造业的主要经济指标、主要产品分省市产量数据根据国家统计局工业数据整理；②主要电子信息产品产销存数据来自《工业和信息化部2018年电子信息制造业统计年报》；③电子海关进出口数据来自海关总署。

（6）《年鉴》统计数据不包括中国港、澳、台地区。

（7）《年鉴》中涉及的部分行业内企业名称，采用企业简称。

（8）《年鉴》由工业和信息化部运行监测协调局组织编写，并得到部内有关司局、各省（直辖市、自治区）工业和信息化主管部门、部直属单位、相关协会、企业及专家的大力支持，在此谨表感谢。

目　　录

I 综　　合

II 数　　据

I 综　　合

2018年规模以上电子信息制造业主要指标完成情况

指标	单位	2018年	2017年	增速（%）
主营业务收入	亿元	126297	130313	-3.1
利润总额	亿元	6000	7180	-16.4
固定资产投资	亿元	15171	19789	-23.3
进出口总额	亿美元	14235	—	—
其中：进口	亿美元	6220	—	—
出口	亿美元	8015	—	—

2018年规模以上电子信息制造业统计图表

电子信息制造业主营业务收入完成情况

单位：亿元

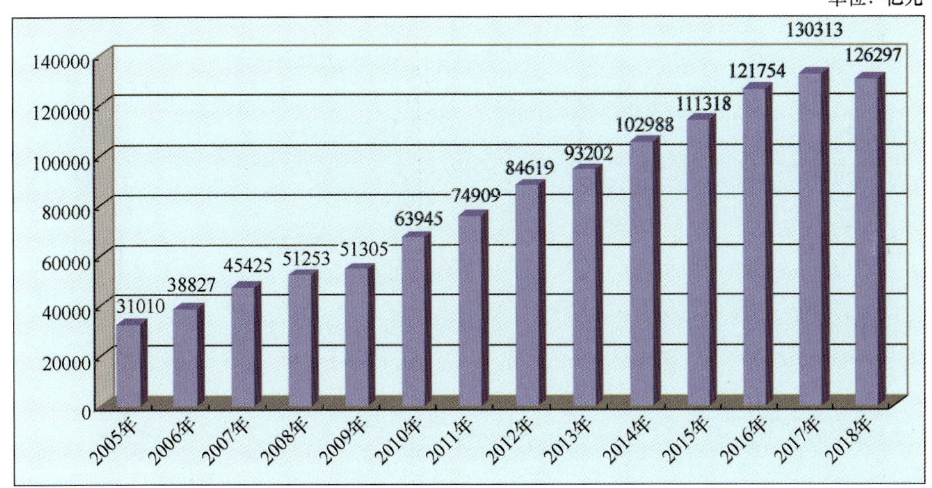

电子信息制造业利润完成情况

单位：亿元

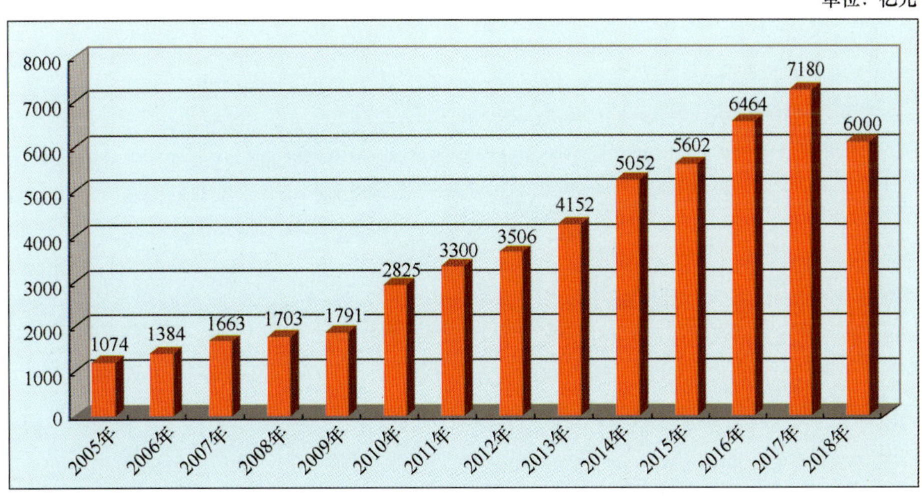

电子信息制造业分行业出口情况

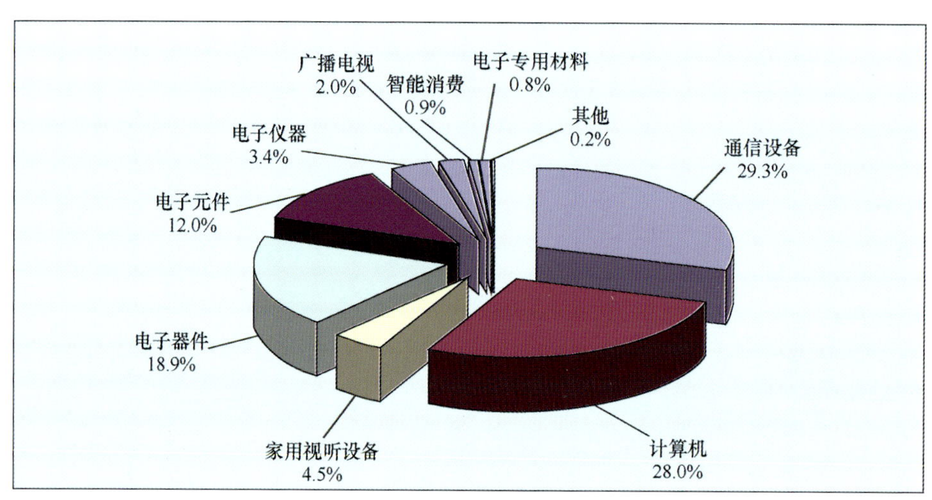

电子信息制造业各经济类型主营业务收入占全行业比重

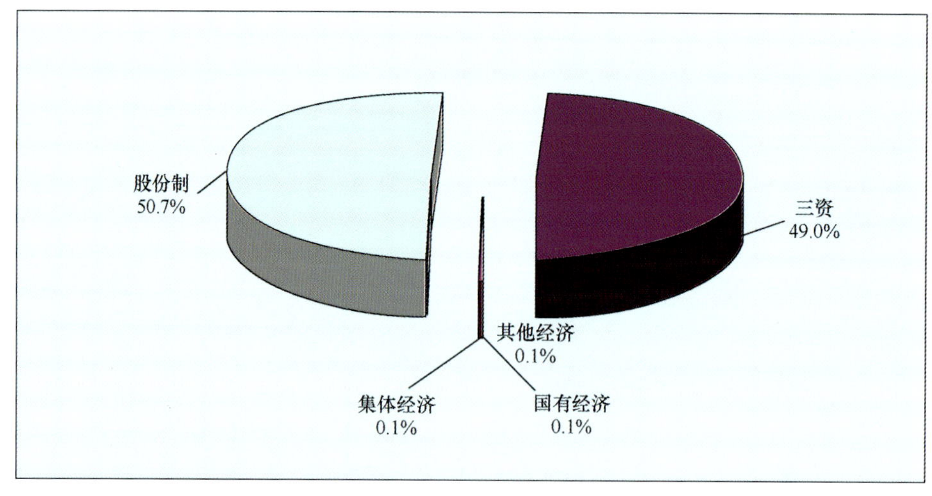

电子信息制造业各地区主营业务收入分布情况

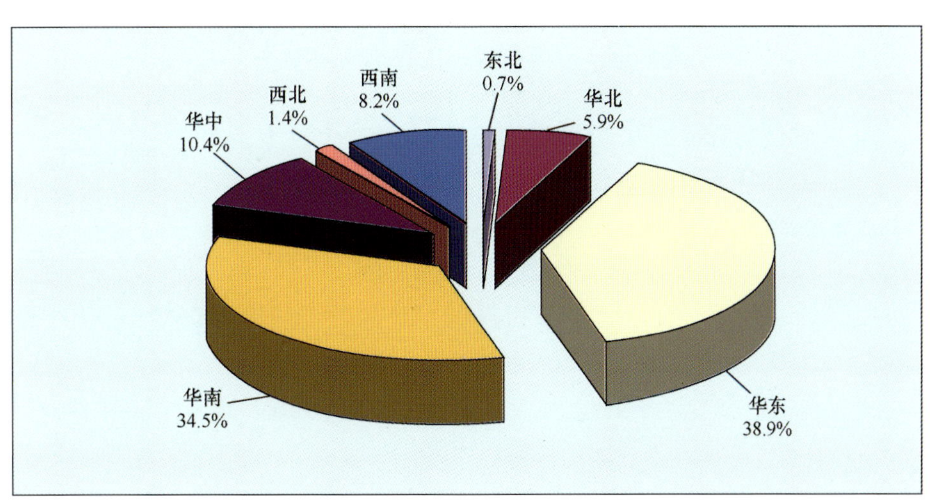

电子信息制造业主营业务收入前十名省市

单位：亿元

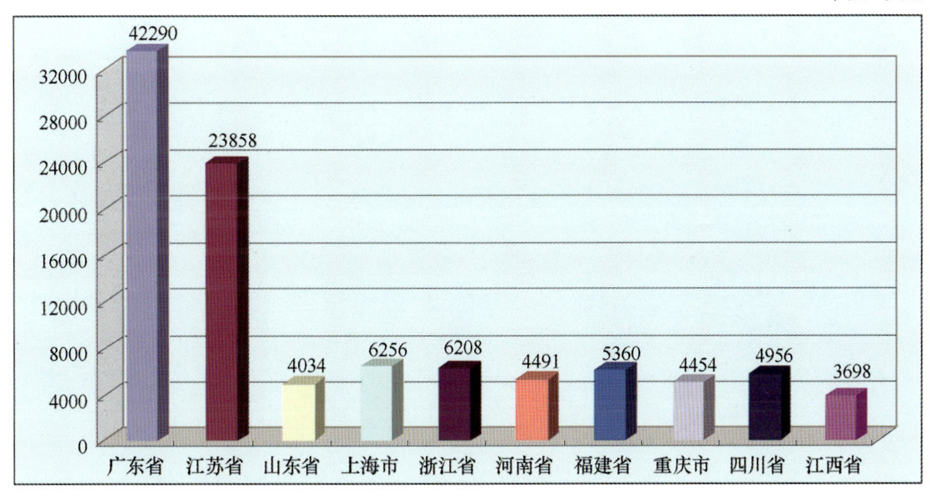

电子信息制造业各行业实现主营业务收入情况

单位：亿元

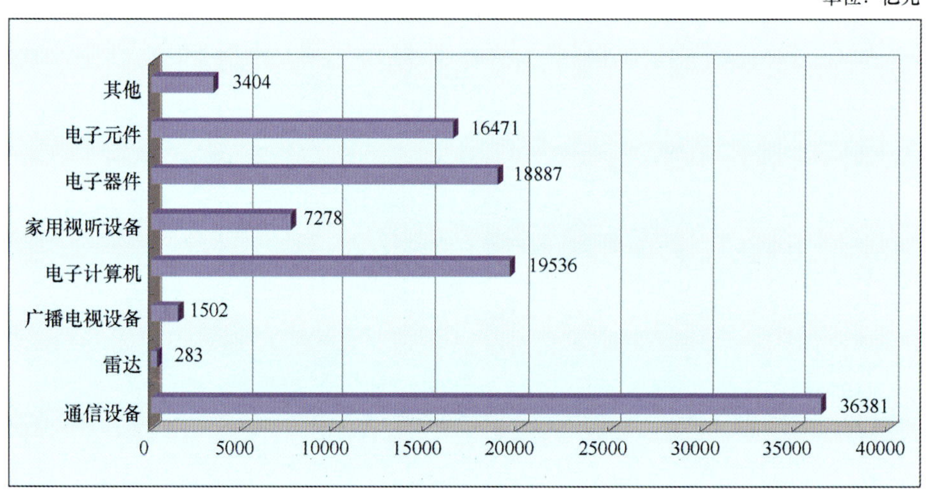

电子信息制造业各经济类型实现主营业务收入情况

单位：亿元

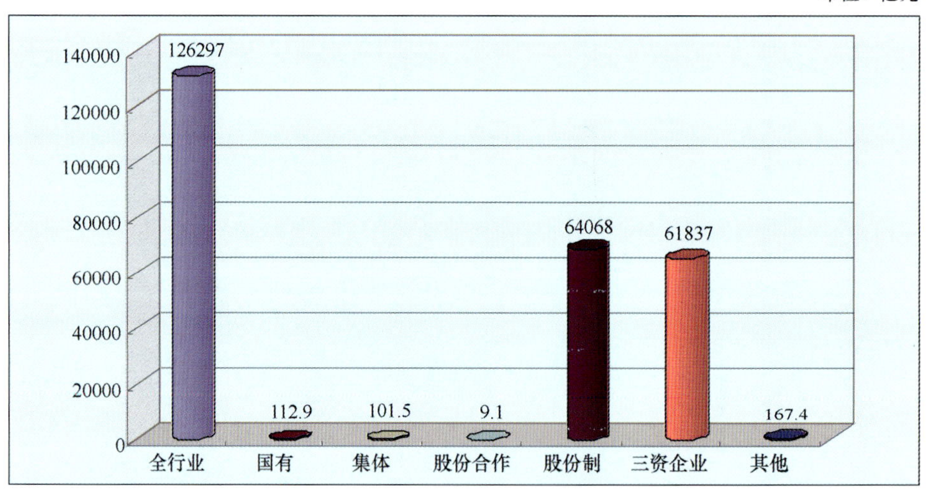

2019 年中国电子信息制造业综合发展指数报告

在国际环境复杂多变、行业新旧动能转换的关键阶段，我国电子信息制造业保持总体平稳、转型加快的运行态势，2019 年中国电子信息制造业综合发展指数①（以下简称综合发展指数）总得分 119.12，比上届上升 4.06 个分值，继续呈现平稳提升态势；其中，对指数增长贡献最大的指标首次从产业发展规模转变为产业创新指标，显示出电子信息制造业正在朝着强创新、高效率、促转型的高质量发展方向转变。

一、调整综合发展指数体系原则

2019 年综合发展指数体系按照以下原则进行了调整：

一是凸显高质量发展要求。深入贯彻落实党中央新发展理念，加快产业转型升级进程，重点强化创新驱动、产业结构优化等方面的指标，引导行业向高质量增长的方向发展。

二是引导新兴行业快速成长。为充分体现电子信息制造业创新活跃的特点，反映行业新动力发展态势，2019 年充分考虑了新型智能消费设备、新产品增长等情况。

三是优化平衡指标体系结构。加强对行业总体与重点领域、内部与外部需求、近期与远期等指标之间的平衡，体现对关键指标变动的敏感性。

2019 年综合发展指数体系包括产业发展规模、产业效率效益、产业创新和产业转型升级 4 个一级指标及 13 个二级指标（见图 1），数据基础以 2018 年国家统计局行业数据为主，辅以工业和信息化部统计的电子信息制造业统计年报数据。

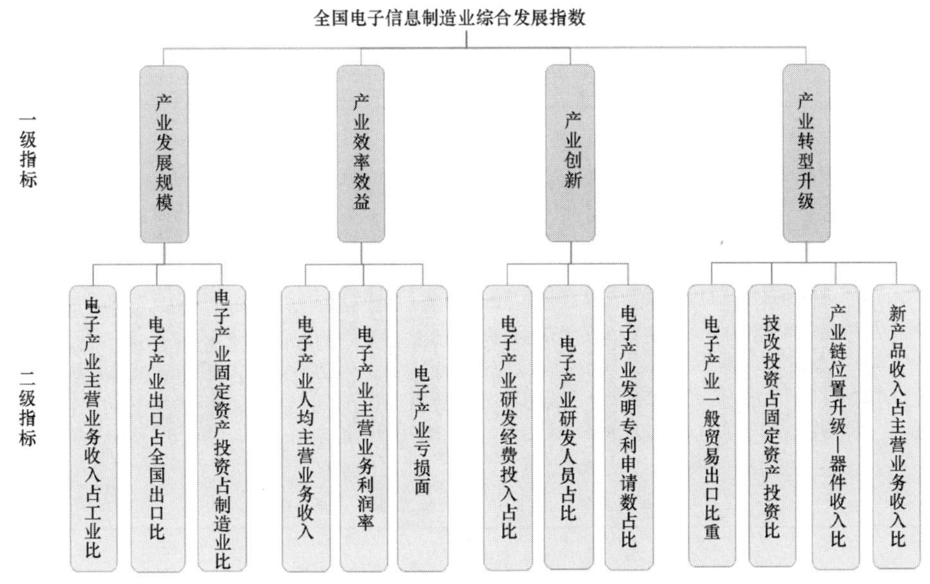

图 1　全国电子信息制造业综合发展指数体系

注：此处指标中的电子信息制造业简称电子产业。

① 使用 2018 年数据计算。

二、全国综合发展指数表现

过去十余年，我国电子信息制造业在全球分工红利、智能终端发展浪潮的推动下，一直保持高速增长。近两年，面临复杂的国际经贸形势，我国电子信息制造业转型的外部压力和内生驱动不断增强。

与 2014 年基期相比，近四年全国综合发展指数实现连续平稳增长，平均上升幅度为 4.78 个分值（见图 2）。

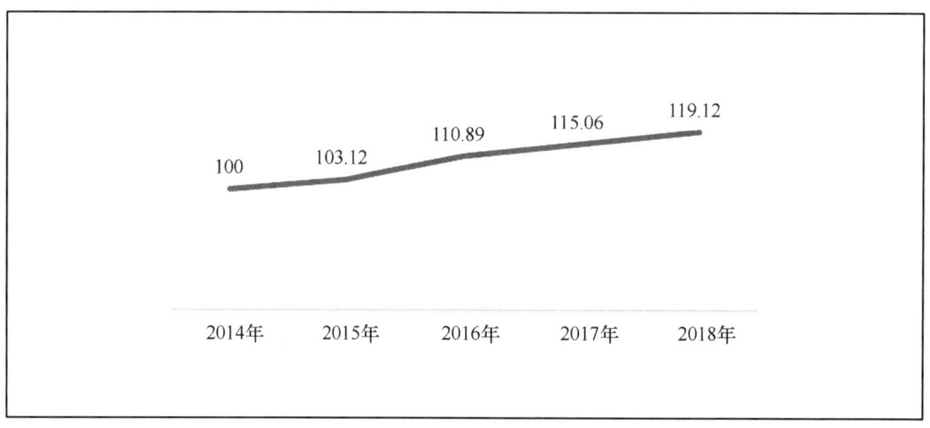

图 2　全国电子信息制造业综合发展指数值

从一级指标来看，产业创新指标贡献突出，比上届上升 12.15 个分值，对总指数分值上升的贡献率高达 90%，有效对冲了产业效益指标下降 11.2 个分值的影响；产业发展规模和产业转型升级指标分别上升 7.23 个和 7.05 个分值，对总指数分值上升的贡献率分别达到 36% 和 43%（见图 3 和表 1）。

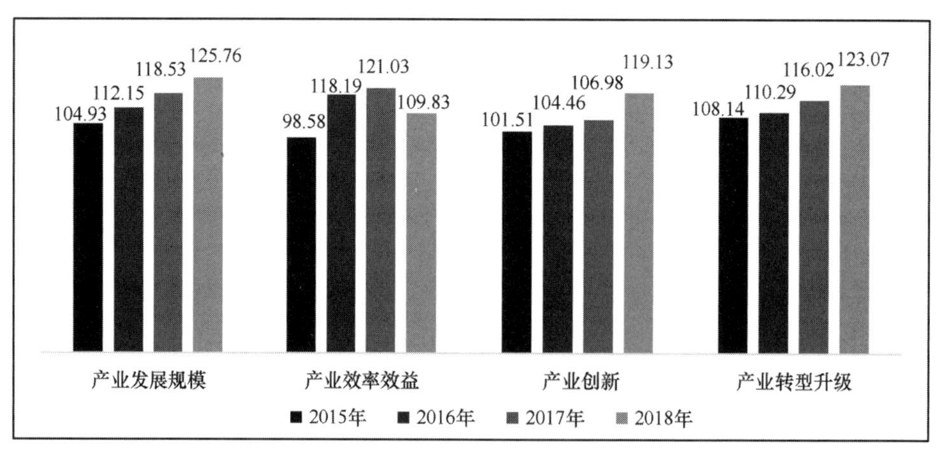

图 3　综合发展指数一级指标指数值

从 13 个二级指标来看，除主营业务利润率和亏损面两个效益指标外，其他指标均实现正增长，其中研发人员占比、技改投资占固定资产投资比上升幅度达到或接近 20 个分值。

表 1　综合发展指数一级指标贡献率

综合发展指数一级指标	2017 年		2018 年	
	分值变化	总分贡献率	分值变化	总分贡献率
产业发展规模	6.38	31%	7.23	36%
产业效率效益	2.84	17%	−11.20	−69%
产业创新	2.52	18%	12.15	90%
产业转型升级	5.73	34%	7.05	43%

综合发展指数的走势表明，我国电子信息制造业开始进入高质量发展的关键期，发展主要推动力逐步从规模红利转向产业创新和转型增值，产业发展进入“通过重研发，从低价值环节向高价值环节实质突破”的新阶段。

从全国综合发展指数来看，我国电子信息制造业发展呈现以下特点。

（一）规模较快增长，经济贡献持续加大

产业发展规模一级指标值为 125.76，在 4 个一级指标中得分保持最高，且比 2017 年上升 7.23 个分值。其中，主营业务收入占工业比和固定资产投资占制造业比增幅突出（见图 4），对一级指标的贡献分别达到 57%和 42%，电子信息制造业在工业经济中的地位和贡献进一步提升。

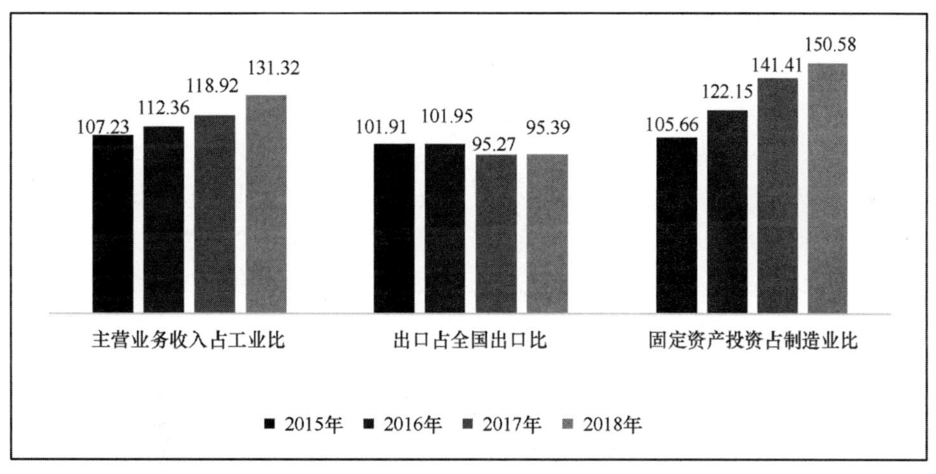

图 4　产业发展规模二级指标指数值

收入规模保持较快增长，在工业中的占比进一步提升。电子信息制造业主营业务收入占工业比指标得分 131.32，连续四年稳步上升。我国电子信息制造业在长期发展中，形成了产业链相对完整等方面的竞争优势，并开始逐步突破技术门槛，市场份额和产业地位不断提升。作为全球消费电子制造中心，我国手机、计算机和彩电产量已分别占全球总产量的 90%、90%和 70%以上，同时 2018 年通信系统设备制造业收入同比增长 14.6%，比全球同类行业收入增速（同比下降 1.1%）高 15.7 个百分点，集成电路产业销售额同比增长 20.7%，比全球半导体市场销售额增速（15.9%[①]）高 4.8 个百分点。在我国工业经济下行压力加大的形势下，2018

① 数据来源：WSTS。

年电子信息制造业增加值增速仍高出工业 6.9 个百分点，主营业务收入占工业比超过 12%，较 2017 年提升 1.1 个百分点。

出口金额高速增长，企业“抢出口”效应明显。电子信息制造业出口占全国出口比指标得分 95.39，在 2017 年下降的基础上实现小幅回升。2018 年，世界经济整体保持复苏态势，我国电子信息制造业与主要贸易市场之间的进出口保持稳定，并不断拓展新兴市场，在叠加部分企业“抢出口”效应后，电子信息制造业出口金额达 8000 亿美元，同比增长 10%，增速比 2017 年提升 9 个百分点。其中，计算机、电子器件和电子元件出口增速最高，3 个行业的出口规模总和从 2017 年的 4192 亿提高到 4722 亿美元，同比增长 12.6%，对行业出口金额增长的贡献超过 70%（见图 5）。

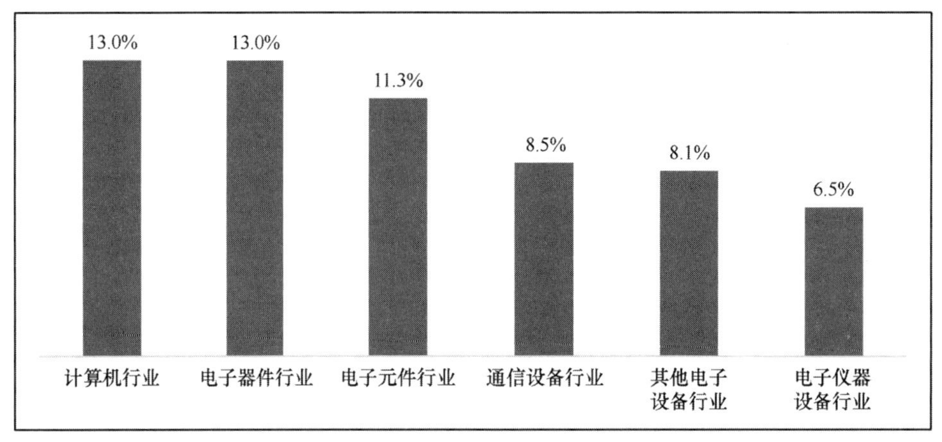

图 5　2018 年分行业出口增速

行业固定资产投资保持快速增长，投资聚焦技术升级领域。电子信息制造业固定资产投资占制造业比指标得分 150.58，其上升幅度近三年连续保持在 9 个分值以上。2018 年，电子信息制造业固定资产投资同比增长 16.6%，快于整体制造业投资增速 7.1 个百分点，在制造业固定资产投资中的占比提升 0.6 个百分点。电子器件制造、电子元件及电子专用材料制造和通信设备制造领域 3 个细分行业投资规模最大，占全行业投资的近一半，其中前两个领域投资增长最快，增速分别达到 37.8%和 44.9%。行业固定资产投资方向表现出聚焦产业技术升级的新特点，其中电子器件领域最典型，12 英寸晶圆厂是目前最先进的集成电路生产线，2018 年我国新投产和扩产扩建的 12 英寸生产线有 11 条，总投资超过 4400 亿元[①]，是电子器件固定资产投资的主要组成部分。

（二）转型步伐加快，产业链位置升级

产业转型升级一级指标值 123.07，比 2017 年上升 7.05 个分值，在 4 个一级指标中得分排第二位，且四年来实现稳步提升。其中，技改投资占固定资产投资比和产业链位置升级—器件收入比两个指标对一级指标增长的贡献分别达到 68%和 18%，行业在技术改造升级和产业结构平衡两方面取得新的进步。

产业转型升级二级指标指数值如图 6 所示。

① 数据来源：芯思想研究院。

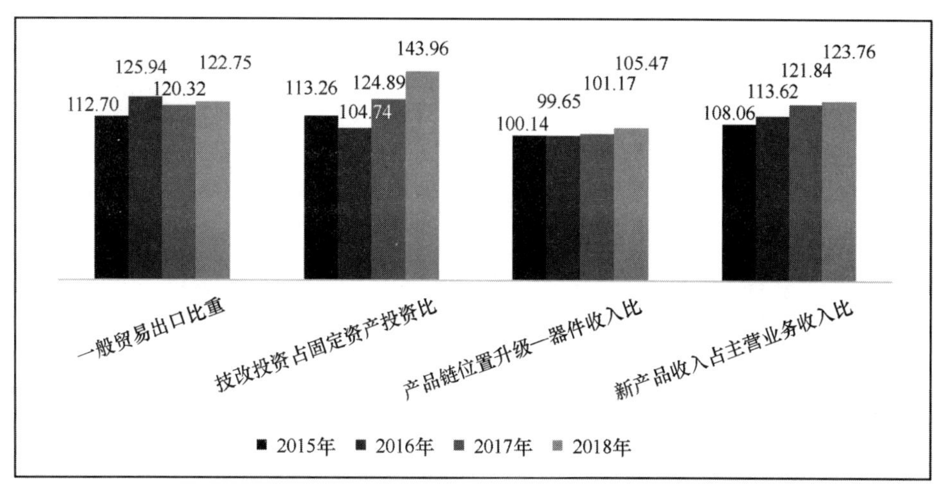

图 6　产业转型升级二级指标指数值

电子器件行业收入占比持续提升，产业链向高附加值环节快速升级。一般贸易出口比重指标得分 122.75，比 2017 年上升 2.43 个分值。我国电子信息制造业从功能件、结构件等低附加值环节，逐步向集成电路、显示面板等附加值较高环节升级，以集成电路、显示器件为主的电子器件行业收入占全行业收入的比重提高到 14.95%，比 2017 年高 0.61 个百分点。在全球经贸复杂环境的刺激下，我国在产业链上的位置升级速度有所加快，产业链整合能力持续攀升，国内多家元器件中小企业获得认可进入知名整机企业供应链，我国产业体系向结构更合理、更健康的方向发展。

技改投资占比快速提升，智能化改造和工艺创新成为企业重要关注点。技改投资占固定资产投资比指标得分 143.96，上升幅度连续两年接近 20 个分值。电子信息制造业发展到一定阶段后，必须通过不断创新产品和工艺以保证企业的收入规模。2018 年，电子信息制造业技改投资超过 4000 亿元，占本行业固定资产投资的 18.6%，增幅较 2017 年提高 2.5 个百分点。从当前企业技术改造方向来看，主要聚焦机器学习提升缺陷检测能力、产品全生命周期数字化管理等智能化方向，将不断提升产业的生产效率和质量水平，促进行业高质、高效发展。同时，实现工艺创新的电子信息制造企业覆盖面也领先其他行业，2018 年电子信息制造业实现工艺创新的企业比例达 51.56%，比 2017 年提升近 3 个百分点（见图 7），与仪器仪表制造业并列成为所有行业中实现工艺创新企业比例最高的行业。

新产品收入[①]占比不断提升，产业供给初显高质量发展态势。2018 年，电子信息制造业新产品收入规模超过 4 万亿元，占行业主营业务收入的比例达到 44%，近四年保持年均 2 个百分点的增幅。电子信息制造业新产品的开发方向有两类：一类是融合人工智能属性的产品，以可穿戴、智能车载设备、无人机和服务机器人等智能消费设备为典型产品，近几年产业规模快速增长，2018 年已超过 2200 亿元，其中可穿戴智能设备、智能车载设备产业规模均超过 300 亿元，智能无人飞行器产业规模超过 200 亿元；另一类是细分领域的技术升级产品，如集成电路工艺升级、显示面板分辨率和柔性程度升级等。

① 新产品收入：新产品是指采用新技术原理、新设计构思研制、生产的全新产品，或在结构、材质、工艺等某一方面比原有产品有明显改进，从而显著提高了产品性能或扩大了使用功能的产品。数据来源于国家统计局。

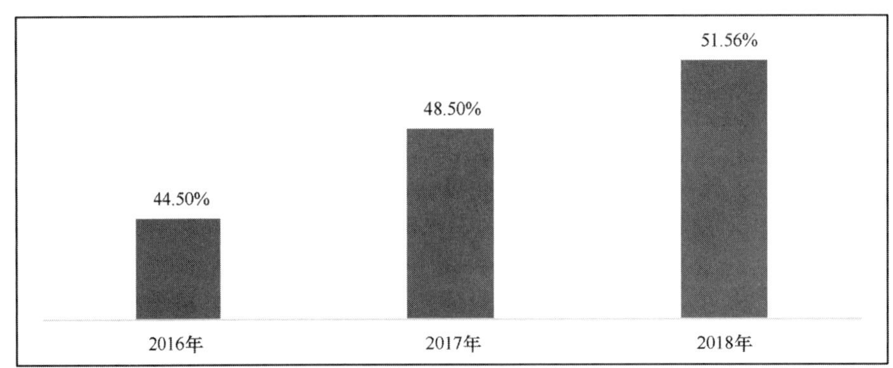

图 7　电子行业[①]实现工艺创新的企业占规模以上企业比重

（三）创新成果领先，产业韧性持续提升

产业创新一级指标值 119.13，比 2017 年上升 12.15 个分值，在 4 个一级指标中增幅最为突出，对指数上升的拉动作用凸显。其中，研发人员占比和研发经费投入占比两个指标增幅较大，分别提升 26.63 个和 9.11 个分值（见图 8），对一级指标增长的贡献率分别达到 57%和 27%。高创新投入必将在未来带来创新成果的提升，从而提升产业的长期竞争力。

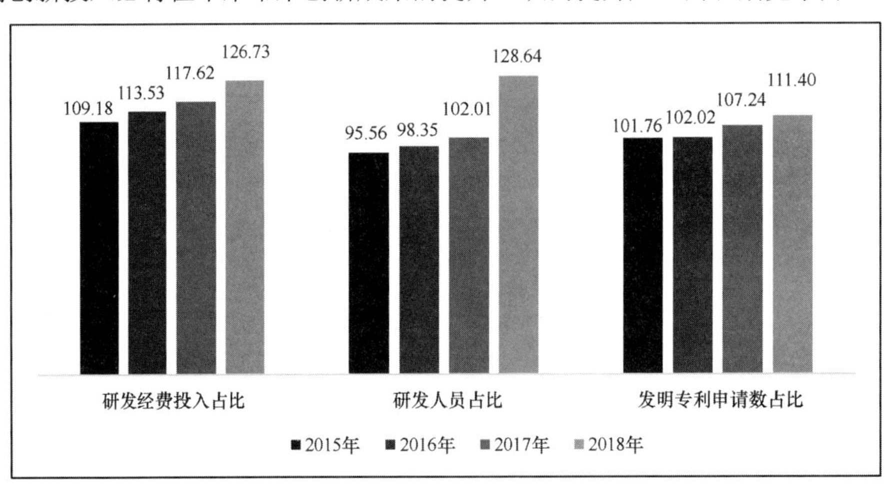

图 8　产业创新二级指标指数值

产业研发人员和经费投入不断加大，以技术创新驱动未来发展。电子信息制造业研发经费投入占比和研发人员占比指标得分分别为 126.73 和 128.64，均保持较快上升态势。电子信息制造业作为技术创新驱动型产业，面临从当前 4G 向 5G 切换的关键期，加大研发投入已成企业共识，2018 年全行业研发经费同比增长 14%。电子信息制造业上市企业作为行业研发投入的骨干力量，近两年在半导体材料领域研发投入强度最高，2018 年超过 19%，排名第二和第三位的分别是显示器件、通信设备及光学光电子领域，上市企业平均研发投入强度分别为 8.9%和 7.5%（见图 9），企业坚持研发高投入，持续提升了显示器件、通信设备等领域的国际竞争力。企业研发人员持续增加，2018 年行业研发人员全时当量为 55.26 万人年，同比增长 21%。

① 引用国家统计局“计算机、通信与其他电子设备”行业数据。

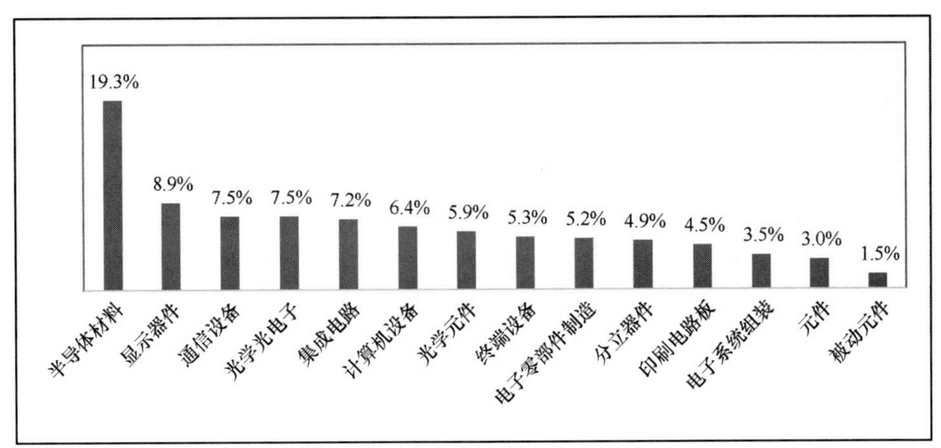

图 9　2018 年电子信息制造业上市企业研发投入强度

数据来源：wind[①]。

创新成果丰硕，产业活力和竞争力领先。电子信息制造业发明专利申请数占比指标得分 105.44，连续三年稳步上升。电子信息制造业一直以来是创新最活跃的领域，2018 年发明专利申请数量超过 10 万件，同比增长 20.4%，占全国发明专利申请数的 27%（见图 10），是国民经济各行业中占比最高的行业，比排名第二的电气机械和器材制造业发明专利占比高 12 个百分点。从电子信息制造业细分领域来来看，占比最高的分别是通信设备、电子器件制造、电子元件及电子专用材料制造三大领域，合计占电子信息制造业的 77%。从发明专利授权量来看，2018 年我国发明专利授权量排名前 3 位的国内企业中，有两家都是电子信息制造业企业，华为和欧珀移动分列第一和第三位。

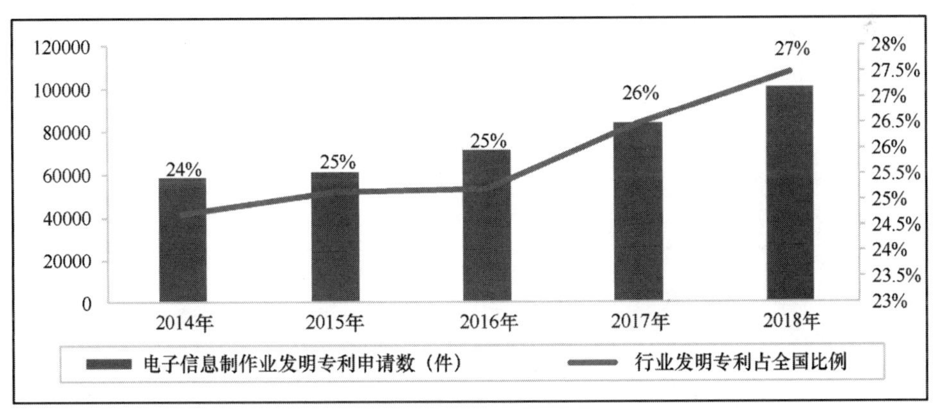

图 10　电子信息制造业发明专利申请数占全国比重

（四）效益出现下降，但企业效率持续提升

产业效率效益一级指标值 109.83，较 2017 年下降 11.2 个分值。其中，主营业务利润率和亏损面指标均出现下降（见图 11）。

① 根据申万分类统计。

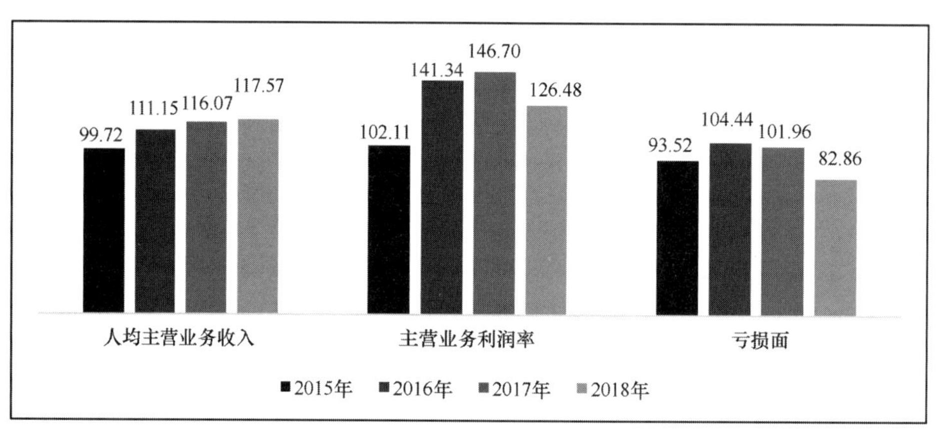

图 11　产业效率效益二级指标指数值

产业切换期、原材料涨价和全球经济的不确定性，成为企业效益下滑的重要因素。2018年，电子信息制造业主营业务利润率为 4.75%，较 2017 年下降 0.76 个百分点，行业亏损面从 2017 年的 16.07%扩大到 19.77%，反映在指标得分上，均较 2017 年有一定幅度下降。企业反映，导致效益下降的主要因素：一是部分细分行业进入行业技术切换节点，新兴动能难以接续传统领域动能问题突出，传统消费电子市场饱和，价格下降明显，而新产品需求成长缓慢、投入巨大，尚未形成有效支撑。二是行业增速放缓与原材料涨价、技术升级带来的研发成本上升等因素形成叠加效应。电子信息制造业是原材料成本占主营业务成本比例较高的行业，整机企业这一比例甚至超过 70%，2018 年下半年以来的电子元件及电子专用材料出厂价格快速增长，极大地拉升了下游企业的成本（见图 12）。集成电路工艺研发的成本平均每个技术节点是上一节点的 1.5 倍，研发成本的快速增加也对企业效益短期影响显著。三是全球经济和贸易增长速度下滑，对占一半国际市场的电子信息制造业影响巨大，同时，贸易不确定性、汇率大幅波动等易影响企业正常生产秩序，出现订单短期化、抢生产、增大备品备件现象，企业成本压力加大。

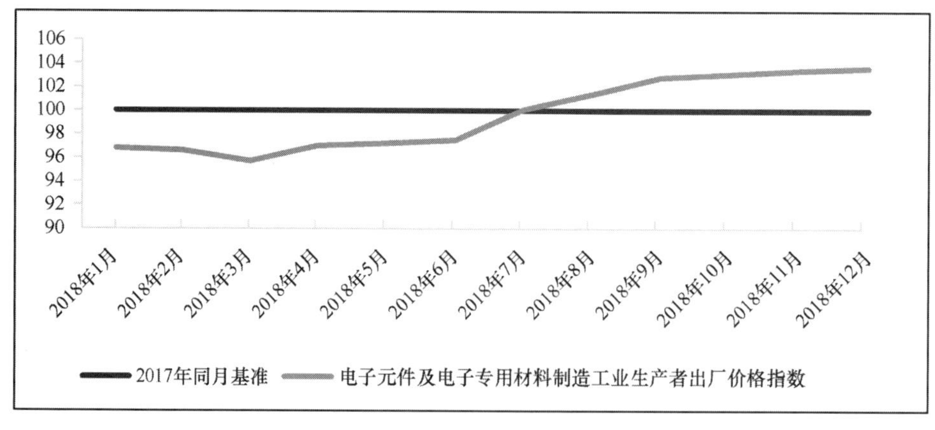

图 12　电子元件及电子专用材料制造工业生产者出厂价格指数

产业布局优化、整合能力增强和智能化水平提高，有效带动产业效率提升。电子信息制造业人均主营业务收入指标得分 117.57，连续三年逐年小幅提升。我国电子信息制造业产业布局持续优化，已形成珠三角、长三角、环渤海和以西安、成都、武汉等为龙头的中西部地区四大各具特色的产业集群，低成本、高效率的产业发展环境不断巩固；外部的严峻形势倒逼产业提升资源整合能力，整机企业参与上游环节研发，牵头整合产业链资源，企业之间并购整合活跃，产业协同发展水平得以提升；同时，随着企业智能化和管理水平的提升，人机协同制造提高生产效率，产业整体运营效率提升明显，电子信息制造业人均主营业务收入从2014年的人均103.4万元，提升到2018年的121.6万元。产业效率提升，对于我国持续提升在全球制造中的竞争力意义重大。

三、电子信息制造业未来面临的机遇和挑战

（一）5G、工业互联网、智能化升级和数字新型基础设施的快速推进为电子信息制造业带来重要发展机遇

从5G产业来看，5G带来通信网络、系统和终端设备的升级需求，同时5G与医疗、汽车、电力等行业的融合应用场景，促进了传统装备和设备的网络化和智能化升级，形成了新发展空间。从工业互联网来看，PLC（可编程逻辑控制器）、工控计算机、工业用智能模组等工业类电子和设备都将出现新兴裂变和迭代升级，获得进一步发展机遇。从智能化升级来看，智能终端作为人工智能、移动物联网、虚拟现实等新型计算的载体，不断提升对高分辨率快速响应显示面板、超高清摄像头模组、柔性显示、高刷新率传感器等电子元器件的需求，创造出新的市场空间和发展机遇。从数字新型基础设施来看，人工智能计算中心、车联网基础设施、边缘计算节点等新型基础设施将进一步促进相关元器件和整机设备市场的增长。

（二）外部环境的不确定性、国际间竞争加剧及市场动力不足将给电子信息制造业的发展带来新的挑战

从全球发展环境来看，全球贸易保护主义有所抬头，增加了全球经济发展的不确定性，影响投资和消费的活力，对电子信息制造业的平稳增长带来挑战；同时，发达国家实施“再工业化”战略，以及持续加大在5G、人工智能、量子科学等方面的投入，加大了我国产业竞争的压力，其他发展中国家也发力吸引中低端制造业，迫使我国电子信息企业向外转移，对我国电子信息制造业形成“双向挤压”。从需求来看，全球经济复苏偏弱，发达国家市场增速持续趋缓，主要消费电子产品——手机、计算机、彩电市场持续不振，通信行业正处于4G向5G的切换期，5G应用尚未规模化发展，消费者终端更换观望期拉长，整机和电子元器件产业的市场动力不足。从产业本身来看，我国在关键材料、高端装备等基础领域与国际先进水平仍有较大差距，供给侧质量和产业结构平衡优化等方面尚需继续推进。

综上所述，我国电子信息制造业在产业转型升级和创新成果转化等方面进步明显，产业正在从规模发展向高质量发展转型，自主产业正面临难得的发展机遇。针对行业发展中的问题，建议从以下几方面推动产业加快向高质量转型的进程：

一是做好产业供给侧调控，在全球经济下行风险加大和产业切换期需求不旺的情况下，建立产能会商机制，做好产能结构调控，避免出现低端产能过剩而高端产能不足引发的产业盈利持续下滑，营造健康有序的产业竞争环境。

二是强化基础研究和产业化研发投入，在材料等关键基础技术方面强化研究投入的持续性和稳定性，建立上下游产业链协同研发机制，加速科研成果转化，加强5G、工业互联网、

人工智能、区块链、柔性电子等新技术、新产品、新平台的研发投入，提升行业面向未来的竞争力。

三是进一步激发投资活力、扩大有效投资，创新投资引导方式，充分激发民间投资和社会资本的投资活力，不断扩大面向智能化、协同化、高端化等方向的技术改造升级，提升投资的效益。

四是不断提升国际竞争适应能力，及时跟进全球行业发展环境变化，顺应国际规则新要求，进一步提升企业在全球市场的品牌影响力和可持续竞争力，推动产业高质量发展目标的加速实现。

2018 年全国主要省（直辖市、自治区）、计划单列市电子信息制造业发展情况

北京市

2018 年，北京市电子信息制造业积极落实市政府各项重要工作部署，着力构建良好生态、加快布局高精尖产业项目、大力推动融合创新发展。以 5G 移动通信、智能网联汽车、集成电路、8K 高清显示等产业为切入点，持续推动符合首都定位的“高精尖”产业重大项目落地，积极推动新兴产业政策创新，不断提升北京市电子信息制造业发展质量和效益，引导产业布局和产业发展与城市功能定位相适应。一年来，电子信息制造业稳定增长、重大项目扎实推进、产业结构持续优化、创新领域成效明显。

北京市 2018 年规模以上工业增加值按可比价格计算，工业增加值增速为 4.6%，电子信息制造业工业增加值增速为 15.2%，北京市电子信息制造业工业增加值增速高于工业增加值 10.6 个百分点。北京市电子信息制造业 5 项主要经济指标中，主营业务收入、工业总产值、出口交货值为正增长，利润、固定资产投资额为负增长，从业人员数量同比略有上升。

一、基本情况

2018 年，北京市电子信息制造业实现主营业务收入 3404 亿元，同比上升 13.3%；利润总额 118.6 亿元，同比下降 35.7%；工业销售产值 2053 亿元，同比上升 23.1%；出口交货值 727.20 亿元，同比上升 36.6%；从业人员 83631 人，同比上升 0.28%。

主要产品移动手机、显示器、液晶面板、电子元件、集成电路产量同比上升，计算机产量同比下降。

二、运行特点

（一）重点企业发展良好

2018 年，北京市电子信息制造业集中度进一步增强。全年产值超过 100 亿元的企业有 4 家，全年主营业务收入超过 400 亿元的企业有 2 家，全年利润超过 10 亿元的企业有 4 家。北京市电子信息制造业重点产品主要包括手机、计算机、集成电路、液晶面板等，生产重点产品的企业经营状况良好。小米公司是一家有实体经济的互联网公司，不仅专注于智能手机、智能家居、互联网电视等创新科技，同时在新零售、国际化、人工智能、互联网金融、互动娱乐和影业等领域积极布局，并初具规模。小米公司凭借“硬件+新零售+互联网”铁人三项的创新优势，迅速崛起成为我国“互联网+”创新型企业的代表，小米公司 2018 年手机产量达到 7633 万部。京东方在 2018 年成为全球液晶显示领域世界领先的企业，该公司在多个品类全球市场份额占据第一，OLED、柔性屏等先进技术产品与世界先进水平同步。京东方科

技集团等 3 家公司被认定为国家技术创新示范企业，京东方显示等 6 家企业被评为工业产品（生态）绿色设计试点企业。

（二）高精尖产业高质量发展

北京市持续开展高精尖政策宣贯，持续完善配套政策，出台 5G、智能网联汽车等一系列产业发展行动计划和行动方案，编制创新型产业集群建设和制造业高质量发展两个规划。统筹利用资金、基金支持高精尖产业发展；建立项目分级分类管理机制等。数字电视（半导体显示）产业保持较好发展，产值占比接近 25%，有力地支撑了全行业增加值增速的大幅提升。集成电路产业受国家政策影响持续增长，整体产值占北京市电子信息制造业的 15%，一批重点企业呈现良好发展态势。北京市全力推进十大高精尖产业领域重点项目落地建设，不断增强首都经济发展的实力和后劲。

（三）电子信息百强企业贡献突出

2018 年（第 32 届）中国电子信息百强企业（以下简称百强企业）中北京地区有 10 家企业入围，这 10 家百强企业营业收入共计 7395 亿元，上缴税金 189 亿元。百强企业注重加大科研经费的投入及引进科研人员，促进企业提升核心竞争力。尤其在组织机构设置时，注重研发部门的设立，配置专业的研发人员。百强企业非常重视“知识产权推进计划”，着力提高工业企业知识产权运用能力，在创新知识产权运用模式、建立工作体系、营造知识产权运用氛围等方面取得了重大成果。北京市百强企业在科技创新方面、战略发展方面、公益方面都做出了重要贡献。

三、存在的问题

总体来看，2018 年北京市电子信息制造业发展可概括为稳中有进，进中有难，电子信息制造业处于供给侧结构性改革的关键时期，新旧增长动力正在切换，深层次结构性失衡问题依然存在，核心、高端和基础产品供给相对不足，整体实力仍有待提升。

一是自主创新能力不足，缺少具有国际影响力的品牌和领军型企业，企业缺乏核心技术、自主知识产权和世界知名品牌，关键技术、专利和标准受制于人，高端产品依赖进口，产品老化与新品开发滞后的矛盾加剧。目前电子信息企业的创新大多集中在应用、外观上，功能上具有综合创新能力的企业为数不多。电子产品集成度的不断提高、产品生命周期的日益缩短及其更新换代速度的日渐加快，也需要企业不断通过模式创新提高产品的附加值和利润来增加产品的竞争力。

二是高质量发展基础有待进一步巩固，新增高精尖项目转化落地依然存在一定困难，高精尖产业发展后劲有待增强，新旧动能转换接续亟须加快。需要进一步增强对骨干企业和重要项目的服务保障力度，面对 ICT、人工智能、物联网、大数据等新兴产业和技术发展趋势，进一步紧抓机遇，面向智慧信息产业发展和行业应用，带动创新资源聚集，实现新技术在传统产品、服务中的替代或应用，推动电子信息产业供给侧改革。

四、2019 年产业运行趋势和调控目标

2019 年，北京市电子信息制造业受国内外大的经济形势，以及结构调整、京津冀一体化

产业转移形成的影响，调控的目标是，在保持总量不下降的前提下，通过调整产业结构，提升产品技术水平，提高增加值增速。预计 2019 年行业整体运行状况平稳。

五、2019 年重点工作及措施

（一）总体思路

2019 年，国际形势复杂严峻，经济面临下行压力，“经济运行稳中有变、变中有忧”，是中央经济工作会议对当前经济运行特征的判断。目前，我国经济由高速增长阶段稳步向高质量发展阶段迈进，经济发展质量持续改善，中国经济仍有条件保持平稳增长，经济增速仍将处于合理区间。北京市电子信息制造业将进一步围绕构建“高精尖”经济结构战略定位，以转方式、调结构、稳增长为核心，以疏解非首都核心功能、推进京津冀协同发展为引领，以集成电路、新一代信息技术产业发展为关键点，以推动重大项目建设为支撑，全面提升北京市电子信息制造业发展质量和效益，引导产业布局和产业发展与城市功能定位相适应。

（二）发展目标

关键核心技术取得新突破。在集成电路关键装备及工艺、大数据、人工智能、网络空间安全基础软硬件、第五代移动通信（5G）芯片和元器件等重点领域的核心技术方面取得关键突破，在大数据、人工智能算法、网络空间安全、操作系统等前沿领域取得一批具有自主知识产权、达到国际领先水平的技术，培育一批具有国际影响力的企业和产品品牌，形成一批拥有技术主导权的产业集群。

（三）具体措施

1. 坚定不移发展高精尖产业，促进经济高质量发展

深入落实高精尖产业发展系列指导意见，加强重点产业前瞻布局。深入推进新一代信息技术产业发展。加快培育基带、存储、射频等核心芯片，以及图像传感、驱动电路、电源管理等关键元器件自主化硬件供应链体系，大力推进智能移动终端国产化应用进程。一是做好 5G 关键技术和标准的研发布局。支持基带芯片、高频高速通信等 5G 关键技术研发和产业化，加快推进 5G 通信网络建设试点。推进北斗、窄带物联网（NB-IoT）、智能传感器在智慧城市、共享经济、工业互联网、物联网等领域的应用。鼓励科研单位和企业积极参与 5G 技术研发与国际标准研制。二是以智能手机、智能电视为核心，推动重点企业构建“自主芯片+操作系统+软件+整机+应用内容+平台服务”的垂直产业生态体系，做大做强智能终端产业。三是支持新型显示产业的研发和创新，保持北京市在显示端核心“屏”器件领域的技术和产业优势。开展 8K 超高清显示产业链、创新链协同发展工作。四是以移动互联网生态为支撑，推动 AR/VR、可穿戴设备、智慧家庭、智能车载、智慧医疗、无人系统等新技术、新产品应用发展。

2. 坚定不移推动产业创新，提升产业创新发展水平

大力提升产业科技创新实力。积极组织北京市企业参与超大规模集成电路、核高基、新一代宽带移动通信网络、自主可控信息系统、智能网联汽车、云计算、大数据、人工智能等国家重大专项和计划涉及的关键芯片研发、核心器件攻关，超前布局产业链高端。发挥产业

创新中心的引领作用，加快智能车联产业创新中心开放测试场、封闭试验场建设，开展基于5G通信的高精度定位导航、智能驾驶等前沿技术应用，加快组建人工智能与智能硬件产业创新中心，进一步强化北京市电子信息制造业的科技创新能力。

3. 坚定不移加快产业升级，培育新产业、新模式、新业态

大力推动大数据、云计算、互联网与实体经济融合发展，发展壮大数字经济。深入落实制造业与互联网融合发展行动计划，建立市区协同工作机制。健全工业大数据平台，全面梳理、分析现有存量规模以上工业企业，实行分级分类管理服务。培育一批智能制造系统集成解决方案供应商和装备供应商，推动制造业智能化转型升级。

推进北京市集成电路产业实现跨越式发展，提升集成电路自主发展能力，实现核心设计技术创新突破。提升北京市集成电路设计业的规模和水平，骨干企业芯片设计能力达到 7～10 纳米，3～5 家企业成长为国际先进企业或国内龙头企业。建设一批产业先进技术研发平台和技术创新服务平台，在高端通用核心产品、工业控制、前沿新兴领域实现关键技术突破。促进全产业链联动协同发展。推进 12 英寸晶圆生产线产能规模提升，支持 8 英寸晶圆生产线、8 英寸微机电系统（MEMS）生产线及第二、三代半导体生产线建设。促进北京市骨干设计企业与制造企业达成战略合作，推动存储器、图像传感器等细分领域特色工艺研发与产业化。搭建供需对接平台，创造有利于产业链上下游企业深入合作的环境。

4. 坚定不移深化结构调整，推动京津冀产业协同发展

加快疏解整治步伐，深化产业结构优化升级，推动京津冀产业协同发展。加快产业疏解退出，在京津冀范围内持续优化产业布局，调整产业结构，营造产业发展良好环境。加强产业转移项目精准对接、统计监测和跟踪服务。聚焦京津冀产业转型升级，深入推进京津冀联网智能制造工程。加快建设京津冀大数据综合试验区，促进北斗导航与位置服务产业联动发展。

5. 加强国际交流与合作，推动实现产业共赢

鼓励并支持企业响应“一带一路”倡议，加强国际合作，开拓海外市场。将电子信息制造业纳入国际产能合作与转移的重点领域，形成以“一带一路”为依托的新的国际产业链分布格局；着力培育一批具有国际竞争力的跨国企业，加大对企业国际并购的支持力度；选择重要产品领域，支持创建国际品牌，引导产业发展从“成本+规模”阶段向“技术+品牌”阶段跃迁。

天津市

2018 年，伴随着天津市“智能科技十条”政策的出台和新一代信息技术产业的脚步不断发展壮大，天津市电子信息制造业全行业认真贯彻习近平总书记对天津发展“三个着力”的重要指示精神，为天津市工业高质量发展起到了积极的推动作用，技术渗透力不断加大。

一、基本情况

2018 年，天津市电子信息制造业共有规模以上重点企业 238 家，其中，主营业务收入 100 亿元以上的企业有 4 家，10 亿元以上的企业有 23 家，1 亿元以上的企业有 96 家。全年

实现产值 1714 亿元，同比下降 2.9%，占天津市工业的比重为 10.3%，与往年相比，占比略有下降。

二、重点产业发展情况

（一）集成电路

目前，天津市集成电路产业已初步形成以滨海新区为龙头，西青区、津南区等区配套支撑的发展格局。一是企业总量攀升。集成电路产业的企业总量已达到 109 家。其中，设计企业 90 家、芯片制造企业 3 家、封装测试企业 9 家，材料和装备等企业 7 家。基本形成了涵盖设计、芯片制造、封装测试、装备和材料的较为完整的产业链条。二是领军企业凸显。集成电路行业聚集了中芯国际、恩智浦、展讯通信、唯捷创芯、芯硕半导体等多家集成电路行业的领军企业。三是项目进展顺利。中芯国际二期项目已经投产运行，65 纳米工艺晶圆产品月产能稳定在 6 万片；国产高性能微处理器项目基本完成项目建设，正在准备项目验收文件；超级计算机处理器项目已完成验证芯片流片和测试，正在进行小核的设计和千核规模片上互联网络的设计工作；8 英寸抛光片项目已投产，预计可实现销售收入 4 亿～5 亿元。

（二）智能硬件

1. 发展势头增强

一是智能硬件行业多元化发展格局初步形成。天津市智能硬件行业基本形成了涵盖智能手机、智能电视机、智能车载、智能传感器、智能医疗机器人、无人机系统开发、水下机器人探测等多元化的产业发展局面。二是智能硬件行业新兴特色企业初步涌现。智能硬件行业在聚集了天地伟业、三星电子等行业龙头骨干企业的基础上，也涌现出一飞智控、塔米机器人、华来科技、深之蓝、蓝酷科技、橙意家人、九安医疗等多家行业新兴特色企业，智能硬件行业发展势头良好。

2. 发展态势良好

恩智浦生产的车用微控制器在全球市场占有率位居第二；九安医疗血压计产品在全球市场占有率达 10%以上；蓝酷科技研发的裸眼 3D 手机，可实现 3D/2D 效果自由切换，填补了裸眼 3D 在国内终端显示市场的空白；塔米开发出基于云端及 AI 技术的服务智能终端，推广到天津市 11 所小学、2 家养老机构开展试点应用；橙意家人通过与飞利浦的战略性深化合作，携手美年大健康，实现了 OSA、COPD 疾病从初筛、诊断、转诊、治疗、康复到自我健康管理的闭环逻辑，现已成功建立医联体合作。截至目前，医联体已进驻全国 48 个城市、1008 家医院，较好地促进了天津市慢性呼吸系统疾病防治示范基地建设，有力地带动了区域医疗水平协同发展。

（三）计算机及通信设备

一是产业链条进一步巩固。天津市从事高性能服务器行业的企业总量已超过 10 家，聚集了飞腾信息技术、银河麒麟、南大通用、中科曙光、金品计算机等多家自主可控高性能服务器行业领军企业，基本形成了涵盖芯片设计、操作系统开发、数据库应用开发、存储设备开发、整机适配、高性能应用开发等较为完整的产业链条。二是功能作用进一步显现。曙光高性能计算中心配置在中国华电集团大型燃气轮机发电设备项目中，实现了国内首套逾两千千米的设计仿真一体化平台，可同时满足近百个用户对平台的使用要求。目前，曙光在该领域已打造众多行业高性能项目案例，为包括国电联合动力、大唐科学技术研究院、大唐集团–华创风能、中国华电集团科学技术研究院等在内的重点企业提供了优质的高性能计算产品解决方案，助力其在产品研发、业务发展方面取得进一步发展。

（四）核心基础器件

目前，天津市在新型显示器件行业聚集了三星视界移动、三星电机、三星高新电机、三星 LED 等一批专业分工明确的支柱企业。三星视界移动 OLED 面板产量占据全球 OLED 面板市场总产量的 40%；三星电机是多层陶瓷贴片电容器全球主要生产基地之一，产量占全球市场的 20%。2018 年，为加速生产双目摄像头，三星高新电机新增 10 条全自动贴片生产线；三星电机生产的片式陶瓷电容产量居世界第二位。2018 年，三星视界移动累计产值达 219 亿元，三星电池累计产值达 21 亿元，三星视界累计产值达 39 亿元。

三、存在的问题

一是整体竞争力不强，关键领域受制于人。关键核心芯片设计、关键元器件、新型显示等高附加值环节缺失，国际竞争力强和带动作用大的行业领军企业及高端人才缺乏，关键核心领域投入不足、受制于人，部分投入方式不合理。二是外资依存度高，发展后劲略显不足。天津市电子信息制造业外资依存度达 90%以上，三星、巨宝等部分外资龙头企业外迁和产业转移对全行业的影响较大。三是创新能力不足，基础研发环节薄弱。国际视野领军人才和创新团队缺乏，重市场、轻研发，自主产业链不成熟，部分配套关键环节缺失，缺乏自主核心技术，全行业处于产业价值链中低端，特别是在前沿技术方面，有待形成一批重大原创成果。四是营商环境、服务水平有待进一步提高。在重点行业（集成电路产业）提高金融扶持精准度、完善人才政策、设立产业专项基金、推动政府服务降本增效、完善公平竞争法治环境等方面，还有待进一步精准施策，营造优商、惠商、暖商的投资氛围和产业环境。

四、2019 年工作思路及重点工作

（一）总体思路

坚持以习近平新时代中国特色社会主义思想为指导，深入学习贯彻落实习近平新时代中国特色社会主义思想和党的十九大精神，扎实贯彻落实习近平总书记“三个着力”重要要求和在京津冀考察时的重要讲话精神，坚持新发展理念，顺应新一代信息技术产业服务化、网络化和融合化趋势，加快推进供给侧结构性改革，着力提高发展质量和效益，积极推动京津冀电子信息制造业协同发展，大力发展集成电路产业，巩固高性能服务器竞争优势，加快智能硬件、智能终端、基础元器件等产业发展，跟踪量子通信技术发展，推动虚拟现实（VR）、增强现实（AR）等技术与智能终端融合发展，积极培育信息产业新模式和新业态，着力构建集设计、生产、应用、服务于一体的产业集群，着力提高产业内生增长动力和自主创新能力，

着力打造区域领先的新一代信息技术特色产业基地和新的战略增长极，进一步加快推进天津市电子信息制造业由信息时代迈入智能时代的步伐。

（二）重点工作

着力在以下“六抓”上下功夫。

一是抓落实。将天津市支持智能科技产业发展（集成电路领域）的有关政策和集成电路设计企业所得税优惠等政策作为推动集成电路产业和智能终端产业发展的重要抓手，狠抓集成电路产业和智能终端产业两个三年行动方案涉及重点项目的推动落实工作。

（1）集成电路产业。一方面，立足天津市产业发展实际，贯彻落实《天津市集成电路产业三年行动方案（2018—2020 年）》，紧紧抓住京津冀协同发展的战略机遇，进一步改善产业环境、夯实产业基础、完善产业链条，坚持以项目建设带动产业全局发展，重点推动中芯国际二期产能扩充、46 所新材料产业园等一批重大项目建设，带动天津市集成电路产业实现重点突破和跨越发展。另一方面，积极争创国家“芯火”平台，借助“芯火”平台申报工作，推动天津市集成电路产业第三方公共服务平台对产业的支撑作用，提高数据资源的有效转化利用。支持建立以企业为主体、市场为导向、产学研深度融合的技术创新体系，不断优化产业环境，加强对集成电路企业的支持，促进产业落地，增强天津市集成电路产业对行业龙头企业的吸引力。

（2）智能终端产业。贯彻落实《天津市智能终端产业三年行动方案（2018—2020 年）》，瞄准智能终端产业蓬勃发展的新形势，以平板显示、智能手机、智能电视、智能医疗产品为重点，推动智能终端产业的重点突破、规模发展和转型升级，重点推进精密电子产业基地、OLED 屏扩产等 11 项重点产业化项目建设，为加快建设全国先进制造研发基地和“天津智港”提供重要支撑。

二是抓创新。用好改革创新这把“金钥匙”，积极调动各类各方资源，着力激发市场活力，针对产业链关键共性技术，持续加强基础技术攻关，不断提升原始创新能力。围绕电子信息制造业“构链、补链、强链”，构建天津市在传感器、捕捉设备、芯片、智能硬件设备等领域的 VR 产业链条，补齐集成电路、智能终端等产业链条短板，持续强化天津市在智能开关、智能机顶盒、智能电视、智能手机等领域的优势，同时，积极跟踪新一代信息技术重点领域的课题研究，针对行业热点和前瞻技术开展研究创新，为行业管理出谋划策，不断开拓行业管理新模式，进一步加快天津市智能信息产业的发展。

三是抓融合。促进 IT 技术与各行业融合发展是推动智能信息产业发展的重要途径，新一代信息技术正加速突破和应用。在当前继续做好国家智慧健康养老应用试点示范和智慧健康养老产品及服务推广的基础上，要进一步拓宽产业融合发展范围，以九安医疗等智慧健康养老应用试点示范企业申报工作为契机，深入推进产业融合发展，大力推动天津市电子信息制造企业和医疗、养老企业的产业对接，培育一批智慧健康养老制造企业；发展一批智慧健康养老示范企业；推广一批智慧健康养老产品，在落实《关于开展智慧健康养老应用试点示范的通知》和《智能硬件产业创新发展专项行动（2016—2018 年）》的同时，把融合发展的新模式延伸到医疗、教育、交通、农业、城市建设等领域，形成一批可推广、可复制的试点示范企业，进一步推动天津市电子信息制造业智能转型和创新发展。

四是抓协同。坚持以培育新增长点为重点，深入落实《天津市贯彻国家信息产业发展指南实施方案》和《智能硬件产业创新发展专项行动（2016—2018 年）》，加强上下游企业间、产业链各环节间、区域间协同发展。以下游需求为牵引，带动上游关键技术突破，进一步促进产业链间技术互动、协同发展；以上游新技术研发为导向，进一步促进下游产品、应用和市场拓展。在集成电路和智能终端等重点行业组织召开产业链对接研讨会，积极为设计企业、方案解决商、终端企业搭建交流合作平台，加快构建电子信息产业区域协同和产业链协同的创新体系，进一步优化天津市电子信息产业的核心优势。同时，加快发展天津市电子信息先进制造业，着力推动互联网、物联网、大数据、人工智能和电子信息制造业的深度融合，在新型智能终端产品、新型平板显示、传感器、集成电路及消费电子、汽车电子、医疗电子等领域培育新增长点，加速形成新动能，积极促进天津市电子信息制造业向智能化方向发展，进一步加快迈向产业价值链中高端的步伐。

五是抓招商。加强京津冀产业对接协作，用好、用足、用活国家以及天津市有关政策，积极承接非首都功能疏解，深化全面对接机制，紧盯中发智造等投资大、拉动明显的在谈项目，争取早日落地。加快基于宽带移动互联网的智能汽车与智慧交通应用示范、清华科技园、滨海—中关村科技园等多个合作项目的进展；推动产业协同发展，理顺产业链条，推动京津冀产业转移对接，形成区域间要素流动更加合理，优势互补、分工协作、协调发展的产业格局；深化产业国际合作，推动天津市电子信息制造业企业主动融入“一带一路”倡议，积极吸引高端电子信息制造业跨国公司来天津投资，重点引进集成电路、智能终端等投资规模大、填补产业链空白、带动产业升级的紧缺项目，力争电子信息产业招商取得新突破。

六是抓保障。强化政策机制保障，加强对天津市电子信息制造业企业的调研服务力度，了解企业在研发、税收、资金、人才等方面的需求，积极提出相关措施和意见建议；进一步做好光伏制造行业、锂离子电池制造行业的规范管理工作；积极组织天津市企业申报国家“核高基”项目和其他部委关于支持地方电子信息产业发展的各类专项资金；对标一流，虚心学习广东、浙江等先进地区改革开放的思维、理念，找差距、补短板、强对接。尤其是深入学习深圳市在政府服务降本增效、推动产业转型升级、解决好项目落地“最后一公里”等方面不断完善营商环境的经验做法，进一步优化天津市电子信息制造业营商环境。

河北省

2018 年以来，河北省政府高度重视电子信息制造业的发展，着力推进供给侧结构性改革，以推进“大智移云”产业发展为突破口，着力补短板、促转型，河北省电子信息制造业实现平稳增长，以大数据、智能制造、物联网、云计算等为重点的新一代信息技术产业加快发展。

一、基本情况

2018 年，河北省电子信息制造业纳入统计重点企业共 286 家，比 2017 年增加 1 家，其中规模以上企业283家，比2017年增加33家。从业人员年平均人数13.6万人，同比下降12.4%。完成主营业务收入1241亿元，同比增长2.5%，比2017年下降16.1个百分点，主营业务收入占河北省规模以上工业的3.3%左右，占全国电子信息制造业的1.0%左右。累计实现利税76.7亿元，同比下降35.7%（2017年同比增长0.7%），其中，利润总额43.9亿元，同比下降47.0%（2017年同比增长10.6%）。

二、主要特点

（一）电子信息制造业总体呈低位增长

2018年，河北省电子信息制造业总体增速逐渐走低，10月跌到谷底后，开始逐渐回升，全年呈低位增长。第一季度、第二季度、第三季度、第四季度末主营业务收入分别为242.3亿元、524.6元、782.8亿元、1241亿元，分别同比增长5.8%、0.1%、−4.7%、2.5%。

（二）各市主营业务收入增速“五升六降”

衡水、邯郸、秦皇岛、沧州、承德电子信息制造业主营业务收入分别同比增长115.9%、21.2%、27.9%、44.4%、9.4%；而保定、石家庄、廊坊、邢台、唐山、张家口6市负增长，分别同比下降6.0%、11.5%、13.6%、11.9%、6.0%、8.4%。电子信息制造业总量排名前5位的保定（243.7亿元）、石家庄（190.8亿元）、廊坊（186.3亿元）、邢台（152.3亿元）、衡水（140.7亿元），分别占河北省电子信息制造业的19.6%、15.4%、15.0%、12.3%、11.3%（累计占河北省电子信息制造业的比重为73.6%）。

（三）五大特色行业主营业务收入增速“三升两降”

2018年，五大特色行业主营业务收入占河北省电子信息制造业的85.0%，增速呈现“三升两降”。“三升”：新型显示、应用电子和LED产业，分别同比增长30.8%、16.4%和12.0%，累计拉动电子信息制造业增速9.2个百分点；“两降”：通信导航和光伏产业，分别同比下降48.2%和30.3%，累计下拉电子信息制造业增速14.0个百分点。

1. 新型显示增速位于五大特色行业之首

2018年，新型显示行业实现主营业务收入177.3亿元，同比增长30.8%，占河北省电子信息制造业的比重为15.2%。河北省形成了关键基础材料、玻璃基板、显示模组、显示面板等较完整的产业链，主要分布于石家庄、保定、廊坊3市。重点企业乐凯集团和京东方主营业务收入分别占新型显示行业的43.0%、20.8%。乐凯集团TAC膜、太阳能电池背板、磁条等重点产品在国际、国内市场销量大幅增长，京东方以自产自销业务模式为主，产能进一步扩大。

2. LED产业增速较快

2018年，LED产业实现主营业务收入62.4亿元，同比增长12.0%，占河北省电子信息制造业的比重为5.3%。LED产业规模大幅增长，占比由年初的2.8%扩大为年底的5.3%。LED产业主要分布在石家庄市（占河北省LED产业的比重达92.9%），该市LED产业2018年主营业务收入同比增长9.2%，十三所、普兴、同辉等重点企业主营业务增长较好。

3. 应用电子行业增速较快

2018 年，应用电子实现主营业务收入 450.5 亿元，同比增长 16.4%，占河北省电子信息制造业的比重为 38.6%。河北省应用电子特色明显，产品广泛应用于工业、金融、电力、环保、民生等领域，企业主要分布于石家庄、保定、邯郸、秦皇岛、邢台。重点企业风帆公司、美的公司、宏启胜主营业务收入分别占应用电子行业总规模的 22.1%、16.2%、15.8%（3 家企业累计共占总规模的 54.1%），分别同比增长 18.0%、12.1%、33.1%，带动应用电子实现了快速发展。

4. 光伏产业增速大幅下降

2018 年，光伏产业实现主营业务收入 222.9 亿元，同比下降 30.3%，占河北省电子信息制造业的比重为 19.1%。光伏产业规模逐渐缩小，增速逐月回落，部分光伏企业已停产倒闭或搬迁。晶龙集团、晶澳公司受产品价格下滑影响，主营业务收入出现下降；英利能源主营业务收入增速下降近一半，正在有序进行公司重组。

5. 通信导航产业增速大幅下降

2018 年，通信导航产业实现主营业务收入 77.8 亿元，同比下降 48.2%，占河北省电子信息制造业的比重为 6.7%。通信导航产业增速自 2 月上升之后基本呈逐月下降趋势，且产业规模大幅缩减，占比已由年初的 16.4%缩减为年底的 6.7%。富智康受前期市场环境等因素影响，生产持续下降，导致大客户订单流失，损失较为严重，从业人员大幅减少，主营业务收入同比下降 55.1%。

（四）出口增速先快后稳

河北省电子信息制造业累计出口 26.4 亿美元，同比增长 4.0%，秦皇岛、廊坊、保定、邢台出口额分别为 11.3 亿美元、6.3 亿美元、4.6 亿美元、1.7 亿美元，占河北省电子信息制造业出口额的比重分别为 42.8%、23.9%、17.2%、6.5%（累计占比为 90.4%），分别同比增长 32.9%、−22.8%、9.4%和−27.8%。重点企业中，宏启胜出口额同比增长 33.1%，出口电子产品的增长较好；而富智康出口额同比下降 50.5%，出口电子产品大幅下降。

三、面临的问题

目前，河北省电子信息制造业整体运行放缓，主要存在以下问题。

（一）光伏补贴退坡，行业普遍下行

一直以来，国内光伏电站主要依靠政策贴价微利润发展，投资成本高、回报周期长。2018 年光伏补贴政策退坡，导致光伏电站、分布式光伏市场严重萎缩，光伏组件产品价格下跌，光伏市场需求量减少，英利能源、晶龙实业、晶澳太阳能、巨力新能源等重点企业均受不同程度影响，部分企业压降产能或停产或搬迁。

（二）企业竞争力不足

河北省共有 4 家企业入围 2019 年（第 33 届）中国电子信息百强企业，东旭集团有限公司排名第 19 位，晶龙实业集团有限公司排名第 29 位，风帆有限责任公司排名第 76 位，中国

乐凯集团有限公司排名第 96 位，4 家重点企业主营业务收入均远不及华为、联想、海尔（主营业务收入均超过 2500 亿元）等企业。

四、2019 年目标和形势展望

2018 年，河北省出台了《关于加快推进工业转型升级建设现代化工业体系的指导意见》《关于加快集成电路产业发展的实施意见》《河北省新型显示产业创新发展三年行动计划》等系列政策文件，均提出加快培育以电子信息为代表的新一代信息技术产业，培育壮大电子信息产业规模，努力形成电子信息产业的后发优势。目前投资 280 亿元的云谷（固安）第 6 代 AMOLED 项目还在试产阶段，翌光、云谷（霸州）等产业链配套企业的产能尚未释放，预计 2019 年河北省电子信息制造业主营业务收入将保持两位数增长。。

五、下一步工作

（一）抓招商和引资

重点围绕新型显示、集成电路、现代通信、大数据、云计算产业，依托产业基础好、承载能力强的基地园区开展招商引资。深化与中国电子信息行业联合会、中国电子学会、深圳电子行业协会等国家和地方重点协（学）会的战略合作，借助第七届信博会、廊坊 5·18 经洽会等展会平台，实施产业链招商、精准招商，引进建设一批重大项目和科技创新平台。

（二）抓行业和管理

按照《光伏行业制造行业规范条件》《锂离子电池行业规范条件》有关要求，高标准做好河北省太阳能光伏行业、锂离子电池行业公告规范管理工作，高标准做好 2019 年河北省入围国家规范公告的光伏制造企业、锂离子电池企业的年度自查和现场核查工作，促使企业加快实施转型升级，引导产业健康、有序发展。

（三）抓运行和统计

准确掌握河北省电子信息产业的情况，进一步夯实统计基础工作，进一步加强与各市和企业沟通，用好河北省电子信息产业统计监测平台，不断提高工作时效和数据质量，确保企业应统尽统。重点做好以下三项工作：一是按时完成数据报送。及时指导企业登录平台填报数据，各市做好月报汇总工作，按时上报数据。二是加强数据把关审核。对企业数据填报情况进行密切跟踪，对相关指标中变化幅度较大或出现逻辑性错误的，及时与企业沟通联系、查明原因。三是做好统计分析工作。密切跟踪电子信息产业发展新趋势、关注行业动态，积极开展电子信息制造业运行分析工作。

山西省

一、基本情况

2018 年，山西省电子信息制造业呈现持续活跃态势，企业数量从 2016 年的 80 余家增长到 150 余家，主要集中在光伏、半导体、LED、光机电、锂离子电池、信息安全、通信设备等领域；产业增长的结构趋于优化，呈现大项目支撑、关联产业链配套、商业模式创新、功能链紧密合作的态势。目前，规模以上企业共 62 家（30 亿元以上企业 6 家，5 亿元以上企业 13 家，1 亿元以上企业 43 家），主营业务收入 1050 亿元。

二、主要发展特点

（一）重点领域保持两位数增长

2018 年，光伏制造业积极应对“531”新政，晋能清洁能源科技、潞安太阳能等龙头企业通过技术创新、协同发展，持续降低成本，拓展海外市场；LED、半导体产业优化商业模式，并购引进配套企业、重大项目。信息安全、人工智能、传感器及智能化仪器仪表、锂离子电池、基础电子等行业先进技术、领先产品不断推出，产业集中度有所提升，新要素集约水平进一步提高，平均增长 15%以上。2019 年，随着忻州二代半导体、晋城光机电、中电科“一中心三基地”等重大项目建设投产，山西省电子信息制造业将持续快速增长。

（二）各领域新建项目多、投资强度大

2018 年，山西省电子信息制造业新建、在建项目共计 98 个，总投资 976.54 亿元，2019 年预计投资 130 亿元。其中，总投资 20 亿元以上的项目共 14 个，5 亿元以上的项目共 36 个，从项目分布来看，晋城市 7 个项目，总投资 338.8 亿元；太原及山西转型综改示范区 30 个项目，总投资 308.6 亿元；大同市 6 个项目，总投资 86.6 亿元；长治市 19 个项目，总投资 81.7 亿元；晋中市 4 个项目，总投资 52.9 亿元。

（三）产业结构进一步优化完善

半导体产业形成了衬底材料—芯片—封装—应用产业链条，其中碳化硅三代半导体材料、砷化镓二代半导体材料、蓝宝石材料、LED 封装、LED 显示屏模组、深紫外 LED 等产品处于国内先进水平。光电产业依托晋城富士康打造“世界光谷”，形成了以光学镜头、相机模组、光通信连接器、精密刀具和机器人为优势产品的产业集群；光伏单晶 PERC、异质结 HJT 电池组件产品达到行业先进水平，产品大量出口。新兴智能产业，擦窗机器人销量国内第一，虹膜识别、指静脉识别、高精度传感器等领域达到国内先进水平；安全可靠计算机形成了国内领先的技术路线和产业基础体系。

三、面临的问题和主要矛盾

一是产业基础薄弱，规模以上企业数量少，尤其缺乏带动力强的大型龙头企业；二是人才供求矛盾突出，一些地市政府人才招引政策尚不完善、针对性的配套体系不健全；三是技术创新活力不足，尤其是针对前沿技术的研发较少，核心关键技术及装备、零部件相对缺失，产、学、研结合不紧密；四是产业链不健全，集聚度不高，生产配套难度大；五是融资难、融资贵问题，在中小企业、民营企业尤为突出；六是公共服务体系不健全，信息服务、研发

设计、检测检验、科技中介、科技金融服务、商务服务等生产性服务业不健全，行业协会、联盟作用发挥有限。

四、2019 年目标和形势展望

2019 年，山西省将围绕推进新兴产业发展战略部署和目标，以“转方式、调结构、上水平”为主线，以招大引强作为强链、补链、延长产业链的重要抓手，积极对标国内外一流电子信息产业技术和商业模式，以半导体、光伏、LED、锂离子电池、新型显示、智能硬件、安全可靠计算机、传感器、电子专用装备等领域为重点，提高产业集聚和配套能力，提升壮大产业总量，推进 40 个重大项目建设，打造“五大集群”，2019 年山西省电子信息制造业主营业务收入将达到 1150 亿元，同比增长 10%。

五、2019 年工作措施及主要工作思路

（一）引进重大项目，促进产业配套

加大政策支持引导，充分发挥富士康、中国电科、晋能科技、中科潞安、中科晶电、山西高科、百信科技等龙头骨干企业和重大项目的引领、带动、集聚效应，加快培育山西省电子信息产业重点集群、基地、园区，同步引入研发、生产、物流等产业链、功能链上下游配套产业。重点围绕半导体、光伏、LED、光机电、自主可控、新型显示、人工智能等领域，加强国内、国际交流合作，加快谋划调研论证一批重大项目，推进引进项目加快落地。

（二）突破关键技术，增强创新能力

瞄准重点领域、关键环节，依托重点企业加强关键工艺技术研发，形成一批先进的自主核心技术和竞争力强的拳头产品。推动产业技术联盟的发展，结合山西省科研院所、高校在半导体基础材料、微机电传感等方面的优势，对标国内一流创新平台，重点提升山西省半导体、信息安全、传感器、人工智能等关键领域的创新能力，打造协同创新产业生态，助推山西省转型升级战略落实。

（三）对标先进省市，优化产业布局

对标先进省市转型发展的经验，研究绘制山西省电子信息制造业发展全景图，半导体、光伏、LED、锂离子电池等细分产业发展图谱，为山西省电子信息制造业发展进一步明确方向、规划路径。加强试点示范引导，支持企业间战略合作和重组，在电子信息制造业重点领域推动形成一批企业规模大、创新能力强、品牌知名度高的龙头企业和“小巨人”企业，加速形成电子信息五大产业集群和各市产业集聚区。

（四）参与“一带一路”，拓展国际市场

结合晋能清洁能源科技、潞安太阳能、山西高科等重点企业海外营销渠道的建立，鼓励山西省龙头骨干企业拓展全球视野，积极推动光伏、LED 等优势产能“走出去”，进一步巩固日本、南亚、东南亚、澳大利亚等市场，借“一带一路”东风，加快拓展中东、欧洲、非

洲、拉美市场。通过国际并购和高端人才团队引进获取前沿技术，通过设立海外基地，形成全球研发、生产和营销体系，提升产业国际化布局和运营能力。

（五）推进产业融合，促进“晋品晋用”

面向能源革命需求，加快发展光伏、LED 等产业，加强山西省市场应用；面向智能制造升级改造需求，加快推进智能制造设备、工业机器人、传感器等领域的研发生产；面向家电、医疗、农业、能源、交通等行业智能化发展新需求，推动发展智能硬件、智能机器人、智能无人机等融合性新产品。引导电子信息企业与用户企业深入合作，加快推进技术标准制修订，加强专利合作，建立多层次、多渠道沟通交流合作机制，优化产用合作公共服务环境。

内蒙古自治区

内蒙古自治区（以下简称内蒙古）抓住东部沿海地区产业转移的重大机遇，不断优化发展环境，积极推进经济结构调整，引导和鼓励企业自主创新，电子信息制造业保持平稳发展。

一、基本情况

2018 年，内蒙古规模以上电子信息制造业实现主营业务收入 233.5 亿元，同比增长 22%，占内蒙古规模以上工业产值的 1.5%。其中，多晶硅、单晶硅等光伏材料产值 85 亿元，占内蒙古规模以上电子信息制造业产值的 46%。

内蒙古共有规模以上电子信息制造业企业 36 家，主要分布在内蒙古中西部的呼和浩特、包头、乌兰察布地区和东部的赤峰、通辽地区，产品以多晶硅、单晶硅、有机发光显示器件、磁性材料、化成箔等电子原材料和电视机为主。目前，内蒙古已形成多晶硅产能 4 万吨，单晶硅产能 11 万吨，有机发光显示器件产能 1 亿片，磁性材料产能 3.5 万吨，化成箔产能 1500 万平方米，电视机产能 250 万台。

二、行业特点和问题

（一）产业总体规模偏小

电子信息制造业规模以上总量占内蒙古工业的比重不到 2%，产品主要集中在电视机、电子元器件、电子原材料等，缺少高精尖产品；软件和信息技术服务业企业规模小，创新能力不足，市场需求不旺盛。大型龙头企业数量、知名度等在全国均处于中等偏下水平。电子信息制造业经过多年发展，仍存在对外依附性较强、产业链延展性不足、产业配套能力较弱、软环境建设落后等问题。

（二）产业集聚效应尚不明显

电子信息制造企业大多产品品种单一，上下游产品依存等内在配套能力不强，产业链内部及产业链间协调互动发展的格局尚未形成，增加了企业成本，降低了企业生产效率。与发达地区相比，内蒙古缺乏具有带动作用的大企业和优势企业，难以在龙头企业周围形成配套企业集聚。现代物流、金融、公共技术服务平台等产业发展外在配套体系不完善，对电子信息制造产业发展的服务和支撑能力有待进一步提高。

（三）产业创新体系有待进一步健全

大部分电子信息制造企业研发投入不足，产业整体上缺乏核心技术，难以支撑产业的可持续发展。一些规模相对较大的企业生产技术主要来源于总部集团的研发，本土研发投入比例较低，自主研发能力不强。以企业为主体的技术创新体系、科研成果转化机制等建设还相对滞后。同时，作为创新体系重要支撑的风险投资机制还不健全，投融资渠道相对不足，造成科技成果转化难、产业化速度慢。

（四）专业和高端人才缺乏

电子信息制造业发展重要的是人才，内蒙古创新人才、管理人才和技术领军的高层次人才缺乏。由于内蒙古经济发展水平和企业工资水平与东部沿海地区存在较大差距，导致不仅难以吸引外地人才，而且本地培养的人才尤其是高端人才流失严重。

三、2019 年目标和展望

重点打造光伏材料、新型显示器两个百亿元产业，加快拓佳电子产业百亿元园区建设。内蒙古电子信息制造业工业产值力争到 2019 年突破 500 亿元，年均增速达到 40%，占内蒙古规模以上工业产值的 3%左右。

（一）光伏材料

扩大多晶硅、单晶硅产能规模，开发电子级晶硅材料。重点推进呼和浩特市、包头市、鄂尔多斯市、乌海市等光伏建设项目。预计 2019 年，多晶硅新增产能 3 万吨，达到 7 万吨；光伏材料产业新增产值 20 亿元，达到 140 亿元。

（二）拓佳电子产业园

以赤峰拓佳电子公司为龙头，完善基础设施建设，招商引资，做大做强“赤峰拓佳电子产业园”。引进 20～30 家电子企业入驻园区，形成以全面屏手机、电脑显示器、平板电脑、导航、智能穿戴等为代表的电子产业集群。

（三）新型显示器

壮大新型显示器件产业，生产具有高分辨率、高亮度、高色彩饱和度的新型液晶显示产品，鄂尔多斯市源盛光电公司 5.5 代有机发光显示器二期项目建成投产，新增玻璃基板 1 亿片，2019 年销售产值达到 100 亿元。

（四）电视机

依托创维电子、TCL，促进彩电工业转型升级，支持数字电视中间件研发，优化产品结构，发展智能电视、云电视、超高清播放设备等，形成年产智能电视 200 万台，新增销售产值 40 亿元，2019 年达到 60 亿元。

（五）其他电子产品

改造和提升现有电子产品生产装备水平和工艺技术，加快包头市、乌兰察布市化成箔等项目进度，支持包头市、通辽市、乌海市蓝宝石等项目建设。新增销售产值 30 亿元，2019 年达到 50 亿元。

四、2019 年主要工作和思路

（一）完善发展政策环境，落实各项优惠政策

内蒙古将电子信息制造业列为战略性新兴产业，2018 年出台了《内蒙古自治区人民政府关于印发自治区新兴产业高质量发展实施方案（2018—2020 年）的通知》（内政发〔2018〕42 号）等规划和政策性文件，对电子信息制造业在产业政策引导、产业基金扶持和科技创新等方面给予奖补。2019 年，内蒙古将重点抓各项优惠政策的落地，着力推动企业降成本、促生产、提高产品的市场竞争力和招商引资等各项工作。

（二）引导企业加大投入，鼓励企业科技创新

根据电子信息制造业发展需要，内蒙古重点支持企业自主创新，支持具有前瞻性、战略性和共性的重大关键核心技术研发，以及为行业发展提供创新和公共服务的重大载体项目。鼓励电子信息制造企业申报国家战略性新兴产业发展专项资金、电子信息产业发展基金、科技重大专项等。引导政策性银行和商业金融机构加大对电子信息产业的支持。运用市场机制集聚创新资源，吸引国内外高等院校及科研机构、大企业在内蒙古设立实验室、研发中心、技术服务平台和转化基地，发挥产业和技术聚集优势，提高产业整体创新能力，形成开发合作、协同发展的电子信息技术、产业和应用体系。

（三）做好产业承接转移，推动结构优化升级

紧紧抓住电子信息产业向中西部地区转移及国家优先发展电子信息产业的历史机遇，做大内蒙古电子信息产业规模。坚持高起点、高质量、因地制宜的原则，通过以商招商、产业链招商等方式，主动承接环境污染少、能耗低的电子信息产业转入。吸引国内外高端电子制造、新材料企业落户内蒙古，力争引入一批关键技术，形成具有自主知识产权的技术产品。把招商引资作为推进内蒙古电子信息产业做大做强的重要抓手，不断完善招商引资机制，创新招商引资模式，实施重点突破的招商引资策略。鼓励现有企业引进其上下游配套企业，延长产业链，优化产业配套，打造内蒙古经济增长的新动力。

（四）加强人才培养引进，保障产业持续发展

创新人才引进培养机制，积极承接发达地区人才转移。以高端技术研发和产业化项目为载体，吸引能够突破关键技术、带动新兴学科和新兴产业的科技创新创业领军人才来内蒙古长期或临时工作。对引进的电子信息产业领军人才和高端人才，除按照“草原英才工程”享受相关政策外，通过“一事一议”，从战略性新兴产业专项资金、草原英才专项资金及各盟市

人才专项资金中拿出部分资金给予支持。支持企业在高职院校设立培训中心、实习基地，培养技术技能型实用人才，满足电子信息产业的发展需要。

五、主要园区发展情况

（一）中环产业园

1. 产业园概况

天津中环半导体股份有限公司自 2009 年开始在呼和浩特市投资建设中环产业园，依托全资企业内蒙古中环光伏材料有限公司，积极改造提升单晶及单晶硅片等上游产业生产工艺，大力吸引技术创新企业不断完善下游产业链条，现已形成了全球质量最优、单体规模最大的高效单晶硅棒（片）制造中心。

截至 2018 年年末，已有入园企业 16 家，其中，国家高新技术企业 5 家，规模以上工业企业 9 家，国家技术创新示范企业 1 家，新三板挂牌企业 1 家，自治区/市级企业技术/研发中心 11 个，获得自治区/市级奖项 23 个，提供就业岗位近万个。中环产业园累计完成项目投资 259 亿元，2018 年中环产业园实现产值近 100 亿元，实现销售收入约 119 亿元，实现利税总额约 7.6 亿元。

2. 未来发展规划

一是以内蒙古中环光伏材料有限公司为项目实施主体，投资建设单晶硅五期项目。该项目计划总投资 90 亿元，新增单晶炉 2000 台。项目预计到 2022 年 12 月全部投产达效，产能预计将达到 20GW。

二是以中环领先为实施主体，携手无锡产业发展集团有限公司、浙江晶盛机电股份有限公司，打造集研发、生产、销售于一体的全产业链功率器件及集成电路级产品生产制造中心，并成为国内第一、全球前三的半导体级硅单晶产业化基地。该项目预计总投资 60 亿元，预计 2023 年项目全部达产。项目达产后将具备年产 1500 吨 8 英寸单晶硅棒和 2000 吨 12 英寸单晶硅棒的生产能力。

三是到 2022 年年末，中环产业园单晶硅年产能将达到 50GW，占全球的 45%以上，综合年产值预计将超过 350 亿元，将提供就业岗位近 1.5 万个，届时，呼和浩特市将成为真正的“中国硅都”“世界硅都”。

（二）拓佳电子产业园

1. 产业园概况

拓佳电子产业园位于赤峰市红山高新技术开发区，是由赤峰拓佳光电有限公司主导建设的，利用现有资源条件，采取“筑巢引凤”的方针，结合产业园区的功能与产业定位，承接珠三角地区产业转移，是集电子产品研发、生产、销售功能于一体的电子信息产业基地。

拓佳电子产业园计划总投资 20 亿元，规划建设面积 50 万平方米，其中标准化无尘车间 35 万平方米，将逐步承接 20～30 家电子链条企业，形成以全面屏手机、显示器、平板电脑、导航、智能穿戴等产品为代表的电子产业集群。2018 年上半年，拓佳电子产业园二期建设启动，新建无尘化标准生产车间 6 万平方米，8 家入驻企业开始设备安装调试，2018 年年底正式投产。截至2018年8月，拓佳电子产业园的合作客户包括北京京东方集团、华为、小米、OPPO、VIVO等大型电子集团公司。

2. 未来发展规划

一是规划新建标准化无尘生产车间及附属工程25万平方米，逐步引进创业型、高成长型电子信息企业30家，打造从导光板、FPC软性电路板、LED灯、液晶显示模组、全贴合、整机组装的全价值产业链，有效提升电子产品的市场渗透率。

二是规划培育和扶持园区内1～2家企业上市，发明专利20项以上，培养和引进3～5名战略性创新、科技创新领军人才和科技创业领军人才，组建成立综合性科技服务机构1家、工程技术研究中心2家、新型科技研发机构1家、企业技术中心5家。

三是依托新型显示技术，重点对全面屏模组技术、OLED、AMOLED柔性显示技术、3D液晶模组技术、CNC异形精雕技术、智能穿戴产品进行技术攻关，到2022年，新产品数量达到3个，新产品产值达到8亿元以上。

辽宁省

2018年，辽宁省电子信息制造业总体保持回升态势，主要产品产销基本平衡。

一、基本情况

按可比口径计算，2018年辽宁省电子信息制造业实现产值776.1亿元，同比增长13.5%，沈阳、大连两市电子信息制造业实现产值626.5亿元，占辽宁省电子信息制造业总产值的80.7%。辽宁省电子信息制造业出口交货值达到422.9亿元，同比增长23.5%。

二、主要特点

（一）电子信息制造业继续保持增长

2018年以来，辽宁省电子信息制造业一直保持10%以上的增长速度，相较2017年同期，增速有所放缓。重点子行业中，集成电路和应用电子行业发展较快，分别同比增长74.9%、13.3%。其中，英特尔“非易失性存储器项目”扩建工程已建成投产，产值同比增长80.6%，沈阳集成电路装备骨干企业拓荆、富创、芯源、科仪等不断研发新产品、开拓新市场，2018年产值增幅均超过30%。

（二）产品出口保持快速增长

2018年，辽宁省电子信息制造业产品出口同比增长23.5%，增速比2017年同期提升了1.9个百分点。重点出口地区大连市12月出口交货值334.6亿元，占辽宁省的79.1%，出口同比增长29.4%。

（三）重点产品发展态势喜忧参半

辽宁省电子信息制造业重点产品中，汽车音响由于辽无二和阿尔派不断推出新产品，

2018 年产值同比增长 25.9%；打印机市场需求较稳定，基本保持平稳发展，2018 年产值同比增长 2.8%；液晶电视机龙头企业同方多媒体，由于总部统一调配订单，2018 年生产波动幅度不大，与 2017 年基本持平；华录受国外市场趋于饱和影响，激光视盘机产量与 2017 年相比略有下降；晨讯无线通信模块在 2017 年迅猛发展，2018 年受共享单车行业整合等影响，订单减少，致使手机类产品产量同比下降 8.4%。

三、面临的问题

（一）产业规模总体偏小，与发达省份相比还有较大差距

2018 年辽宁省电子信息制造业总规模不到 800 亿元，占全国的比重不到 1%，与东部发达省份相比差距较大。

（二）大企业较少，产业竞争力不强

2018 年，辽宁省规模以上企业只有英特尔产值超过 100 亿元，企业规模普遍偏小，对行业的引领作用有限；相当一部分产品处于产业链中低端，市场竞争力不强。

（三）地区之间产业发展差距较大

虽然辽宁省共有 14 个市，但沈阳、大连两市的电子信息制造业产业规模就占到辽宁省总量的 80%以上，个别地区的产业规模几乎可以不计。

（四）产业发展环境有待完善

辽宁省电子信息制造业缺少有效的产业政策和抓手，社会融资体系不足，企业融资困难，人才流失严重，公共服务体系不完善，行业新建项目不多，有效投资减少，产业发展后劲不足。

四、2019 年重点工作

以高质量发展为目标，以完善产业发展要素为抓手，继续推进产业上规模，力争实现行业产值同比增速不低于 10%。重点做好以下六个方面的工作。

（一）继续推进企业精准帮扶

一是加大对重点地区、重点企业的帮扶力度。落实《辽宁省“个转企、小升规、规升巨”培育行动实施方案》，切实抓好“小升规、规升巨”工作；二是深入企业实施“一对一”精准帮扶，开展市场对接、资金对接、政策对接、人才对接，切实解决企业发展难题；三是推进重点产品本地推广应用，克服“墙内开花墙外香”。

（二）继续推进项目跟踪服务

一是大力推动抚顺罕王年产 3 亿只 MEMS 高端传感器芯片、辽宁天工年产 360 万片集成电路用硅抛光片、大连芯冠科技硅基氮化镓功率器件产业化、沈阳硅基科技 SOI 硅片生产线

改造等项目尽快建成投产；二是支持大连吉星电子年产240万平方米柔性电路板、崇达电路多层电路板二期、鞍山同益光电多层电路板等项目加快建设，提升产业基础支撑；三是鼓励辽无二松下新能源车用动力电池、大连中比锂离子电池、大连伊科能源锂电池隔膜等项目发展，拉长锂电池产业链，推进产业集聚发展。

（三）继续推进行业创新发展

一是加强制造业创新体系建设，重点推动辽宁省高端医疗影像设备创新中心、国家级集成电路关键设备核心零部件国家工程研究中心等平台建设；二是支持沈阳拓荆、沈阳富创、沈阳芯源、大连鼎创等科技型企业在科创板上市，为企业发展提供融资支持；三是推进产业共性技术与核心技术的协同攻关，形成一批具有自主知识产权的关键技术、产品和标准。

（四）继续推进产业基金运营

一是积极推进产业基金尽快实质运营，协助做好项目尽职调查，尽快为产业发展提供资金支持；二是鼓励各市密切跟踪基金运营情况，为基金支持项目提供地方资金配套；三是协助基金公司与国家大基金、各商业银行及各类社会资本的对接，进一步扩展投融资渠道。

（五）继续推进信息技术融合应用

一是支持辽宁省内IT企业与传统制造企业联合，以5G和NB-IoT商用为契机，推动智能元器件和装置在工业产品中的应用；二是推进智慧健康养老相关企业间的协助，支持辽宁省内健康养老产业的智能化发展；三是推进虚拟现实技术在智能制造、智慧医疗、远程教育等多领域的应用，培育发展辽宁省信息技术新业态。大力推动物联网产业发展，形成新的增长点。

（六）进一步做好行业运行分析

一是加强沟通，规范行业统计和运行分析，为领导决策提供服务；二是做好行业月度运行分析，及时征集各市运行亮点，丰富月度行业分析内容，及时把握行业发展趋势；三是对重点监测的20家代表企业进行跟踪调度，进一步加强行业发展趋势研判，适时掌握行业发展动态，为企业发展做好服务。

黑龙江省

一、基本情况

（一）主要指标情况

2018年，黑龙江省规模以上电子信息制造业企业完成工业总产值94.93亿元，同比下降21.5%。黑龙江省电子信息制造业主要在动力电池、光电半导体材料及器件、汽车电子和铁路电子等方面具有一定的基础，发展势头良好。

（二）重点产业情况

一是动力电池产业。黑龙江省在动力电池方面有较好的基础，哈尔滨光宇集团是中国电子信息百强企业，在2018年（第32届）中国电子信息百强企业中排名第85位。哈尔滨光宇集团的主要产品分四大类：一是铅酸蓄电池；二是锂离子自行车电池、手机电池芯等；三是网络游戏，包括软件开发、网络运营；四是汽车锂离子电池制造。该公司的主导产品锂离子电池，现已成功配套各种车型、各类电池几十种，包括纯电动客车、混合动力客车、纯电动轿车、混合动力轿车等物流、环保、特种车型。

二是光电半导体材料及器件产业。哈尔滨奥瑞德光电技术有限公司（以下简称奥瑞德）的蓝宝石晶体材料产能继续保持全球首位。2018年，奥瑞德第九代大尺寸3D玻璃热弯机研制成功，奥瑞德已成为国内3D玻璃热弯机行业的引领者。大庆佳昌晶能信息材料有限公司（以下简称大庆佳昌）是国家级高新技术企业，主要产品砷化镓抛光片是微电子和光电子工业最重要的支撑材料之一，涉及国民经济和国防建设诸多领域，国内市场份额第一，且覆盖欧、美、日、韩等国家/地区的市场。此外，该公司还成功开发出可应用于5G高频器件的高阻砷化镓衬底材料。

三是汽车电子。黑龙江省共有汽车电子企业5家，其中上市企业2家，2018年实现总产值15.23亿元。固泰电子、万宇科技主要生产汽车喇叭，威帝电子、航天科技、天有为主要生产汽车仪表。这些企业生产的汽车仪表产品为国内30余家整车厂提供配套，占据着国产车25%以上的市场份额。哈尔滨固泰电子研发出随频喇叭，成为德系车在中国认可的第一个电子产品，为国内外30多家汽车厂商供货，在同类产品中市场占有率达到了80%以上。哈尔滨万宇科技是美国通用汽车公司的配套商，年产值达1.66亿元。威帝电子的仪表产品主要面向国产的大中型客车，该公司自主开发的客车用中央处理器在国内率先实现客车电器智能化控制。航天科技集团是汽车仪表的前三强，在汽车行业销量下滑的情况下，航天科技集团凭借科技引领、产品结构调整，在国产商用车、轿车、客车中市场占有率达到10%。黑龙江天有为电子有限责任公司的主导产品为汽车仪表，该公司成立于1998年，经过多年的努力与发展，已具备一定的规模与实力，全行业产量位居前两名。该公司总部位于绥化市工业开发区，同时在哈尔滨设立了研究院，2018年实现产值4.9亿元。

二、主要特点

（一）大力发展电子材料产业

电子材料产业属高载能产业，物流成本占比小，对产业配套要求不高。黑龙江省发展电子材料产业，既规避了物流成本高的短板，又发挥了电力资源富足和气候优势。目前，蓝宝石和砷化镓晶体等产业的发展已表明黑龙江省适合发展电子材料及电子元器件产业。

（二）充分释放产业优势

发挥现有产业优势和技术平台的作用，进一步扩展应用领域，拉动产业发展。一是支持黑龙江省内优势产业进一步做大做强，巩固提高行业地位。二是依托技术平台开发新产品，拓展应用市场领域，如重点支持动力电池、电子材料、光电子、专用通信、轨道交通信号等产业发展。

（三）支持和鼓励企业外延发展

支持和鼓励企业依托优势向上下游外延发展。支持大庆佳昌晶能产品由电子材料向下游集成电路产业的外延发展，支持哈尔滨瑞兴科技轨道电路产品由国铁市场向地铁市场的外延发展等。

三、面临的问题

一是企业规模小。由于黑龙江省的电子产品大多为价值不高的产业链前端或是市场规模有限的产品，除光宇集团是中国电子信息百强企业外，其他企业经济规模普遍较小，即使像奥瑞德、大庆佳昌、海格科技等在同类产品市场份额中名列前茅，处于该领域领军地位的企业，由于产品整体市场经济规模有限，其经济规模对黑龙江省的行业拉动也是有限的。二是长期资金投入不足。黑龙江省的电子信息制造业与传统产业相比规模小，资本市场发育缓慢，民间投资不活跃，加上地处偏远地区，吸引外资能力弱，严重制约了黑龙江省电子信息制造业的发展。三是缺少龙头企业的拉动。与发达地区相比，黑龙江省电子信息制造业缺少大企业的拉动，光宇集团是黑龙江省唯一的百强企业，占黑龙江省电子信息制造业40%以上的份额，一家独大。由于光宇集团产品调整，铅酸电池减产、新建项目尚未形成产能等诸多因素影响，2018 年光宇集团只完成主营业务收入 40.37 亿元，也造成了黑龙江省电子信息制造业主营业务收入和产值下滑。

四、下一步工作

一是继续加大对行业重点骨干企业的经济运行监测力度，及时深入企业进行调研，详细了解企业在发展过程中遇到的问题，对需要帮助协调解决的如要素保障、融资服务等事项，积极帮助协调解决。

二是密切关注国内动力锂离子电池、光电材料产业的发展趋势变化，积极帮助企业做好市场分析预测，引导企业加快转型升级步伐。特别是对国家有资金支持的优惠政策，及时与企业进行沟通协调，并尽量帮助企业做好向上争取工作。

三是继续积极推进全行业重点项目建设，重点推进光宇集团的动力锂离子电池扩产扩能项目、鹤岗国信通集团动力电池和智能手机负极材料项目建设，争取这些项目尽快投/达产。

四是围绕重点企业，补强产业链。以重点企业为依托，以产业链上下游配套为切入点，积极帮助企业在黑龙江省内寻找配套企业。一是能在黑龙江省内配套的，协调相关企业进行对接，这样既能完善产业链，也帮助企业开拓了市场；二是不能在黑龙江省内配套的，以产业链招商的形式，引进省外配套企业，在推动产业链补链、强链和产业链集群发展的同时，形成产业集群发展。

五是加大创新成果储备。在跟进服务企业的基础上，要积极发挥行业指导优势，引导企业及其产业链协作企业加大科技创新研发力度，加大与哈工大、哈工程、中国电科第四十九研究所及黑龙江省内电子所等高校、科研院所的协作力度，面向市场及企业主导产品加强研发，进一步梳理本地企业技术在达到终极技术目标前所形成的溢出，尽可能多地催生形成适应市场需求的新产品、新项目。与此同时，积极推进产用结合、产需对接。加强产业协同、产业链配套、企业协作，组织开展专题产需对接活动，鼓励、支持龙头企业带动黑龙江省内配套发展，稳固产业链内部市场，打造专业化分工协作配套体系。

六是在新兴领域寻求发展机遇。电子信息制造业的生产方式、产业形态和商业模式发生改变，生产制造的柔性化和产品的智能化使得信息技术和产品更加广泛、更加深入地渗透到各个行业，为电子信息产品制造业的发展带来了新的机遇。黑龙江省高度关注物联网、机器人、3D 打印、虚拟现实、可穿戴设备、光电子、集成电路等产业发展，力争抓住新的产业机遇。

七是在国家的引导和推动协调下，积极推进黑龙江省与广东省、哈尔滨市与深圳市开展对口合作，争取在产业合作、承接产业转移等方面有所作为。

上海市

2018 年，上海市电子信息制造业呈现加速发展态势，新旧动能转换顺利，传统产业不断升级，新兴产业加速成长。

一、基本情况

产业呈现加速发展态势。一是电子信息制造业深化供给侧结构性改革，规模、增速稳步提升。2018 年，上海市电子信息制造业实现工业总产值 6450 亿元，同比增长 1.9%，增速高于上海市工业规模。二是新一代信息技术体系不断完善、产业加速向中高端迈进。新一代信息技术 2018 年实现工业总产值 3651 亿元，高出电子信息制造业 3.9 个百分点，结构调整显示成效。三是核心环节形成突破，促进产业链整体跃升。电子专用设备制造业实现爆发式增长。在前期培育等积累下，2018 年电子专用设备制造业完成工业总产值 448 亿元，同比增长 20.1%。

二、主要发展特点

（一）产业基金全面启动，重点项目稳步推进

一是启动重大产业项目。规模 100 亿元的上海集成电路装备材料基金完成设立并正式进入运作，设计业基金二期完成募资，总规模 500 亿元的集成电路产业基金全面启动。二是聚焦科创中心建设，提升产业创新影响力。三是以园区为载体推动产业集聚。上海集成电路设计产业园成立。张江科学城核心区域规划了 3 平方千米，将集聚、培育一批国内外一流设计企业，形成国际集成电路设计产业高地。

（二）产业共性平台建设初见成效

一是国家集成电路创新中心、国家智能传感器创新中心在沪揭牌成立，聚焦解决前沿技术方向选择和来源问题。两个中心将集聚全国研发资源，形成技术联合攻关机制，瞄准国际集成电路前沿器件技术和关键工艺技术，以及传感器的设计集成、先进制造和封装测试工艺，开展前期基础性研究，创造前瞻工艺研发环境。二是完善新型显示公共服务平台。指导筹建激光制造业创新中心，组织上海大学、和辉光电等筹建上海市新型显示研发和转化功能性平

台，在金山成立上海光电工业技术研究院，推动政、产、学、研、用形成合力。

（三）新兴产业形成突破

一是聚焦 5G 推动通信产业创新。组织上海市企业参与国家 5G 创新中心建设，作为 IMT-2020 5G 工作组成员参与标准制订。紫光展锐加快 5G 核心芯片研发；诺基亚贝尔完成端到端 5G 新空口（5G NR）数据通话测试，会同中国移动布置进博会 5G 试验网。组织东方明珠、上海电信等企业发布“5G+8K”试验网，成为国内首个基于 5G 测试网的 8K 视频应用平台。二是物联网领域及智能硬件广泛应用。智能硬件方面，上海市企业作为国家四大人工智能平台等的智能硬件供应商，产品覆盖智慧城市、智能家居、新零售、无人驾驶、机器人等。研制完成我国天通一号卫星终端，并批量出货。智能传感器方面，在消费、汽车、工业等领域，培育了数家销售收入上亿元的潜力企业，在机器视觉、激光雷达、高分辨率红外感知等领域培育布局了一批创新企业。NB-IOT 网络基本全市覆盖，NB-IOT 模组规模化生产，出货量国内领先。三是汽车电子构建 ADAS 上下游产业链。芯片行业率先打破国际垄断。77G CMOS 毫米波雷达自主芯片实现量产；激光芯片、图像处理芯片、车载通信芯片与国际研发保持同步。终端开发进一步缩小差距。基于自主车载智能操作系统的数字座舱新为 7 个车型量产配套。智能化系统开发有望实现弯道超车。车载域控制系统、自动驾驶系统都已经试点应用，有望打破国际垄断，并在部分功能上实现超越。四是医疗电子实现产业化突破。自主研发的全球首款氧化物平板探测器填补了国际空白；卫宁健康等单位的 29 个项目入选国家智慧健康与养老试点示范、产品及服务推广目录征选，受到工业和信息化部表扬。五是新型显示重大产业项目加快建设。和辉光电二期 2019 年完成厂房土建工作，启动工艺设备搬入和调试，同时加快新产品、新技术研发，二期产线首款柔性显示产品正式点亮。上海天马专业显示实现突破，高端医疗领域市场占有率全球第一，车载仪表领域市场占有率全球第二，航空航海等领域市场占有率全球第二，获联合国工业发展组织认定为国际信誉品牌。上海奥来德项目完成公司注册，正在进行前期土地获取手续的办理；莱特光电项目 2019 年内完成土地招拍挂。六是虚拟现实产业加速发展。召开虚拟现实商业化之路高峰论坛，筹备长三角虚拟现实内容大赛。支持上海市行业组织和企业参与国家信标委关于虚拟现实领域显示、通信等技术标准的制定工作。推动上海市虚拟现实龙头企业做大做强，曼恒获批立项组建上海市唯一认定的虚拟现实领域工程技术中心，大朋的产品成为全球首部虚拟现实长片电影唯一指定设备，叠镜完成亿元融资。

三、面临的问题

（一）自主创新能力有待提高

尽管上海市电子信息制造业技术实力有了显著提升，部分领域产品已经开始进入国际主流市场，但主要核心技术依靠购买授权许可、关键零部件大量依赖进口的局面没有发生根本改变，自主创新能力有待提高。

（二）企业竞争力需进一步加强

上海市电子信息制造业重点领域大企业带动作用有限、中小企业创新活力不足。经过多年的发展，上海市电子信息制造业重点领域已形成若干有代表性的龙头企业，但这些企业在收入规模、持续投入及技术创新能力等方面，与领先跨国企业还存在较大差距，对相关产业的带动作用依然有限。中小企业已经成为上海市电子信息制造业的重要组成部分，但是中小企业创新活力与美国硅谷地区及国内的深圳、北京等地区的企业仍存在一定差距，尚不足以形成对上海市电子信息制造业发展的有力支撑。

（三）人才紧缺问题进一步浮现

电子信息领域的高门槛和上海市的高生活成本，使得上海市电子信息制造业各层次人才都存在紧缺现象，下一步要积极发挥人才政策为产业服务的支撑和引领作用，大力支持电子信息产业的人才引进工作。

四、下一步发展方向及布局

上海市电子信息制造业将以技术创新、应用带动两轮驱动，实现转型发展。集成电路、下一代网络、新型显示、汽车电子等优势领域，以市场战略为主，做大做强；物联网、车联网、智能硬件等新兴领域，鼓励创新发展，培育产业链基础，重点推进示范性应用，形成产业发展的新增长点；量子技术、脑机融合、无人驾驶等前沿领域，重点支持前瞻布局、技术攻关。

（一）加快支持集成电路装备、材料发展

以“二次创业、二次布局，向第二个千亿进军”为进军旗帜，做强做大集成电路产业。一是推动集成电路装备产业发展。研究推动组建集成电路装备产业集团和材料产业集团，实现资源共享、协同创新和装备材料业的集聚、快速发展。积极引进、对接、推动国外龙头装备材料企业来沪发展，推动集成电路装备向泛半导体领域拓展，积极推动临港集成电路装备产业园建设。加快推动上海市集成电路装备材料基金投入运营，联合国家集成电路产业投资基金，推动上海市集成电路装备产业实现跨越式发展。二是推动集成电路材料产业发展。一方面，支持上海市已有的硅材料产业（新昇、新傲、超硅等）平台进一步做大做强，鼓励外地企业来沪合作发展，积极推动上海硅材料产业集团的建设；另一方面，通过培育上海市电子化学材料企业进一步做大做强、鼓励传统化工企业转型电子化学材料领域和引进国际龙头电子材料企业在沪落地，积极推进上海市集成电路材料产业的发展。

（二）加快推进智能硬件产业布局

一是加快推动工业控制芯片的发展。发展广泛应用于工业机器人、工业仪器仪表、工业控制器、电机控制、工业电源等领域的 MCU/MPU，特别是高端 MCU（32 位及以上）。开展模数/数模（AD/DA）、现场可编程门阵列（FPGA）等芯片研发。二是加快培育人工智能核心芯片产业。重点支持智能通用处理器芯片、智能应用芯片、智能芯片核心 IP 三个方向。通过鼓励如 RISC-V 等适合智能硬件（物联网）领域的新型指令集构架的产业化，积极探索智能硬件芯片产业的发展模式，在上海打造智能硬件芯片产业发展的高地。三是规划推进智能硬件产业生态和物联网“双千亿元”产业发展。制订智能硬件产业园发展规划，

争取人才、税收政策支持。加强智能视觉、三维扫描等技术与商贸、物流等应用领域对接，培育新零售模式和新供应链体系。四是引进和支持一批国内领先的智能硬件研发和产业化项目，形成智能硬件和物联网产业工作方案。引进和支持一批国内领先的智能硬件研发、产业化及示范项目。

（三）推动产业平台的搭建和培育

继续推进国家集成电路创新中心、国家智能传感器创新中心的运作，打造全球新器件与封装、智能传感器应用、人工智能及新工艺/新材料研发的产业合作平台。

（四）积极打造产业发展新动能

一是为 5G 网络建设做好产业支撑。组织 5G 与行业应用对接专题交流会，针对超高清视频、AR/VR、车联网等 5G 重点行业应用的企业对接，研讨 5G 如何赋能重点行业。针对 5G 产业存在的问题，支持、推动上海市企业加大投入，在 5G 芯片、射频前端等领域实现突破；组织专题研讨，围绕 5G 芯片和智能终端技术，重点推动上海市基带、前端射频芯片在终端和模块中的应用；推动上海市 5G 芯片、终端、测试设备等量产出货。四是围绕 AR/VR，加快布局微显示技术。组织召开长三角虚拟现实大赛和高峰论坛；完成头戴式 AR/VR 团体标准和 AR/VR 内容分发行业标准；加快微显示领域的布局力度，支持企业围绕虚拟现实应用实际需求，布局硅基微显示，解决虚拟现实效果瓶颈。二是推进健康物联网产业的应用试点示范，布局培育医疗电子产业。研究制订生物信息产业推进工作方案，根据信息技术和生物医药融合发展趋势，培育医疗电子、医学人工智能算法、智能健康医疗设备和健康物联网产业，同时推动人工智能、大数据与医疗电子产业的紧密合作，加快产业上下游融合交流，以新一代信息技术推动人民群众的生命健康和就医体验实现数量级式提升。形成生物信息产业推进工作方案，组织实施引领性的研发及产业化、应用示范或公共服务平台项目。三是重点发展汽车智能辅助系统（ADAS）L3 级产业。在车辆关键技术方面，集中优势资源，突破毫米波雷达芯片、激光雷达等环境感知技术，攻克人工智能、操作系统、人机交互等智能决策技术，加强线控制动、线控转向等智能控制执行技术攻关；指导召开自动驾驶、无人系统、智能视觉设备等智能硬件系列主题活动；积极推动汽车电子产业集群在浦东、嘉定、徐汇集聚发展，壮大一批核心竞争力强的上海市汽车电子领军企业。

（五）落实超高清视频产业发展行动计划

一是突破超高清视频关键技术、关键器件的研发。打造超高清视频芯片产业体系，加强编码技术和终端产品研发。支持播控设备研发，成立 8K 超高清视频技术实验室，发展显示技术和产品。二是提升网络传输能力。推进有线网络 IP 化和光纤化进程。建设高速、泛在、弹性、智能的新一代综合业务承载网络，满足千兆光纤宽带网、超高清视频、虚拟现实业务的内容承载。加快 5G 移动通信网络覆盖建设，推动柔性化、个性化与云部署。三是丰富超高清视频内容供给。构建融合三网的超高清视频内容专区，支持超高清视频内容技术研发创新，推动央视超高清视频直播频道落地，鼓励超高清视频内容制作和转化。四是推进超高清视频产业平台建设。打造国内领先的 4K/8K 超高清视频内容版权集散平台和业务运营平台，构建上海超高清视频内容“双创中心”，形成优质超高清视频内容产品策源地和聚合地。五是加快行业创新应用。发挥上海市在智慧城市建设和智能制造领域的优势，开展不同场景、不同领域的超高清视频应用示范，充分挖掘超高清视频的使用价值，提升用户体验，推进超高清视频技术、内容及应用的协同发展。重点推进超高清视频技术在智能制造、城市精细化管理、文化旅游、教育、医疗健康等领域的应用。

（六）进一步推进国产芯片的规模化应用

加快推进上海市各级部门采购和使用基于国产芯片的整机系统，集中优势力量构建技术先进、安全可靠的产业体系，为网络强国提供保障。

江苏省

2018 年以来，江苏省电子信息制造业增速总体上处于企稳回升态势，运行情况基本平稳。2018 年，江苏省电子信息制造业实现主营业务收入 23858 亿元，同比增长 6.2%；规模以上企业 4053 家，从业人员 206 万人。产业规模占江苏省工业和全国电子信息制造业的比重分别达到 1/5 和 1/4。光纤光缆、集成电路等产品产量居国内第一位，主要经济指标保持全国第二位。

一、基本情况

（一）主要产品产量四升四降

2018 年，重点监测的主要产品中有 4 种产品产量出现增长：彩电产量为 1667 万台，同比增长 11.9%；显示器产量为 5386 万台，同比增长 11.5%；集成电路产量为 564 亿块，同比增长 11.5%；半导体分立器件产量为 2125 亿只，同比增长 2.1%。产量下降的有：手机产量为 4924 万台，同比下降 23.8%；数码相机产量为 551 万台，同比下降 21.2%；光缆产量为 8913 万芯千米，同比下降 3.5%；微机产量为 6215 万台，同比下降 0.5%，其中笔记本计算机产量为 4046 万台，同比下降 2.3%。

（二）苏南地区占比提升

2018 年，苏南地区共实现主营业务收入同比增长 5.6%，占江苏省产业的比重为 78.5%；苏中地区共实现主营业务收入同比增长 12.6%，占江苏省产业的比重为 16%；苏北地区共实现主营业务收入同比下降 2.7%，占江苏省产业的比重为 5.4%。

（三）出口交货值保持回升

2018 年，全行业共实现出口交货值 13281 亿元，同比增长 9.1%。

（四）内资企业增速快于三资企业

2018 年，江苏省电子信息制造业内资企业实现主营业务收入同比增长 9.2%，占江苏省产业的比重为 39.2%；三资企业实现主营业务收入占江苏省产业的比重为 60.8%，同比增长 4.3%。

二、主要特点

（一）转型升级加快推进

2018 年，江苏省以物联网、新型显示、集成电路、信息通信等为代表的新一代信息技术产业快速发展，产业不断向产业链和价值链的高端攀升。2018 年，江苏省物联网产业实现业务收入 6085 亿元，同比增长 13%；新一代信息技术产业实现业务收入 1.4 万亿元，同比增长 11%。内资企业实力显著提升，内销市场占比明显提高，产业的内生动力不断增强。

（二）创新能力不断增强

2018 年，江苏省电子信息制造业拥有国家认定的企业技术中心 8 家，省认定企业技术中心 166 家。集成电路制造工艺水平达到 12 英寸、22 纳米，三维封装、晶圆级封装、芯片级封装等先进封装技术国内领先。高色域、In-Cell 触控、窄边框、广视角等新型显示技术成功量产，自主研发的靶材、光掩膜板、液晶材料等一批核心材料投入应用。5G、量子通信、未来网络等新兴领域的技术研发和设备开发取得突破。

（三）区域发展更趋协调

沿江沿沪宁线电子信息制造业带特色产业集聚发展，形成了无锡物联网、南京集成电路、常州传感器、苏州新型显示等一批国内外知名的特色产业基地和园区，区域品牌优势不断显现。苏中和苏北地区电子信息制造业快速发展，占江苏省产业的比重逐年提升，区域发展更趋协调。

（四）发展后劲进一步增强

2018 年，江苏省集成电路、新型显示、网络通信等领域均有一批重大项目落户，在继续推进无锡、南京、徐州 3 地的台积电、紫光、海力士、华虹、协鑫等集成电路产业旗舰项目的基础上，新增无锡华润上华、南京华天等芯片制造、封装测试项目，以及邳州鲁汶刻蚀机、徐州中科院天科合达碳化硅晶片等集成电路装备、材料项目，产业集聚度进一步提升，产业链上下游更趋完善。

三、面临的问题

（一）宏观经济影响依然存在

前期拉动制造业上行的动力已现疲态，国内外市场需求仍显偏弱，制造业下行压力依然存在。受市场长期低迷影响，工业企业产品销售压力加大，货款回笼周期不断延长。目前国内经济仍处于大有作为的战略机遇期，但周期性和结构性矛盾相互叠加，短期和长期问题相互交织，电子信息制造业发展机遇和挑战并存，行业发展下行压力依然较大。

（二）中美贸易摩擦影响显现

江苏省电子信息制造业从总体上在国际产业分工中处于价值链低端，产品附加值较低，受上游企业影响明显。中美贸易摩擦对江苏省计算机和手机等产业链发展影响已开始显现，并呈现不断加大的态势。为应对美国可能对我国出口笔记本电脑加征10%或25%关税的政策变化及出于自身降低生产经营成本考虑，仁宝集团、纬创集团、世硕集团等龙头企业都有较强意愿向东南亚国家转移生产线。

（三）生产经营成本压力增大

2018年以来，受用工成本、融资成本继续上升，产业限产、原材料价格剧烈波动等因素影响，企业面临成本上升、价格下行的双重挤压，经营压力日益增大。企业反映融资成本平均超过10%，在欧美企业1%～2%的融资成本前缺乏竞争力。由于电子信息制造业具有高投入、高折旧、高风险的特点，目前的税收负担和融资渠道问题已经成为阻碍企业创新发展的重要障碍。

四、2019年展望与目标

目前宏观经济形势依然严峻，唯有切实稳定企业发展，全力加快创新转型，才能化解风险，平稳渡过难关。

（一）稳住存量，稳定企业扎根发展的信心，把握产能转移节奏

针对受中美贸易摩擦影响突出的重点企业，一方面要进一步优化企业服务，加强政策支持，充分发挥江苏省电子信息、装备制造产业链完备的优势，不断增强企业发展信心，全力稳定企业产能规模；另一方面，直面中美贸易摩擦及东南亚国家劳动力、资源等低成本优势造成的产能转移趋势，帮助出口企业做好美国关税清单的解读分析工作，为江苏省新旧发展动能转换赢得时间、创造条件。

（二）引进增量，加快重大项目服务对接，尽快实现项目产出

全力做好南京台积电、无锡华虹等重大项目服务保障工作，实现审批立项、规划建设、服务保障的全流程、全要素、全方位对接，推动项目尽快实现投产。

（三）创新驱动，推动民营科创双轮驱动，打造经济新增长点

按照国家发展战略，大力发展民营经济和科创产业。依托现有电子信息、装备制造等强大的产业基础，通过培育创新载体、加强科技研发，引进和培育具有自主可控核心技术的产业项目。加强与科研院所创新创业团队的对接，着力筛选一批产业关联度大、科技水平高、带动性强的重点项目，孵化培育一批民营创新型“小巨人”企业，集中力量进行攻坚突破，推动产业自主创新能力全面提升。

2019年，江苏省电子信息制造业既面临传统比较优势削弱、外部市场和传统市场需求不振及深层次结构性矛盾带来的挑战，同时又有深化改革、扩大开放及新一轮技术变革带来的新机遇。江苏省电子信息制造业将继续保持平稳健康发展，2019年主营业务增速将继续保持在6%左右。

浙江省

2018年，浙江省积极贯彻落实省委、省政府实施数字经济“一号工程”的决策部署，以争创国家数字经济示范省为目标，坚持新发展理念，加速培育发展新一代信息技术产业，积极推进新产业、新技术、新服务、新模式创新发展，电子信息制造业运行整体呈现发展稳中有进、创新活力增强、新动能培育加快的良好态势，成为引领浙江省经济高质量发展的新引擎和新亮点。

一、基本情况和主要特点

（一）行业运行稳中有进，增速持续快于规模以上工业

2018年，浙江省电子信息制造业生产呈高开稳走态势，保持11%以上的增速，增速持续高于规模以上工业。2018年，浙江省规模以上电子信息制造业实现增加值1700亿元，同比增长11.8%，高出浙江省规模以上工业4.5个百分点。电子信息制造业占浙江省规模以上工业增加值的比重达11.6%，对规模以上工业的贡献率达17.9%。尤其是通信电子行业2018年生产同比增长18.8%，分别高出汽车、化纤、电气设备、仪器仪表、医药等行业增速9.4个、5个、10.9个、8.5个和10.4个百分点，成为制造业增长最快的主要行业之一。电子信息制造业继续引领新兴产业增长，2018年分别高出八大万亿元产业中的高端装备、时尚、节能环保、健康和文化制造业增速2.6个、2.1个、4.6个、3.8个和7.4个百分点。

智能化数字产品生产加快。2018年，浙江省规模以上电子信息制造业完成总产值7979亿元、销售产值7797亿元，分别同比增长10.1%和9.4%，产销衔接良好，产销率达到97.7%。其中，生产高端路由器660.7万台，同比增长41.2%；生产智能手机4956万部，同比增长21.3%；生产笔记本计算机204.07万台，同比增长9.5%；生产智能电视583万台，同比增长17.2%；移动通信基站、光电子器件、太阳能电池、射频元器件和光纤等产量分别同比增长272.6%、24.6%、42.4%、66.4%和115.6%。

（二）出口持续增长，内需拉动作用凸显

2018年，浙江省电子信息制造业主动应对外部宏观环境变化，积极实施走出去战略，鼓励、支持企业多方开拓新兴市场，出口持续稳步增长。2018年浙江省规模以上电子信息制造业完成出口交货值1904亿元，同比增长8.4%，占浙江省规模以上工业出口的比重为16.3%，对浙江省出口增长的贡献率达到15.9%。新一代信息技术产业成为高新技术产品出口增长的新亮点，2018年高新技术产品出口1408亿元，同比增长11.5%，高出浙江省出口2.5个百分点，占浙江省出口总值的6.6%。主要产品出口加快，2018年智能电视、太阳能电池、通信系统设备分别出口61.6亿元、186.6亿元和248.8亿元，分别同比增长39.2%、21%和17.8%。重点出口企业带动贡献突出，晶科能源、富通、大华科技、海康科技、舜宇出口交货值分别同比增长32.7%、35.8%、27.4%、19.7%和17.9%，增速均在两位数以上。

内销增势不断向好，内需拉动仍是行业增长的内生动力。2018年，浙江省规模以上电子信息制造业完成内销产值5893亿元，同比增长9.7%，占全部销售产值的75.6%，对销售产

值增长的贡献率达到 77.9%，拉动销售产值增长 7.3 个百分点，新兴网络消费增长较快，通信器材类产品的网络零售同比增长 17.8%，内销仍是带动行业增长的主动力。

（三）效益小幅波动回落，龙头支撑作用放缓

2018 年企业效益总体呈现小幅波动回落，浙江省规模以上电子信息制造业实现利税总额和利润总额分别同比下降 2.1%和 2.4%，利润在 11 月增长形势下又出现小幅回落，2018 年增速低于规模以上工业 7.7 个百分点。行业盈利能力持续改善，电子信息制造业在主营业务收入利润率、每百元主营业务收入成本和杠杆水平等指标方面均好于面上工业，2018 年浙江省电子信息制造业的主营业务收入利润率为 6.75%，高出规模以上工业 0.27 个百分点；每百元主营业务收入成本为 82.4 元，比浙江省规模以上工业低 1.4 元；企业杠杆率低，12 月末资产负债率为 51.4%，低于浙江省规模以上工业 4.1 个百分点。企业亏损面达 18.6%，比上半年下降了 3.9 个百分点。规模以上电子信息制造业劳动生产率为 22 万元/人，同比增长 11.7%，增速比规模以上工业高 3.4 个百分点。

从主要行业来看，通信、光伏等行业下滑对浙江省效益增长的影响较大。2018 年，通信设备、光伏行业分别实现利润 196.7 亿元和 9.8 亿元，分别同比下降 3.1%和 48.8%，直接影响全行业利润分别下降 9.3 个和 1.7 个百分点，而 2017 年同期通信设备同比增长 23%，直接拉动全行业增长 7.5 个百分点。从龙头骨干企业来看，龙头骨干企业带动作用减弱。2018 年，电子信息制造业 30 强企业实现主营业务收入和利润总额分别为 2720 亿元和 254.7 亿元，分别占浙江省规模以上电子信息制造业（3259 家企业）的 34.3%和 47.7%，利润仅增长 3.8%，增速低于 2017 年同期 9.4 个百分点。与 2017 年同期相比，海康威视、舜宇集团、新华三、闻泰通讯、东方日升、昱辉阳光等企业利润增速均有所放缓或下降，对整体行业效益增长的带动作用减弱。

（四）聚力创新驱动，创新活力不断增强

全力推进之江实验室、阿里达摩院等一批创新大平台建设，加快推进智慧视频安防、柔性电子省级制造业创新中心等创新载体建设，着力推进集成电路、云计算、大数据、智能网联汽车、人工智能、智能硬件等领域科技创新与融合应用，浙江省电子信息制造业创新发展势头良好，新品开发、研发投入等指标均高于规模以上工业。2018 年，浙江省规模以上电子信息制造业完成新产品产值 4921 亿元，新产品产值率连续 39 个月超过 50%，达到 61.7%，高出规模以上工业 25.4 个百分点，创近年来最高水平。浙江省列入国家“三新”统计的 11 种新产品产量中，5 种新产品涉及电子信息制造业，其中智能手机、太阳能电池、光纤等新品产量增速均在 20%以上，分别同比增长 21.3%、42.4%和 115.6%。研发投入持续增强，2018 年累计投入技术研究开发费 333.9 亿元，同比增长 27.5%，约占浙江省规模以上工业技术研究开发费的 1/4，占主营业务收入的比重为 4.2%，高出浙江省规模以上企业 2 个百分点。以企业为主体的创新体系加快建设，一批创新能力强的高新技术企业快速发展，推动产业向高端化发展，2018 年大华技术、舜宇车载光学技术 2 家企业被认定为全国单项冠军示范企业，天通控股、东方电缆被认定为国家技术创新示范企业，网易（杭州）、海兴电力、士兰集成、横店东磁、隆基乐叶光伏 5 家企业入选浙江省创新型领军企业。

（五）新兴产业引领增长，新动能培育加快

加快实施云计算、大数据、物联网、人工智能、区块链、虚拟现实和智能硬件等新兴产业培育行动，新兴产业发展态势良好，成为引领产业快速发展的新增长点。2018 年，新一代信息技术产业实现增加值 840.1 亿元，同比增长 19.9%，高出浙江省战略性新兴产业 8.4 个百分点，对浙江省战略性新兴产业的贡献率达 31.3%。已在人工智能、云计算、区块链等领域集聚一批新产品、新服务、新应用，在部分领域处于全国前列。阿里巴巴等入选国家人工智能创新平台建设，17 个项目入选国家大数据产业发展试点示范，物联网、云计算及大数据产业分别实现主营业务收入 12145 亿元、2896 亿元，分别同比增长 22.5%和 19.4%。积极推动智能网联汽车、智慧健康养老等融合型新产品开发应用，清华长三角研究院柔性电子产业园和未来产业研究院等加快建设，一批新技术、新产业加速研发和产业化。软件产业持续快速增长，综合实力不断提升。2018 年浙江省实现软件业务收入 5148 亿元，同比增长 21.1%，高于全国软件增速 6.9 个百分点，增速明显高出广东省（12.2%）、江苏省（10.7%）、山东省（15.9%）和上海市（11.4%）等省市，位于全国规模前十省市之首。实现利润总额 1476 亿元，销售利润率为 28.7%，高出全国 15.9 个百分点。新模式、新业态蓬勃发展，2018 年实现网络零售额 16719 亿元、跨境网络零售出口 574.4 亿元，分别同比增长 25.4%和 31.1%。

（六）主要行业运行态势

主要行业支撑增长。在 12 个中类行业中，计算机、通信、广播电视、智能硬件设备、电子专用设备等 9 个行业实现增长，且主要指标均超过 10%，主营业务收入增速分别达到 27.6%、15.7%、14.3%、17.6%和 17.8%；电子器件、电子元件、信息机电等行业增速保持在 7%～10%，呈现平稳增长。从总体上看，通信、计算机、广播电视、智能硬件设备对全行业的带动作用尤为突出，4 个行业共实现主营业务收入 2381 亿元，同比增长 16.9%，对全行业收入增长的贡献率达到 50.9%，成为拉动全行业增长的主动力。在细分领域中，随着集成电路“强芯”行动积极推进，集成电路产业持续快速增长，2018 年集成电路产业总产值和主营业务收入分别同比增长 14.8%和 12.8%，增速分别高出全行业 4.7 个和 3.5 个百分点。据 2018 中国集成电路设计年会发布的消息，2018 年杭州市集成电路设计业规模首次突破 100 亿元，居全国第四位（超过无锡，位列深圳、北京、上海之后），增速居全国第二位。中芯国际（宁波）、中芯国际（绍兴）、海宁泛半导体产业园、海康高端存储等一批重大项目建设进展良好。光伏行业积极应对“531 光伏新政”、行业产能过剩等因素带来的影响，加快技术创新，推进智能光伏应用，整合资源积极走出去开拓新兴市场，不断提升行业核心竞争力，光伏行业下行态势逐步好转，2018 年光伏行业完成总产值 608.6 亿元、主营业务收入 584.2 亿元、利润总额 9.9 亿元、出口交货值 186.6 亿元，分别同比增长−3.8%、0.9%、−48.8%和 21%，其中利润和出口明显好于上半年，企业效益明显好转，扭转了全行业亏损（上半年亏损 10889 万元）的局面，且利润跌幅比上半年大幅缩窄了 62.9 个百分点，出口比上半年加快了 20.8 个百分点。

二、存在的主要问题

当前行业经济运行不确定性因素仍然较多，对一些制约瓶颈、关键重大问题要高度重视。

（一）效益增长缓慢

2018 年以来，电子信息制造业效益受光伏行业疲软、龙头企业增长趋缓等因素影响，呈现一定回落态势，增速仍低于浙江省规模以上工业。同时，区域发展不充分问题较为突出。2018 年，浙江省杭州、嘉兴、金华、台州 4 个市总产值增长较快，高于全行业平均水平，分别同比增长 11.7%、13.1%、17.5%和 21.2%，丽水、舟山分别同比下降 4.4%和 1.1%，区域发展不平衡现象较为突出。

（二）新兴产业发展有待加快，产业链体系不完善

近年来，浙江省新一代通信网络、物联网、云计算及大数据、软件和信息技术服务及集成电路等新一代技术产业引领行业增长，但总量规模仍然偏小，对全行业增长的带动作用还不够。集成电路、高端软件、人工智能等新兴产业能级较为薄弱，完整产业链体系尚待加快培育，关键核心技术的攻关和研发还有待突破，行业整体竞争力有待进一步提升。

三、下一步发展形势

（一）抓住、用好战略机遇

在 2019 年浙江省委经济工作会议上，车俊书记科学概括了浙江省发展的“5 个新机遇”。根据浙江省委、省政府对浙江省发展机遇的科学判断，围绕浙江省电子信息制造业发展，要相应把握好以下机遇：一是抓住、用好新一轮科技革命、产业变革的新机遇。数字经济是世界经济的发展方向。当前，人工智能、云计算、大数据、区块链等应用技术正拓展升级，5G 时代即将开启，新技术、新产业、新业态、新模式层出不穷，应积极发挥浙江省在智能制造、新一代通信网络、云计算、大数据、人工智能、区块链等领域的发展优势，为经济发展注入新动力。浙江省委、省政府将数字经济列为“一号工程”，全面实施五年倍增计划，争创国家数字经济示范省，必将推动浙江省经济高质量发展、抢占竞争制高点。二是抓住、用好进一步深化改革开放的新机遇。深化“最多跑一次”改革，打造全球一流营商环境，进一步推动资源向高产、高效区域、领域集中。“一带一路”倡议纵深推进、互联网大会、进口博览会等“红利”不断释放，为浙江省电子信息制造业出口开辟了新的空间。三是抓住、用好扩大国内市场的新机遇。浙江省消费互联网全国领先，产业互联网加快推进，以阿里巴巴为引领，“淘工厂”“网易严选”等新业态、新模式不断涌现，为浙江省电子信息制造业拥抱庞大的国内外市场创造了便利条件。四是抓住、用好国际环境和国内环境变化的倒逼机遇。通过一系列组合拳加快传统制造业改造提升，率先推进制造业转型升级，在应对经济下行、经贸摩擦、资源环境趋紧等困难方面积累了一些经验。五是抓住、用好长三角一体化发展国家战略机遇。主动融合长三角一体化发展国家战略，三省一市之间优势互补、协同创新、融合发展，为长三角共同打造数字经济创新发展高地、民营经济高质量发展高地提供了重大机遇。

（二）清醒认识严峻挑战

在看到机遇的同时，面对困难也要有清醒的认识。从国际来看，经济贸易摩擦影响逐步显现、核心技术短板仍未解决，外部环境更复杂严峻，不确定性更大，风险挑战更多。从国内来看，我国的发展不可逆转，但需要跨越非常规的特有关口，低成本优势在消失，新竞争

优势尚未形成局面，经济下行压力加大。从浙江省情况来看，浙江省电子信息制造业发展同样面临“稳中有变、变中有忧”的形势。主要表现在：行业下行压力加大，2018 年第三季度以来，浙江省规模以上电子信息制造业增加值增速处于下行通道；企业利润增长回落，受光伏行业、龙头企业增长趋缓等因素影响，2018 年浙江省规模以上电子信息制造业利润增长逐季回落，企业发展质量有待提升；产业创新能力仍待增强，关键核心技术总体缺乏，企业在创新投入中不敢投、不愿投的现象仍然较多。

四、2019 年工作思路

围绕深入实施数字经济一号工程，以争创国家数字经济示范省为抓手，着力在推进数字技术新突破、壮大数字产业新能级、激发实体经济新动能、培育数字应用新业态、构筑协同发展新局面、龙头企业培育等方面取得新突破，力争 2019 年浙江省电子信息制造业同比增长12%以上，继续引领浙江省经济高质量发展。

2019 年将重点抓好以下几个方面的工作。

（一）着力推进技术创新攻关

组织开展集成电路、智能网联汽车、智能硬件、虚拟现实及人工智能等领域的技术创新综合试点，着力突破关键核心技术，强化技术创新、产品开发和市场开拓，大力实施“卡脖子”核心技术攻关及成果应用，规模以上企业科技经费投入占主营业务收入的比例达到 3.5%左右，新产品产值率达到 50%以上。积极突破一批支撑传统产业智能化改造及“两化”深度融合的关键技术，积极运用信息技术改造提升传统产业，大力提高装备产业数字化、网络化、智能化水平，增强产品创新能力，提高产品附加值和综合竞争力。

（二）着力培育壮大数字产业

组织实施人工智能“铸脑”、集成电路“铸芯”、智能硬件“铸端”、软件“铸魂”等行动计划，着力培育壮大数字产业，推动集成电路、高端软件等优势产业迈向全球价值链中高端。结合新型消费升级与扩大，加强对智能家居控制、智能可穿戴设备等智能硬件产品的研发与推广应用；深化应用示范，大力推进智能网联汽车、智慧健康养老等产业创新发展；强化系统谋划，研究制定超高清视频产业发展和数字安防产业集群培育等行动方案，加快形成一批产业新增长点和千亿元级产业集群。

（三）着力推进重大项目建设

聚焦聚力数字经济核心领域，推动各地实施精准招引，着力在集成电路、物联网、5G 车联网、云计算、大数据、人工智能、柔性电子、超高清视频等领域组织实施 100 项重大项目。充分发挥浙江省数字经济产业投资基金等主题基金的作用，设立 100 亿元的浙江省数字经济产业发展基金，积极参与国家集成电路、产业转型升级基金出资，争取国家相关产业基金对浙江省电子信息制造业发展的支持，提升浙江省电子信息制造业发展新能级。

（四）着力培育重大平台载体

全面推进省级信息经济发展示范区和省级信息经济类特色小镇的建设，推进数字经济重大项目建设、创新成果产业化和企业的集聚发展。围绕发展信息技术的重点领域，推动建设一批行业公共服务平台，推动杭州镓谷、芯火平台、智能硬件及虚拟现实产业联盟等一批公共服务平台建设，继续抓好国家 5G 车联网应用示范、智慧健康养老应用基地及省级集成电路产业基地、数字化提升行动激励项目等的建设，助力相关新兴产业实现创新发展。

（五）着力培育百家龙头企业

组织实施“雄鹰行动”，大力培育行业优势企业，每年培育 100 家行业龙头企业，力争中国电子信息百强企业数量继续保持全国前列，主营业务收入超过 100 亿元、10 亿元的企业进一步增长，主营业务收入超过 100 亿元的企业达到 22 家左右，主营业务收入超过 10 亿元的企业达到 150 家左右。积极培育在细分领域占据领先地位的“专、精、特、新”优势企业（行业小巨人和隐形冠军），促进其快速成长。加强区域产业协作配套能力和分工体系建设，完善地区配套，提升产业规模和整体实力。

（六）着力加强招引推进合作

以长三角一体化上升为国家战略为契机，积极开展招引推进合作交流，充分发挥世界互联网大会等的集聚效应，加强与国内兄弟省市及美国、欧盟等国家（地区）政府、行业组织的沟通与联络，学习借鉴发达地区的先进经验，寻求与国外内区域和知名企业合作，积极鼓励和支持浙江省信息技术企业拓展国际、国内市场。落实浙江省与阿里巴巴、新华三、华为、中电科技、中芯国际等知名企业的战略合作，着力推进一批重大项目合作建设，搭建好大企业“双创”平台，吸引并聚焦基于互联网的各类创新创业资源要素，推进数字经济的创新发展。

安徽省

2018 年，安徽省电子信息制造业通过深入实施“建芯固屏强终端”行动，聚焦“关键布局、重大项目、核心攻坚、企业发展、产品创新、产业集聚”六大着力点，努力推进产业持续又好又快发展，对安徽省工业增长的贡献继续居各行业前列。

一、基本运行情况

2018 年，安徽省电子信息制造业面对复杂多变的宏观经济形势，克服诸多不利因素影响，按照高质量发展要求，全年规模以上工业增加值实现 22.2%的高速增长，分别快于安徽省工业、全国同行业 12.9 个和 9.1 个百分点，增加值占安徽省工业的比重达到 8.8%，比 2017 年提高 0.3 个百分点，主营业务收入同比增长 12.6%，分别高于安徽省工业、全国同行业 3 个和 4.2 个百分点；实现利润总额 171.2 亿元，居全国同行业前列。

二、主要发展特点

（一）主要产品生产

2018 年，安徽省生产彩电 2289 万台，同比增长 47.7%，产量跃居全国第 2 位，比 2017

年提升 2 位；生产微型计算机 2026 万台，同比增长 28.3%，产量跃居全国第 5 位，比上年提升 1 位；生产液晶显示屏 4.1 亿片，同比增长 3.3%；手机、集成电路等新兴产品产量分别同比增长 15.3%、17%。

（二）综合发展水平

2018 年，在工业和信息化部依据各省电子信息制造产业规模、企业和产品竞争力、产业发展环境、产业效益、研发创新和产业机遇把握等核算的电子信息制造业综合发展指数中，安徽省的指数值达到 68.77，居全国第 11 位、中部地区第 2 位，已连续 3 年实现排位上行。

（三）重大项目建设

2018 年，安徽省电子信息制造业实现工业投资、技改投资分别同比增长 23.3%和 20.5%。其中，合肥京东方显示技术有限公司全球首条 10.5 代液晶面板生产线产能和良品率爬坡顺利，配套项目合肥晶合集成电路有限公司 12 英寸驱动集成电路月产能达到 1 万片、康宁显示科技（合肥）有限公司 10.5 代显示玻璃基板生产线贯通；总投资 440 亿元的合肥维信诺科技有限公司 6 代 AMOLED 项目开工建设；总投资 240 亿元的滁州惠科光电科技有限公司 8.6 代液晶显示面板项目主体结构封顶；总投资 50 亿元的凯盛电子信息产业园项目结构封顶，启动设备招标；总投资 30 亿元的合肥视涯显示科技有限公司硅基 OLED 微显示器项目一期设备搬入；蚌埠玻璃工业设计研究院国内首条自主研发的 8.5 代显示玻璃基板生产线联合车间封顶；通威太阳能（合肥）有限公司的年产 2.3GW 高效晶硅电池、合肥晶澳太阳能科技有限公司的 1.5GW 光伏组件扩产、合肥欣奕华智能机器有限公司的智能装备和材料等重点项目稳步实施。

（四）产业平台升级

2018 年，安徽省出台了支持数字经济、集成电路等专项发展的政策，在电子信息高端领域不断谋求新突破。先后会同国家科技部重大专项 02 专项实施管理办公室、集成电路产业技术创新战略联盟和合肥市成功举办“国家集成电路重大专项走进安徽活动”，成为推动安徽省集成电路产业发展的一次“标志性”行动，吸引了一批优质项目落地；会同省台办、合肥市承办第十五届海峡两岸信息产业和技术标准论坛，700 多位海峡两岸信息产业的专家学者、企业代表参会。争取了一批国家级平台建设，国务院台湾事务办公室、工业和信息化部已批准合肥建设“海峡两岸集成电路产业合作试验区”；此外，工业和信息化部已批复合肥创建集成电路“芯火”双创基地（平台）。

（五）龙头企业发展

2018 年，安徽省电子信息制造业主营业务收入超过 100 亿元的企业数达到 5 家，分别是联宝（合肥）电子科技有限公司、合肥京东方光电科技有限公司、安徽康佳电子有限公司、合肥鑫晟光电科技有限公司、合肥晶澳太阳能科技有限公司。其中，联宝（合肥）电子科技有限公司通过智能化升级，提升高端产品生产比重和订单量，成为安徽省首家主营业务收入突破 600 亿元的电子信息企业。安徽天康（集团）股份有限公司、铜陵精达铜材（集团）有限责任公司、芜湖长信科技股份有限公司、阳光电源股份有限公司 4 家企业入选中国电子信息百强企业榜单；安徽晶奇网络科技股份有限公司、安徽华米信息科技有限公司2家企业的3项产品入选国家智慧健康养老产品及服务推广目录；安徽八千里科技发展股份有限公司等6家单位入选国家智慧健康养老应用试点示范；合肥晶澳太阳能科技有限公司、芜湖天弋能源科技有限公司等8家企业进入国家光伏制造、锂离子电池行业规范公告名单。

（六）地区发展成效

2018年，合肥市电子信息制造业产业规模占安徽省的比重达到58.8%，增加值同比增长27.6%，产值同比增长16.7%，电子信息制造业对安徽省工业增长的贡献率超过60%。芜湖、滁州、蚌埠等市在新型显示、集成电路等战略性新兴产业领域持续突破，电子信息制造业发展实力和后劲不断增强，产业规模占安徽省的比重分别达到12%、8.5%和3.6%。池州、马鞍山、六安等市推进电子信息首位产业发展成效突出，主营业务收入分别同比增长30.5%、15.5%和15.3%。皖北等地发展步伐明显加快，形成了一批产业亮点，亳州市主营业务收入增速高达119.2%，位居安徽省第一。

三、面临的问题和主要矛盾

一是全行业供给侧结构性改革任务依然艰巨，集成电路、智能硬件等高端领域规模仍然偏小、竞争力不强。二是关键零部件、核心技术装备对外依存度较高。三是支撑产业发展的人才、技术、资金等要素供给较为紧张。四是产业现状与安徽省对新动能、新增长点的要求存在差距，亟须加快高端领域、新兴技术和带动性强的关键项目布局和建设。

四、2019年工作措施及主要工作思路

（一）"屏–芯–端"联动，推动关键环节发展

促进新型显示产业实现超越式发展，制定并实施安徽省新型显示产业新一轮发展方案。实施"皖芯"行动，贯彻落实集成电路产业专项政策，推动合肥市创建集成电路"芯火"双创基地（平台），指导合肥市建设海峡两岸集成电路产业合作试验区，支持合肥打造"IC之都"，引导有条件的地市特色发展集成电路产业。贯彻国家智能硬件产业创新发展和加快发展虚拟现实产业的指导意见，实施安徽省行动方案，促进智能终端产业加速发展。

（二）"龙头+配套"驱动，提升产业规模效益

培育壮大骨干企业队伍，引导高成长性、关键配套和新兴领域优秀企业加速成长，树立行业标杆。围绕产业主导领域，争取一批关键配套项目落地，推动产业链关键环节建设及核心配套能力提升，延伸产业链条，促进产业集聚。

（三）"多方"协同，积极推进项目建设

加强行业重点项目库建设，指导市、县（开发区）建设及谋划电子信息项目，跟踪服务合肥长鑫存储器、合肥晶合显示驱动芯片、合肥京东方TFT-LCD 10.5代线、合肥维信诺AMOLED 6代线、滁州惠科TFT-LCD 8.6代线、安徽康佳显示终端等重大项目建设，着力扩大投资，促进产业升级。

（四）“上下”联动，积极争取国家支持

争取国家层面加大对安徽省发展电子信息制造业的指导和支持。按国家要求做好光伏电池、锂离子电池、印刷电路板等行业规范管理。组织开展智慧健康养老应用试点示范、推荐优秀产品和服务进入国家级《智慧健康养老应用产品和服务目录》。

（五）积极搭建平台，做好行业运行保障

做好中国电子信息博览会等重点展会的参/布展工作。深化运行分析，做好行业统计调查、重点调研和企业帮扶等工作。

江西省

2018 年，江西省电子信息制造业认真贯彻落实工业和信息化部及江西省委、省政府的决策部署，坚定高质量跨越式发展首要战略，按照“六大突破、三大提升”的工作要求，坚定信心、保持定力，锐意进取、担当实干，全力打好稳增长、调结构主动仗，产业经济结构不断优化，发展的质量效益稳步提升。

一、基本运行情况

2018 年，江西省电子信息制造业实现主营业务收入 3698 亿元，同比增长 20.7%；利润总额 205.7 亿元，同比增长 49.4%。半导体照明产业链完善，形成了产业链上中下游和配套设备、配套材料的紧密协作，拥有自主知识产权优势，产业规模快速壮大。

二、主要发展特点

（一）主要地区发展较快

江西省 11 个设区市电子信息制造业总产值均实现同比增长，其中南昌和吉安两市电子信息制造业规模均达到千亿元级，分别同比增长 31.1%和 23.6%，其他设区市也实现了 10%以上的增长。

（二）主导产业推进持续加速

半导体照明、移动智能终端、数字视听三大主导产业持续加速发展，2018 年完成主营业务收入 1744 亿元，同比增长 30.6%，占全行业的比重为 61.3%。其中，半导体照明产业规模快速壮大，完成主营业务收入 416 亿元，同比增长 54.68%；移动智能终端产业完成主营业务收入 876.1 亿元，同比增长 28.72%；数字视听产业完成主营业务收入 451.9 亿元，同比增长 17.18%。

（三）重点企业规模逐步提升

培育壮大了一批龙头骨干企业，涌现出智慧海派、欧菲生物识别、联创电子、合力泰科技、红板电子、联创光电、木林森电子、航盛电子等主营业务收入超过 10 亿元的企业，其中欧菲生物识别、欧菲光电技术、智慧海派、合力泰科技 4 家企业主营业务收入超过 100 亿元。截至 2018 年年底，江西省电子信息制造业规模以上企业已达 865 家。智慧海派和合力泰科技入围 2018 年中国电子信息百强企业，分别排名第 64 位和第 79 位。

（四）产业集群效应日益显现

目前，江西省已初步形成了南昌高新区光电及通信产业集群、南昌经开区光电产业集群、井冈山经开区通信终端设备产业集群、吉安县数字视听产业集群、泰和县液晶电子产业集群等 13 大特色产业集群。2018 年，13 大产业集群累计完成主营业务收入 2466 亿元，占江西省产业规模的比重达 86.7%。南昌高新区是首批国家半导体照明产业化基地之一，围绕硅衬底 LED 原创技术，已形成从材料、芯片、封装、应用到高端装备和配套关联产业的完备产业链。江西省移动智能终端产业已涵盖整机研发设计、生产、配件制造和软件等，相关配套企业 100 余家，可实现 90%以上的手机零部件本地区配套。

（五）技术创新能力不断加强

具有完全自主知识产权的南昌大学硅衬底 LED 原创技术拥有发明专利 130 多项，并荣获 2015 年度国家技术发明一等奖，打破了美国、日本在该领域的垄断。欧菲光公司“图形化的柔性透明导电膜及其制法”荣获第十六届中国专利金奖。特康科技的血细胞分析仪和血细胞分析仪用试剂是国内该领域唯一具有自主知识产权的产品。睿宁高新技术材料（赣州）公司利用赣州稀土、钨制造的半导体芯片电子材料，拥有 12 项技术发明专利。赣州研创光电的 LED 陶瓷共烧基板，填补了国内空白。

三、面临的问题和主要矛盾

受市场需求结构快速调整、原材料价格和汇率大幅波动、国际贸易保护抬头、国内部分领域投资放缓等因素的综合影响，江西省电子信息制造业发展的瓶颈和矛盾依然突出。主要表现在：一是产品出口受困。移动智能终端是江西省三大主导产业之一，也是电子信息制造业出口的主要产品。出口海外的移动智能终端产品相对低端，而且以售价低、利润薄的贴牌代工或低端机为主，缺乏核心竞争力，议价能力有限，均价仅是全国的 25.6%、广东的 35.5%、上海的 8.6%。二是重点企业增长乏力。重点企业是产业发展的重要支撑，也是产业发展的重要晴雨表。江西省重点企业出口产品受欧美市场限制日趋严格的影响，国产手机的海外市场被大幅压缩。三是细分领域利润下降。受需求下降影响，触控显示屏产品销售总体呈现下降趋势，加上受上游原材料价格、用工成本、物流成本、资金成本等影响，触控显示屏企业生产经营压力较大，产品的价格和销量都出现下滑趋势。

四、2019 年工作思路及目标

2019 年，江西省电子信息制造业将准确把握稳中求进的工作总基调，坚持新发展理念，坚持以供给侧结构性改革为主线，坚持高质量跨越式发展首要战略，紧紧围绕做大产业规模和提升产业质量两大主题，牢牢抓住电子信息制造业新一轮技术创新历史机遇，以打造京九（江西）电子信息产业带为牵引，推动重大项目实施和产业集群建设，加强运行调度分析，加大协调服务力度，加快创新成果产业化进程，促进江西省电子信息制造业实现高质量跨越式发展。2019 年，江西省电子信息制造业规模以上企业力争实现主营业务收入 4500 亿元，同比增长 21%。

五、2019 年重点工作

（一）强化创新引领

深入落实习近平总书记在中部地区崛起工作座谈会上的重要讲话精神，着力提高关键领域的自主创新能力，走出一条创新链、产业链、人才链、政策链、资金链深度融合的路子。

1. 加快重点技术突破

把电子信息作为产业关键共性技术攻关的重点，聚焦半导体照明、集成电路封装测试、通信设备、数字音频等核心领域，强化关键共性技术攻关，力争在光电显示、传感器、功能材料、电子元器件、智能识别等特色领域突破一批关键技术，推动重点技术创新成果产业化转移和商业化应用。引导企业瞄准技术创新方向，加强技术、产品、工艺、管理和模式等全面创新，持续推进技术改造升级。

2. 加快创新平台建设

按照“一产一院”“一产一校”的要求，加强与北航、赛迪研究院、华为研究院、联通研究院等的对接合作，加快建设一批产业研究院，推进硅衬底半导体照明、虚拟现实等制造业创新中心建设。推动重点园区、重点集群加快建设产业创新服务综合体。

3. 强化企业主体地位

实施好企业创新能力提升行动，引导、支持企业加大研发投入，提高创新能力。鼓励企业以兼并、投资、购买、引进人才等方式，联合搭建各类产业创新平台，加强各领域的技术交流，着力构建以企业为主体、市场为导向、产学研用协同的技术创新生态体系。

（二）强化产业承接

按照习近平总书记在中部地区崛起工作座谈上的要求，积极承接新兴产业布局和转移，加强同东部沿海和国际上相关地区的对接，吸引、承接一批先进制造业企业，努力在新一轮产业转移承接中实现更大作为。

1. 聚焦重点地区

充分发挥电子信息制造业“四图”作用，积极对接美、日、韩、欧等重点国家和地区，以及港澳台、珠三角、长三角、海西经济区等重点地区，力争做到组团式、集群式承接。认真筹备 2019 年 6 月在深圳召开的赣深电子信息制造业对接会，吸引深圳电子信息制造业向江西转移。

2. 推进精准招商

突出京九（江西）电子信息产业带发展重点，坚持有所为有所不为，重点面向行业协会、学会、商会等重点组织，以及电子信息领域国内外 500 强、跨国公司、大型央企等重点企业，强化招商选资，引进高端、终端的企业和项目，完善产业链条，建设高端产业集群。

3. 搭建招商平台

积极筹办2019世界VR产业大会、首届中国先进技术转化应用大赛总决赛等重大活动，精心策划、周密组织电子信息专题推介活动，力争实现重点企业落户新突破。

（三）强化项目支撑

进一步强化“项目为王”的理念，牢固树立“不抓项目是失职，不会抓项目是不称职”的鲜明导向，大力开展“大干项目年”活动，重点抓好“四个一批”项目建设，即签约引进一批招商项目、摸排梳理一批储备项目、加快推动一批新开项目、协调推进一批在建项目，推动重大工业项目早开工、早完工、早见效。

1. 抓好项目储备

对照电子信息产业链图、技术路线图、应用领域图、区域分布图和产业链全景图，按图索骥谋划一批项目，建设省级电子信息产业重大项目库，支持市县分领域、分行业建设项目库。

2. 抓好项目引进

依托产业链条，以强链、补链、延链为目标，以“四城”“十基地”为重点，瞄准国内外行业龙头企业，用好、用足开发区标准厂房建设等扶持政策，实施好开发区集群式项目满园扩园行动，力争引进一批投资超过50亿元、20亿元的重大项目。

3. 抓好项目投产

省级重点推动“三百一重”电子信息产业项目建设，建立项目调度清单，实行项目台账管理，按季度抓好调度分析。市县建立健全推进机制，着力破解土地供给、金融服务、环评安评等问题，采取集中开竣工、巡回看变化等多种形式，推动项目建设提速、提质、提效，早日实现达产、达标。

（四）强化企业培育

坚持引育并举、大小并进、整零协同，努力形成大中小企业融通发展、整机和元器件协同提升的生动局面。

1. 引育做大龙头企业

在重大整机制造类龙头企业上实现突破。推进一批实施工业强省战略的先进典型，特别是加大对市县、园区新增50亿元级、100亿元级龙头企业的支持力度，调动地方引育龙头企业的积极性。

2. 提升做强中小企业

全面落实国家和江西省支持中小企业健康发展的政策措施，加快推进电子信息企业“个转企”“小升规”，大力培育形成一批“专、精、特、新”企业，重点打造一批细分行业和细分市场领军企业、单项冠军和“小巨人企业”，发现和培育一批“独角兽”“瞪羚”企业。

3. 全力做好企业帮扶

认真贯彻落实习近平总书记在民营企业座谈会上的重要讲话精神，综合运用多种手段，帮助区域内产业龙头、就业大户、战略性新兴行业等关键重点民营企业纾困。密切关注企业生产经营情况，切实解决好企业发展过程中遇到的困难，营造良好的营商环境，保障企业高质量发展。

（五）强化集群发展

积极策应国家在长江经济带打造电子信息、高端装备、汽车、家电、纺织服装五大世界级产业集群的重大部署，贯彻江西省政府制定的“2+6+N”产业高质量跨越式发展行动计划，加快培育电子信息世界级产业集群。

1. 提升产业集中度

落实京九（江西）电子信息产业带规划布局，按照“空间集聚、业态集群、发展集约”的要求，进一步突出“四城”“十基地”电子信息产业首位度，推动相关企业进园区、进基地，依托产业链条引导大中小企业对接配套发展，推动产业集群之间的对接合作。

2. 提升园区功能

打好园区功能完善提升战役，实施好“两型三化”管理目标提标提档行动，加快推进标准厂房、污水处理、信息服务等公共服务设施建设，2019 年年底前所有园区智慧平台与园区内规模以上企业互联互通，实现园区事园区内办结。

3. 打造集群特色

按照特色发展、错位发展的要求，南昌重点打造半导体照明和智能通信设备产业集聚区，吉安重点打造通信终端及传输设备和电子元器件产业集聚区，赣州重点打造新型电子器材及元器件产业集聚区，九江重点打造印刷电路板和集成电路设计与封装测试产业集聚区，其他设区市和基地结合实际打造各具特色的产业集群。

山东省

2018 年是贯彻党的十九大精神的开局之年，面对错综复杂的发展环境，山东省电子信息制造业以习近平新时代中国特色社会主义思想为指导，牢牢把握高质量发展要求，积极应对稳中有变和转型发展的诸多挑战，工业结构持续优化，电子信息制造业新动能不断增强。

一、产业运行特点

2018 年，山东省加快建设竞争力强、安全可控的信息技术产业体系，重视新一代信息技术产业新旧动能转换重大工程实施，全年电子信息制造业总体保持平稳增长。

（一）信息技术制造业增速放缓

2018 年，山东省电子信息制造业实现主营业务收入 4034 亿元，同比增长 0.7%；实现利润 191.9 亿元，同比下降 10.8%。2018 年以来，山东省电子信息制造业统计体系不断调整，规模以上企业数、主营业务收入等指标变化较大，分别较 2017 年减少了 6%和 42%。截至 2018 年年底，山东省电子信息制造业主营业务收入占山东省工业的 3.7%，占全国产业总额的 3.19%。

（二）重点产品产量增长差异明显

近年来，山东省在集成电路、服务器等高附加值领域不断布局深耕，加强产业推进力度，取得良好成效。据统计，2018 年山东省集成电路、服务器产量分别同比增长 147.24%和 75%。电视机、手机等传统消费电子产品受市场饱和、代工回流等因素影响，产量出现一定程度下滑，盈利能力继续降低。2018 年，山东省电视机产量 1695 万台，手机产量 3254 万台，计算机产量 101.5 万台，打印机产量 340.3 万台，同比分别增长−0.46%、−35.47%、27.83%和−5.71%。

（三）骨干企业发展良好

山东省现有电子信息制造业规模以上企业 1161 家，占全国的 4.93%。主营业务收入超过 500 亿元的企业有 3 家，超过 100 亿元的企业（含超过 500 亿元的企业）有 6 家。2018 年，山东省电子信息制造业骨干企业发展良好。其中，主营业务收入前 3 位的企业分别是海尔集团（主营业务收入 2661 亿元，利润 200.13 亿元）、海信集团（主营业务收入 1184 亿元，利润 68.9 亿元）、浪潮集团（主营业务收入 1016 亿元，利润 37.56 亿元）。

二、当前存在的主要问题和发展形势

当前，山东省正处于经济结构的深度调整期、发展瓶颈的集中突破期和动能转换的胶着期。山东省在新一代信息技术产业领域具备一定的发展基础，在大数据、云计算、智能家居和工业互联网等领域积累了一定的发展优势。但是，在近年来国内不断布局集成电路、新型显示等大型制造项目的同时，山东省却缺少此类大项目落地。随着消费类电子产品在珠三角、长三角等地区的加速聚集，山东省此类项目新增产能较小；另外，胶东半岛电子信息制造聚集区近年来随着日、韩等国电子信息产业的萎缩，产量和产值存在一定的下滑和分流，未来增长潜力不足。山东省电子信息制造业面临着产业地位不突出、关键领域有缺失、开放水平有差距、发展环境有欠缺等问题。

2018 年以来，山东省集中力量建设全国新旧动能转换综合试验区，着力推进包括新一代信息技术产业等在内的十个重点领域全速发展，出台了促进实体经济发展、促进“十强”产业发展的相关政策，包括产业布局、企业梯次培育、人才招引、产业招商、金融服务等配套的一揽子政策。推进新旧动能转换重大工程的实施将为山东省信息技术产业的发展迎来新的机遇，也为信息技术产业转型升级、新型大工程/大项目在山东省落地营造了良好的政策环境和行业环境。

三、2019 年主要工作

2019 年是新中国成立 70 周年，是实现全面建成小康社会的关键之年。山东省 2019 年总的工作思路是：坚持以习近平新时代中国特色社会主义思想和党的十九大精神为指导，认真落实省委部署和省政府工作要求，坚持稳中求进工作总基调，坚持新发展理念，紧紧围绕加快新旧动能转换这一中心任务，加快推动《山东省新一代信息技术产业专项规划（2018—2022 年）》（以下简称《规划》）落实，立足“三核一廊两翼”发展布局，按照“三个定位”，实施

“六新战略”，培育八大产业集群，着力推动山东省信息技术产业发展再上新台阶。重点做好以下工作。

（一）加强《规划》等政策落实

做好《规划》的落实工作，按照发展要求，加快推进核心区域、核心产业和核心产品的发展，提升山东省新一代信息技术产业的综合实力。围绕《规划》编制相关实施方案或重点任务分工表，明确落实责任和分工，确保规划有序落实。针对《规划》明确发展的八大产业集群，逐个编制集群培育实施方案，明确重点行业发展路线和重点任务，实现重点行业的纵深发展。

（二）加快重大项目推进

把重点项目建设作为新一代信息技术产业创新发展的重中之重，依托儒商大会新一代信息技术产业高峰论坛的13个签约项目和产业重点项目库，跟踪项目进度，帮助协调解决遇到的困难和问题，积极协调解决集成电路、北斗导航等领域重点企业反映的资金、政策支持等问题。积极与有关部门对接，力争相关项目获得国家支持。

（三）建立专班、智库、联盟协调联动机制

充分发挥专班、智库和产业联盟的作用，以专班牵头全面工作，以智库提供高端智力支持，以联盟配置社会优质资源，凝聚企业和专家学者的力量，形成上下联动、多方互动、广泛协作的工作机制，推动各有关部门共同开展工作，促使专家和企业家围绕新一代信息技术产业重点发展领域，积极推进新技术、新成果转化，让更多合作项目落地山东省，共同推动产业高质量发展。

（四）着力加强“双招双引”工作

加强“双招双引”工作，积极引进和推动一批投资规模大、技术含量高、对产业发展拉动提升明显的重大项目尽快落地，形成产业发展新增长极。与华为、富士康、中国电子科技集团、青松机器人等大型企业对接，围绕《规划》确定的重点领域，新筹划引进一批超高清视频、集成电路、人工智能等领域的重大项目。搭建新一代信息技术新旧动能转换基金与产业优质项目的沟通平台，为现有企业和项目做好服务对接。

（五）着力推动超高清视频产业发展

依据工业和信息化部、国家广播电视总局、中央广播电视总台印发的《超高清视频产业发展行动计划（2019—2022年）》，编制山东省超高清视频产业发展行动计划，推进成立由龙头企业、运营商、科研院所等单位组成的产业发展联盟，会同有关龙头企业以山东省内电视整机和虚拟现实产业优势为基础，在超高清视频领域开展更深层次的合作。

（六）积极开展科研对接和行业系列活动

推进企业与中科院、北航、哈工大等科研院所和高校积极对接、衔接，联合进行技术攻关，加快科技成果转化，促进产业技术联盟、产业群、企业群、创新链的培育成长。做好院士恳谈会等行业人才、技术交流活动，组织好智能制造大赛、科技工作者创新大赛等赛事，营造新一代信息技术产业创业创新良好氛围。

河南省

一、基本情况

2018 年，河南省电子信息制造业规模继续扩大，层次不断提升，结构持续优化，全年电子信息制造业增加值增速为 14.4%，高于河南省工业增加值增速 7.2 个百分点；主营业务收入同比增长 8.1%。重点围绕构建“1+4+N”产业格局，即建设世界级智能终端产业集群，培育智能传感器、信息安全、新型显示、电子材料 4 个千亿元级产业，打造若干个百亿元级电子信息产业特色园区，聚焦重大项目，促进产业集聚，加快关键技术研发，扩大智能产品有效供给，大力推动电子信息制造业转型升级。

二、主要发展特点

（一）创新能力不断增强

重点产业链上下游协同创新能力明显提升。郑州大学、河南工业大学、中国电子科技集团公司第二十七研究所、汉威科技集团股份有限公司、河南仕佳光子科技股份有限公司等单位联合发起成立河南省智能传感器创新联盟。河南省智能传感器创新中心被认定为省级制造业创新中心培育单位，河南省工业新型成像技术创新中心已被正式认定为省级制造业创新中心。

（二）集聚效应逐步显现

一批特色园区成长迅速。郑州市加快建设千亿元级信息安全产业示范基地，集聚效应凸显；安阳林州市电子材料产业园采取以商招商模式，呈现“超细电子纱—超薄电子布—薄型覆铜板—线路板”链式发展态势；商丘市加快建设为承接电子信息制造业转移量身定做的专业园区；许昌襄城县加快建设硅材料产业园，被认定为省级高新技术特色产业基地。

（三）智能终端产业配套能力增强

显示面板、大尺寸硅片、摄像模组等关键核心领域取得突破性进展。合晶硅材料衬底硅片、华锐光电 5 代薄膜晶体管液晶显示器件、联创电子显示模组和影像模组生产等重点项目入驻郑州航空港经济综合实验区，智能终端能产业配套能力不断增强。

（四）重点细分行业发展较快

光电行业，中航光电 56Gbps 高速光电连接器占全国市场 75%的份额；仕佳光子与中科院合作，在光分路器领域深耕多年，PLC（平面光波导）分路器芯片占全球市场份额的 60%。传感器行业，汉威科技是国内最大的气体传感器及检测仪表制造商；森霸传感是中国电子元器件百强企业，其生产的热释电红外传感器全国市场占有率第一。汽车电子行业，天海集团成为全国最大的汽车电子连接器科研生产基地。电子材料行业，洛单集团8英寸硅抛光片项目试生产成功，为下一步规模化生产奠定了坚实基础。

三、主要工作

（一）编制行动方案，推动新兴产业发展

编制印发《河南省新型显示和智能终端产业发展行动方案》《河南省汽车电子产业发展行动方案》《河南省智能传感器产业发展行动方案》《河南省5G产业发展行动方案》《河南省新一代人工智能产业发展行动方案》等推动重点细分产业发展的行动方案。在具体推动落实上，建立了河南省转型发展攻坚领导小组统筹、分管副省长牵头、有关部门分工负责的工作推进机制；实施清单管理，制定年度重点事项清单和“三个一批”（一批重点项目、一批重点企业、一批重点园区）清单，明确时间节点和责任单位，逐一推进落实。此外，研究撰写了《河南省电子信息产业高质量发展研究报告》，为下一步产业发展、政策制定提供参考。

（二）推动重点项目建设，培育新增长点

着眼于当前存量优化和未来增量带动，建立了电子信息产业转型发展攻坚项目库，并定期调研，持续跟踪推进。其中，合晶8英寸硅材料衬底片项目已正式投产，洛单集团8英寸单晶硅棒顺利拉制，提升了河南省集成电路关键材料的供给能力；华锐光电5代薄膜晶体管液晶显示器件项目正在进行开工前期的准备工作；申威集成电路项目经过前期对接、调研及论证工作，已正式入驻郑州市金水科教园。

（三）组织开展培训，推动转型发展攻坚

与工业和信息化部第五研究所共同举办“电子信息产业转型发展攻坚推进暨培训会议”。会议重点总结了2017年以来河南省电子信息产业转型发展攻坚的工作情况，分析了产业发展面临的主要形势，进一步明确了推动电子信息产业高质量发展的思路和任务，并结合电子信息产业发展态势与新兴热点领域、质量可靠性提升等方面对与会代表进行了培训。

（四）举办系列活动，搭建开放合作平台

2018首届世界传感器大会于11月12日—14日在郑州国际会展中心举办。大会以“感知世界 智赢未来”为主题，共有来自35个国家和地区的代表约1500人参会，20余位院士及国际、国内知名专家出席，深入交流全球传感器科技、产业和应用的最新成果，取得了良好效果，有效地提升了河南省传感器产业的集聚力和影响力。此外，成功举办2018中国（郑州）产业转移系列对接活动、首届数字经济峰会，为河南省电子信息产业搭建了合作交流的平台。

（五）做好示范引领，积极申报智慧健康养老试点示范

为推动智慧健康养老产业发展和应用推广，按照工业和信息化部、民政部、国家卫生健

康委员会要求，组织开展第二批智慧健康养老应用试点示范工作。经过专家评审和实地考察、网上公示等规定程序，许昌市鄢陵县成功申报第二批智慧健康养老示范基地，其下辖的马栏镇、安陵镇、陈店镇成功申报第二批智慧健康养示范乡镇（街道）；安阳市翔宇医疗设备有限责任公司成功申报第二批智慧健康养老示范企业；郑州大象通信信息技术有限公司等 4 家企业、5 种产品和服务列入智慧健康养老产品服务推广目录。

四、存在的问题

（一）发展不确定性增加

河南省电子信息产业近几年的快速发展，主要受益于富士康苹果手机项目的进驻。从 2012 年到 2018 年，富士康主营业务收入基本都占全河南省电子信息制造业主营业务收入的 55%以上。当前，产业发展面临的形势越发复杂严峻，受中美贸易摩擦、品牌手机销量不如预期、企业自身发展战略调整等因素影响，2018 年，河南省手机产量 2.06 亿部，同比下降 30.6%（其中，智能手机产量 1.09 亿部，同比下降 25.9%），对配套企业也带来了较大影响。未来，河南省电子信息产业的发展速度将面临较大的不确定性。

（二）高端产业增长乏力

河南省电子信息产业经过近几年的发展，产业规模增长较快。但从产业结构来看，仍处于产业链和价值链的中低端，低附加值产品较多，像汉威科技、信大捷安、仕佳光子等拥有核心技术的创新型企业屈指可数。带动作用较强的集成电路、新型显示等核心元器件产业几乎空白。缺乏关键核心技术、核心项目，导致河南省电子信息制造业向产业链高端发展的动力不足。

（三）产业发展环境有待优化

河南省把电子信息作为十二个转型发展攻坚的重点产业，出台了行动计划和细分领域的行动方案，但没有具体的支持政策，也缺乏良好的营商环境，形成不了成本“洼地”，难以引进重大项目、先进技术和优秀人才。目前，河南省亟待优化支持产业发展的财政、金融、人才等方面的政策环境。

五、下一步重点工作

（一）抓好“三个一批”

建立电子信息制造业“三个一批”清单，按季度进行动态调整，并引导省市产业政策向列入清单的企业、园区和项目给予重点支持。一是推动一批重点项目。选择 30 个左右技术含量高，引领性、带动性、成长性好的重大项目，省市联动重点推进实施，优先配置各类资源要素，按月通报进展情况。二是培育一批重点企业。重点培育 20 家左右有一定规模、核心技术强、发展潜力大的企业做大做强，推动其成长为河南省电子信息制造业发展的重要支撑。三是建设一批重点园区。加快制定电子信息制造业园区（基地）培育方案，进一步提升产业集聚度、优化产业链条、培育产业生态体系。省级重点培育 10 家左右有望成长为 100 亿元以上规模的产业园区（基地）。

（二）聚焦重点领域

着力推动新型显示和智能终端、智能传感器、汽车电子等电子信息领域新兴产业发展，加快形成新的增长点。新型显示和智能终端方面，推动郑州航空港经济综合实验区承接中高端智能手机生产项目，并积极向超高清液晶电视、VR 终端、车载显示终端等拓展；集聚发展一批核心配套项目，重点在显示面板、存储芯片、专用芯片、摄像模组等领域取得突破；规划建设新型显示产业园。智能传感器方面，郑州、洛阳、新乡等市分别编制“一谷两基地”建设培育规划和具体招商方案；成立河南省电子信息（集成电路和智能传感器）产业发展专家咨询委员会，为行业发展把脉问诊。汽车电子方面，举办汽车电子产业链产销对接活动，推动河南省内汽车电子企业纳入整车企业配套供应链体系，围绕整车企业配套需求，积极与国内外汽车电子重点企业对接招商。

（三）开展对标活动

对标与河南省基础条件处于同一水平，近年来发展较快的省份，学习了解其发展路径、好的做法、可借鉴的经验，重点研究河南省电子信息产业差异化发展的路径。发挥好转型升级、智能制造、服务型制造、产业应用等方面的标杆示范作用，引领产业向智能化、绿色化、服务化转型。编制《电子信息行业转型升级及智能制造试点示范优秀案例集》，召开转型升级及智能制造现场交流会。做好智慧健康养老应用示范工作，推动智慧健康养老产品及服务推广。

（四）提升创新能力

支持骨干企业联合高校、科研院所共建企业技术中心、重点实验室、制造业创新中心、产业技术研究院等技术创新平台和新型研发机构，开展重大技术攻关。力争在电子信息行业新增 1～2 家省级制造业创新中心培育单位。组织实施一批重大科技项目，推动关键技术研发和产业化。

（五）加强开放合作

推动产业高水平开放合作，强化智能终端、新型显示、智能传感器、汽车电子等领域国际、国内合作，搭建产业、技术、项目对接合作平台。举办第二届世界传感器大会，积极参展第七届中国电子信息博览会。组织有关省辖市到电子信息制造业发展较快的国家或地区交流、洽谈项目。

湖北省

2018 年，湖北省电子信息制造业深入贯彻落实习近平总书记视察湖北重要讲话精神，围绕推动湖北省工业经济高质量发展，积极应对中美贸易摩擦带来的影响，以供给侧结构性改革为主线，积极培育发展新动能，加快推动产业迈向中高端。

一、基本运行情况

2018 年，湖北省电子信息产业呈现高质量发展良好态势，电子信息制造业主营业务收入 2811 亿元，同比增长 10.9%，比全国同行业规模以上企业、湖北省规模以上工业增幅分别高 1.9 个、2.7 个百分点。电子信息制造业规模以上工业增加值同比增长 12.27%，比湖北省规模以上工业增幅高 5.17 个百分点。电子信息制造业实现利润总额 119 亿元，同比增长 13.4%；主营业务收入逐月同比增幅高开低走，但增幅始终保持在 12%以上，全年平均增幅明显好于 2017 年，产业收入整体呈现平稳较快增长态势。电子信息制造业主要产品产量快速增长，其中锂离子电池增长 276.2%，单晶硅电池组件增长 87.4%，彩色电视机增长 40.4%，电子元件增长 33.1%。产业从业人员平均人数达到 46.8 万人，同比增长 6.4%。湖北省电子信息制造业综合发展指数在全国排名第 9 位，在中部地区排名第 1 位。

二、主要发展特点

（一）加强科技创新，增强产业竞争能力

2018 年，湖北省电子信息制造业科研创新成果丰硕，产业竞争能力进一步提升。启动建设国家信息光电子制造业创新中心，并获批国家存储器产业创新中心、数字化设计与制造创新中心，成为全国同时具有两个国家级制造业创新中心的 3 个省份之一，为湖北省电子行业在新一轮加速期取得科技创新成果打下了坚实基础。无论在国家还是湖北省的技术发明或科技进步方面，湖北省电子行业所获奖项的数量及等次都名列前茅。武汉光迅科技股份有限公司获国家技术发明二等奖；武汉大学、武汉理工大学分别研发的 2 个电子信息项目获国家科技进步一等奖；武汉大学、武大吉奥信息技术有限公司、长飞光纤光缆股份有限公司分别研发的 3 个电子信息项目获国家科技进步二等奖。长飞光纤光缆股份有限公司、烽火通信科技股份有限公司等 11 家企业分别获湖北省技术发明二等奖 2 个、三等奖 2 个，科技进步一等奖 2 个、二等奖 2 个、三等奖 3 个；武汉虹旭信息技术有限责任公司获湖北省科技型中小企业创新奖。武汉精测电子技术股份有限公司、武汉锐科光纤激光技术股份有限公司被评为全国制造业单项冠军示范企业。武汉高德红外股份有限公司获得 2018 年中国优秀工业设计奖金奖（产品设计奖）。

（二）加强新旧动能转换，增强产业发展活力

2018 年，电子信息制造业正向中高端不断升级迈进，重点领域和龙头企业取得突破性发展，产业发展新动能加速形成。芯片领域，长江存储科技有限责任公司、武汉新芯集成电路制造有限公司、武汉高德红外股份有限公司等一批拥有自主知识产权的研发生产企业，已发展成为在全国具有一定竞争优势的企业；新型显示领域，继武汉华星光电技术有限公司、武汉天马微电子有限公司等之后，又一领军企业武汉京东方光电科技有限公司也落户湖北省，国内显示领域三巨头齐聚武汉竞相发展；智能终端领域，在原有的联想（武汉）有限公司、鸿富锦精密工业（武汉）有限公司等知名企业的基础上，又聚集了武汉华为科技有限公司、小米武汉总部等品牌企业；北斗导航领域，武汉光谷北斗控股集团有限公司被科学技术部认定为“北斗及地球空间信息产业国际科技合作基地”，武汉梦芯科技有限公司研制的新一代基

带射频一体化北斗芯片，处于国际同类产品领先水平；光通信领域，武汉邮电科学研究院有限公司和电信科学技术研究院有限公司联合重组，成立中国信息通信科技集团有限公司，为湖北省在 5G、集成电路、高端光电子器件、智慧城市等领域的发展带来重要机遇。武汉邮电科学研究院有限公司、湖北凯乐科技股份有限公司、骆驼集团股份有限公司被评为 2018 年（第 32 届）中国电子信息百强企业；长飞光纤光缆股份有限公司、湖北瀛通电子有限公司、湖北泰晶电子科技股份有限公司被评为 2018 年（第 31 届）中国电子元件百强企业。2018 年，湖北省有 6 家电子信息企业销售产值超过 100 亿元，其中联想（武汉）有限公司、武汉邮电科学研究院有限公司、鸿富锦精密工业（武汉）有限公司、湖北凯乐科技股份有限公司、骆驼集团股份有限公司、长飞光纤光缆股份有限公司销售产值分别为 396 亿元、336 亿元、192 亿元、127 亿元、123 亿元、118 亿元。

（三）加强供给侧结构性改革，增强产业发展潜力

2018 年，湖北省电子信息制造业固定资产投资进一步加强，加速推进电子信息制造业万企万亿元技改工程项目建设，加大招商引资力度，重大项目建设顺利，产业发展不断涌现新的经济增长点，增添了产业发展后劲。总投资 240 亿美元的武汉国家存储器基地项目主体工程与配套设施设备建设完成并投入使用，主要工艺设备已基本完成连通并开始试运行，2018 年年底小规模量产，2019 年开始规模量产；武汉华星光电技术有限公司 T4 项目建设进展顺利，2018 年年底完工，2019 年第一季度实现产品点亮；投资规模 120 亿元的武汉天马微电子有限公司 G6 一期项目 2018 年 6 月已实现量产，二期项目已经开工建设；总投资约 460 亿元的武汉京东方光电科技有限公司 10.5 代薄膜晶体管液晶显示器件生产线项目于 2018 年 4 月开工，2018 年年底主体厂房封顶，2019 年年底按计划点亮。此外，2018 年规划的摩托罗拉（武汉）移动技术通信有限公司移动通信终端扩产 40 亿元项目、武汉邮电科学研究院有限公司通信产品及解决方案扩产 20 亿元项目、武汉比亚迪电子有限公司移动通信设备扩产 15 亿元项目、湖北凯乐科技股份有限公司光缆技术改造扩产 15 亿元项目和量子通信技术数据链产业化新投产 10 亿元项目等均于 2018 年全部建成投产。

（四）加强行业进出口，增强产业贸易实力

电子信息制造业进出口贸易在湖北省各行业中继续保持领先地位，具有重要的支撑作用，2018 年进口增速仍大幅增长。2018 年年底，电子信息制造业进入湖北省进口、出口前 20 名企业的进口、出口总额占湖北省各行业进口、出口总额的比例分别为 37%和 27%。有 11 家电子信息制造企业名列湖北省进口前 20 名（其中有 7 家进入前 10 名），累计进口 69.85 亿美元，同比增长 31.6%，占湖北省外贸进口总额的 37.32%，比 2017 年同期高出 7.1 个百分点，其中，长江存储科技有限责任公司、荆门格林美新材料有限公司、武汉新芯集成电路制造有限公司、鸿富锦精密工业（武汉）有限公司累计进口同比增幅分别是 1021.8%、83%、44.2%、43.4%；有 10 家电子信息制造企业名列湖北省出口前 20 名（其中有 7 家进入前 10 名），累计出口 92.73 亿美元，比 2017 年同期略有增长，占湖北省外贸出口总额的 27.2%，其中，武汉华星光电技术有限公司、荆门格林美新材料有限公司、长飞光纤光缆股份有限公司、武汉新芯集成电路制造有限公司累计出口同比增幅分别是 924.6%、121.6%、75.3%、34.4%。

湖北省各行业出口超过千万美元的企业共 540 家，其中电子信息制造企业就有 59 家（其

中 9 家位居前 16 名），联想（武汉）有限公司、鸿富锦精密工业（武汉）有限公司、摩托罗拉（武汉）移动技术运营中心有限公司、武汉烽火国际技术有限责任公司、武汉新芯集成电路制造有限公司、冠捷显示科技（武汉）有限公司、荆门市格林美新材料有限公司、长飞光纤光缆股份有限公司、武汉华星光电技术有限公司 2018 年累计出口创汇分别名列湖北省出口企业的第 1、第 2、第 3、第 4、第 5、第 6、第 10、第 13、第 16 位。出口电子产品主要包括台式及平板微型计算机、智能手机、集成电路、液晶显示器等。

（五）加强政策支持，增强市州产业发展动力

湖北省委、省政府高度重视电子信息制造业的发展，把电子信息产业作为重点关注的支柱产业，加大政策支持力度，积极打造良好的营商环境。各市州依托自身优势和特点，把电子信息制造业作为当地转型发展的重要抓手和突破口，加大力度推进，尤其在产业集聚、园区建设等方面成效显著。武汉在光电子和集成电路产业等领域、宜昌在新型显示产业领域、荆州在电子元器件产业领域、黄石在印刷电路板产业领域、随州在光伏电子产业领域通过采取招商引资、企业培育和科技创新等举措，推动产业发展初具规模，正朝着集群集约方向迈进，为湖北省电子信息制造业发展锦上添花。湖北省 16 个市州的电子信息制造业均保持稳定增长，其中黄冈、黄石、鄂州、荆门、潜江、咸宁 6 个市的电子信息制造业主营业务收入同比增长均超过 15%，分别是 131.6%、62%、61.1%、35.4%、28.8%、15.6%。武汉仍是湖北省电子信息制造业发展的主体，主营业务收入占湖北省总额的 69.8%。襄阳、荆州电子信息制造业主营业务收入均突破了 260 亿元，荆门、宜昌、孝感电子信息制造业主营业务收入分别达到 169 亿元、159 亿元、137 亿元，湖北省电子信息制造业呈现一主多极竞相发展的良好态势。

三、面临的问题和主要矛盾

一是产业利税增幅持续低于营业收入增幅。产业利税没有实现与产业发展同步增长，主要是人力成本、资源成本持续上涨压缩了企业的利润空间；同时，产业还面临市场激烈竞争、运营商集采及外向型企业出口受中美贸易摩擦制约等不良影响，导致产品利润增长乏力。

二是产业发展不平衡、不充分问题突出。发展不平衡的主要表现是产业发展“武汉一枝独秀”，虽然湖北省产业发展前景广阔、潜力巨大，但除武汉以外，多数市州在产业布局、发展规模及增长速度等方面均有较大提升空间；发展不充分的主要表现是电子信息制造业增长速度不够快，增速居中部地区第 4 位，低于河南、安徽、江西 3 省。

三是部分主要产品产销量增长缓慢甚至下滑。新型电子元件、液晶显示器、台式微型计算机的产量增幅分别只有 0.1%、3.1%、4.8%，销量增幅分别只有 0.7%、5.9%、4.8%；而手机、多晶硅电池组件的产量和销量均出现明显下滑，产量分别下滑 4.7%和 8.8%，销量分别下滑 4.2%和 12.2%。

四、2019 年工作措施及主要工作思路

2019 年，湖北省电子信息制造业将认真贯彻落实“一芯两带三区”战略布局的要求，加快发展电子领域以新技术、新产业、新业态、新模式为核心的新经济，培育产业经济发展新

动能，坚持创新驱动，切实增强产业核心竞争能力，不断推进产业向高质量发展。

（一）坚持创新引领，促进产业转型发展

一是以创新驱动推动产业转型升级。积极推动信息光电子制造业创新中心的创建工作，促进产业技术创新；大力推进智能汽车与智慧交通应用示范区建设，提升产业竞争力；加快发展北斗卫星导航应用产业，拓展应用产业链；持续推进湖北国家数字家庭应用示范产业基地创建工作，促进产业集聚发展。二是积极搭建创新平台。以创建国家信息光电子创新中心、国家存储器产业创新中心和国家“芯火”双创平台为契机，建设一批以企业为主体的研发中心和产业技术创新战略联盟；围绕集成电路、北斗、网联车等重点产业创建一批省级创新平台，使科研成果和技术发明有效进入企业生产经营领域，转化为现实生产力。三是加大招商引资力度。围绕光电子、半导体、新型显示、北斗产业链建设，积极谋划一批重大项目，采取以商招商、专业招商和产业链招商，重点突出专业招商，力争做到精准招商，引进一批带动性强、有较好市场前景的重大项目，努力实现已签约项目早落地、落地项目早开工、开工项目早达产，形成重点领域新的发展龙头，为产业可持续发展提供重要新动能，提升产业核心竞争能力，有效带动产业转型发展。

（二）加速推进特色领域发展和重大项目建设

一是加速推进特色新兴产业发展。以湖北省产业发展细分领域隐形冠军培育为抓手，加强宜昌新型显示、襄阳新型电池、荆州电子元器件、黄石印刷电路板、孝感汽车电子、随州光伏电子产业等特色产业集群建设的政策扶持，推动各地产业集群成为拉动湖北省电子信息制造业发展的新动能；促进光通信和激光产业领先发展，实施“光通信产业领先工程”和“激光产业链创新工程”，使产业链向上游延伸、向下游拓展，逐步打造完善产业链。二是抓好重大项目投资建设。推进以武汉华星光电技术有限公司、武汉天马微电子有限公司、武汉京东方光电科技有限公司等企业为核心的平板显示智能工厂试点示范，打造国内重要的高端新型显示面板基地；加速推进武汉国家存储器基地项目建设，确保企业产品尽快实现量产达产；加大湖北集成电路产业投资基金组建和运作力度，确保产业项目资金需求。

（三）加强经济运行监测分析

一是创新经济运行监测模式。按照工业和信息化部开展的全国电子信息产业综合发展指数的评价标准，尽快适应关注重点的“两个转变”和新的监测分析模式，研究适合湖北省电子信息制造业发展监测分析的方式和方法，切实提高经济运行监测分析质量。二是强化法纪意识。增强对依法治统、从严治统的认识，统计人员要坚持真实统计的政治纪律和职业操守，认真贯彻落实国家《统计法》与工业和信息化部信息产业统计调查制度相关规定要求，以及湖北省发布的《省人民政府办公厅关于进一步加强和改进部门统计工作的通知》的要求，进一步强化统计工作的法纪观念，确保行业统计的严肃性、正规性。三是准确把握监测重点。密切关注国家经济政策、市场形势、生产要素供求等新情况、新变化，准确把握产业经济运行态势，加强重点企业、重点产品的跟踪监测，及时搞好产业发展趋势的预测预警，确保行业统计数据的真实性，为领导决策提供可靠依据，切实提高行业统计工作水平。四是围绕新的经济增长点做好跟踪服务。根据初步调查所掌握的情况，湖北省电子信息制造业在 2019

年将新增产值约466亿元，这为产业发展提供了有力的经营抓手。要密切关注重点龙头企业的重大项目建设等生产经营情况，积极搭建政府和企业之间的桥梁纽带，并全力推进优质服务，确保新的经济增长点真正转化为产业发展的新动能。

湖南省

2018年，在湖南省委、省政府的高度关注下，湖南省电子信息制造业坚持以服务企业、发展产业为目标，以自主可控计算机及信息安全产业链等3条工业新兴优势产业链为抓手，狠抓任务落实，推动产业保持快速发展。

一、基本情况及特点

（一）产业保持快速增长

2018年，湖南省电子信息制造业累计完成增加值803.48亿元，同比增长21.6%，拉动湖南省规模以上工业增加值1.5个百分点；增速较湖南省规模以上工业平均增速高14.2个百分点，较2017年提高5.7个百分点。全行业实现主营业务收入2019亿元，同比增长11.2%。行业整体呈现稳中有升的态势。

（二）创新能力稳步提升

中国长城科技集团飞腾专用机、通用机、自主可控网络交换机等自主可控计算机及信息安全产品研发顺利，自主可控产品线不断丰富。株洲中车时代电气股份有限公司在IGBT领域实现了从“跟跑”到与国际巨头“并跑”的重大跨越。湖南国科微电子股份有限公司携手嘉合劲威集团推出的光威“弈”系列SSD固态硬盘，性能达到国际先进水平；新一代智能监控GK720x系列芯片及解决方案成功推出，同时获得“十大闪存控制器企业”和“2018年度闪存控制器金奖”荣誉称号。长沙景嘉微电子有限公司拥有完全自主知识产权的图形处理芯片JM7200获得重大突破，已完成流片、封装阶段工作。

（三）项目建设扎实推进

总投资50亿元的伟创力智能制造项目、总投资100亿元的新金宝喷墨打印机项目落地，实现了湖南省消费类电子整机的重大突破。华为、腾讯、阿里巴巴、浪潮等多个项目落地湖南省。中国电子在湖南省布局持续拓展，中电工业互联网平台、中电自主可控及信息安全产业基地、中国长城海洋信息安全装备等项目相继落地，中电彩虹（邵阳）特种玻璃项目成功点火。

（四）产业平台加快建设

国家网络安全产业园区（长沙）创建申报工作取得积极进展。“湖南省自主可控产业适配基地”获批并授牌。IGBT 二期项目启动，湖南国芯半导体科技有限公司集成电路特色工艺及封装测试•功率半导体省级制造业创新中心获批挂牌，启动国家级制造业创新中心创建工作，功率半导体布局初步形成。中国电子科技集团第48研究所集成电路成套装备国产化集成及验证平台项目开工建设。

（五）产业服务不断加强

成功组织 IGBT 产业对接会、网络安全主题峰会和网络安全•湖湘力量展、人工智能发展论坛等活动，提升湖南省相关产业的影响力。积极争取工业和信息化部关于开展国家级网络安全产业园区、智能汽车与智慧交通应用等工作的支持。推荐 2 家企业进入智慧健康养老示范试点、2 家企业进入中国电子信息百强企业、12 名企业家成为电子信息行业优秀企业家。

二、存在的主要问题

（一）跨越发展动能不够

湖南省电子信息制造业主营业收入在 2012 年、2014 年跨过千亿元、两千亿元台阶后，近两年持续增长动能趋弱，急需培育新的增长点。

（二）优势行业支撑不够

湖南省虽然培育了一批百亿元级的特色优势产业集群，但尚未形成强势的品牌效应。从重点区域来看，长沙、株洲、湘潭是湖南电子信息制造业的核心区，特别是长沙市占比接近 50%，但相对于国内其他进入“万亿俱乐部”的城市来说，电子信息产业在规模工业中的占比仍偏低，同时对周边城市群的带动作用也有待提高。湘南 3 市是湖南省承接产业转移示范区，但近两年来新的亮点不多。

（三）骨干企业数量不够

湖南省电子信息制造业龙头企业数量偏少，主营业务收入超过 100 亿元的企业仅 3 家；进入中国电子信息百强的企业常年只有 1～2 家；特别是产业链不完善，缺少对整个产业发展带动作用较强的龙头企业和整机企业。

（四）重大项目布局不够

从重大项目布局来看，湖南省仅群显科技显示模组、蓝思科技黄花生产基地和新金宝打印机项目投资达到百亿元，且均刚启动建设。而一些兄弟省市已布局落地了数百亿元甚至千亿元的电子信息制造业项目，将带动形成千亿元级甚至数千亿元级的产业集群。

三、2019 年产业发展趋势分析

从全国经济形势来看，经济运行下行压力加大，但增长质量稳步提升、长期向好的大势没有变，仍处在大有可为的重要战略机遇期，强大的国内市场需求能够为工业经济平稳增长提供良好支撑。从行业投资来看，湖南省计算机、通信和其他电子设备制造业 2018 年累计完成投资同比增长 45.5%，高于湖南省工业增速 13.1 个百分点。湖南省自主可控信息安全、人工智能、集成电路、智能终端等热点领域快速发展，相关产业开始进入爬升期。快速增长的投资将为产业增长提供有力支撑。从行业大趋势来看，中美贸易摩擦的持续使得电子信息行业发展的不确定性明显上升，环保约束、社保征缴压力等政策因素加大了下行压力。从调研摸底情况来看，湖南省 100 多家企业反馈数据显示，2019 年预计产值增长约 20%。重点地区长沙市预计增长约 13%，其余大部分市州预计当地产业增长 10%～20%。综合分析，2019 年湖南省电子信息制造业将继续保持较好的发展态势，一些重点产业领域有可能实现新的突破，成为电子信息制造业稳增长的新动能。

四、2019 年工作措施和主要工作思路

2019 年，湖南省深入贯彻习近平新时代中国特色社会主义思想，认真落实制造强国战略和湖南省委、省政府决策部署，突出重点企业、重点项目、重点工作和新兴优势产业链，努力推动湖南省电子信息制造业迈上新台阶，为湖南省工业经济增添新动能。

（一）加快产业链发展

围绕制造强省建设战略，着力实施产业链行动计划，推动出台《加快发展信息安全产业十条政策》《信息安全产业发展规划》《超高清视频产业行动计划》等产业政策与规划，集中各类资源重点支持自主可控计算机及信息安全、IGBT 大功率器件及超高清视频等产业链发展，力争在部省共建国家网络安全产业园区和基于宽带移动互联网的智能汽车与智慧交通应用示范区、国家级制造业创新中心建设及专项政策扶持等领域取得新突破。

（二）狠抓重点项目建设

深入开展产业项目建设年活动，加强组织协调和调度服务，加大扶持力度，着重推进群显科技显示模组、伟创力长沙智能制造产业园、新金宝集团年产 1300 万台喷墨打印机、蓝思日写触摸传感器、中国长城总部基地及产业化、彩虹集团特种玻璃等 30 个重点项目建设。大力推介存储控制、DSP、GPU 等高端核心芯片进入国家集成电路战略布局并加快产业化步伐。推荐一批电子信息制造业项目纳入湖南省“5 个 100”和湖南省重点项目管理。

（三）加强行业管理工作

加强行业运行监测，进一步完善重点园区、重点企业的运行监测和数据报送制度，加强和统计部门的协调沟通，探索建立自主可控及信息安全等产业链统计体系。加强集成电路、光伏、印刷电路板、数字电视接收机、锂离子电池等行业管理工作，规范行业秩序，增强行业的可持续发展能力。

广东省

一、基本情况

（一）产业规模保持稳中有进

2018 年，广东省电子信息制造业运行总体平稳，主要经济指标稳中有进、稳中趋缓。广东省规模以上计算机、通信和其他电子设备制造业销售产值 3.86 万亿元，同比增长 8.8%，占广东省规模以上工业企业销售产值的 28.72%，占全国电子信息制造业销售产值的 33.4%；工业增加值 8767 亿元，同比增长 9.4%，占广东省规模以上工业增加值的比重达 27.14%；实

现出口交货值 1.99 万亿元，同比增长 11.8%，高于广东省规模以上工业增速 4.0 个百分点，占全国电子信息制造业出口交货值的 35.8%。

（二）企业效益出现回落

2018 年，广东省电子信息制造业实现主营业务收入 4.2 万亿元，同比增长 8.5%，增速比 2017 年同期回落 3.0 个百分点，占全国电子信息制造业主营业务收入的 33.5%；主营业务成本 3.6 万亿元，同比增长 8.5%；实现利润总额 1902 亿元，同比下降 10.7%，增速较 2017 年回落 37.7 个百分点，占广东省规模以上工业利润的 20.3%，占全国电子信息制造业利润总额的 31.7%。

（三）多种主要电子产品产量居全国首位

2018 年，在国家统计局重点监测的主要产品产量中，广东省有多种主要电子信息产品产量居全国首位。其中，移动通信基站设备产量 42429 万信道，占全国的 98.2%；程控交换机产量 873.5 万线，占全国的 86.8%；手机产量 7.89 亿部，占全国的 43.9%；传真机产量 172.1 万部，占全国的 98.4%；彩色电视机产量 9678 万台，占全国的 47.5%；光电子器件产量 7597 亿只，占全国的 44.5%；锂离子电池产量 56.41 亿只，占全国的 40.3%。广东省四大彩电企业（TCL、创维、康佳、广东长虹）4K 电视产量 2195 万台，同比增长 30.8%，占广东省电视总产量的 41.1%。4K 机顶盒用户 1500 万户，占广东省总电视用户的 48.9%，其中符合 HDR、50 帧以上标准的 4K 机顶盒用户 537.1 万户，支持 AVS2 机顶盒用户 66 万户。可提供 4K 节目量时长 11031 小时，其中符合 HDR、50 帧以上标准的 4K 节目量达 857.9 小时。

二、主要特点

（一）电子信息制造业继续保持领头羊地位

广东省是全国电子信息制造业的重要发展基地和聚集地，在超高清视频、新型显示、集成电路、智能终端等电子信息领域的发展均位于全国前列，并占据主导地位。2018 年，广东省电子信息制造业结构进一步优化，高端电子信息产品继续保持较大幅度增长，保持广东省经济发展主导力量的地位。

（二）超高清视频产业成为广东省高质量发展的“新名片”

广东省率先在全国实施新数字家庭行动，推动 4K 电视网络应用与产业发展。2018 年，广东省举办全国首次高规格的“中国超高清视频（4K）产业发展大会”，开通全国第一个省级 4K 频道，4K 电视产量全国第一，4K 芯片出货量全国第一，显示面板产能全国第一，形成 4K“大品牌”“大产业”。超高清视频（4K）产业对广东省经济增长做出了积极贡献，有力地推动了广东省现代产业体系的构建，成为广东省高质量发展的“新名片”，也逐步成为满足人民美好生活需要的新内容。

（三）珠江东岸电子信息产业带带动作用明显

广东省作为全国主要的电子信息产业制造基地，形成了以珠江东岸电子信息产业带为中心，着力增强自主配套能力，提升核心产品价值链，建设引领全国的高端电子信息聚集区。2018 年，珠江东岸五市电子信息制造业实现工业增加值 7736 亿元，占广东省电子信息制造业工业增加值的比重达 88.25%。其中，深圳、东莞、惠州三市电子信息制造业发达，拥有华为、中兴通讯、OPPO、vivo 等重点龙头企业，电子信息制造业工业增加值一直位居广东省前三强，且在通信设备制造、计算机、彩电、基础元器件等电子信息制造业高端领域和新兴领域开拓创新，不断涌现新亮点，成为广东省电子信息制造业发展的中心和行业的倍增器。

（四）企业创新能力不断增强

广东省电子信息制造业重点企业技术创新活跃，尤其是通信设备制造领域，创新成果丰硕。根据国家知识产权局的数据，广东省共有 5 家企业（华为、OPPO、格力、腾讯、中兴通讯）进入 2018 年我国发明专利授权量排名前 10 名的企业（未包含中国港、澳、台地区数据）。其中，华为以 3369 件发明专利排名第 2 位，OPPO 以 2345 件发明专利排名第 3 位，格力、腾讯、中兴通讯分别排名第 6、第 8、第 9 位。23 家企业入围 2018 年（第 23 届）中国电子信息百强企业名单，华为连续多年居中国电子信息百强企业首位，并入围 2018《财富》世界 500 强企业名单，排名第 72 位，相比 2017 年跃升了 11 位。

（五）重大项目带动产业高端化发展

一是推进新型显示产业发展。加强省市联动，落实重大项目跟踪服务，积极推进乐金显示 8.5 代 OLED 面板、超视界 10.5 代 TFT-LCD 显示器件生产线、华星光电 11 代线、TCL 液晶模组及整机一体化等重大项目建设。吸引 200 家上下游企业投资落地，形成了 3 个产值超过千亿元的产业集群。二是推动重点企业和项目落地。推进落实广东省政府与中国电子信息产业集团、浪潮集团签署战略合作协议，加大龙头企业在粤投资力度，部署建设华南总部，加快在人工智能、智慧城市、工业互联网等方面的投资合作，共同推动广东省数字经济快速发展。三是加快集成电路产业发展。推进广州粤芯 12 英寸线、中芯国际、珠海英诺赛科第三代半导体项目等重大项目落地建设。支持珠海市共同主办 2018 年中国集成电路设计年会，推动与有关企业对接，提升全产业链的协同发展水平。四是提升智能终端产业发展水平。着力完善智能终端产业链，巩固广东手机及配套产业和产品在全国乃至国际市场的地位。举办了“2018 中国手机创新周暨第六届中国手机设计与应用创新大赛”，广东省 vivo NEX、荣耀 10 获得 2018 年度最佳 AI 手机奖，海思麒麟 980 处理器荣获 2018 年度最佳终端解决方案奖。

三、存在的问题

（一）核心基础领域仍然是广东电子信息制造业的薄弱环节

2018 年“中兴事件”反映了广东省仍缺乏对电子信息产业供应链中芯片、操作系统、材料、设备等部分核心环节的掌控力，存在以点及面、一击即溃的产业安全威胁。

（二）新兴领域需要加快培育和壮大

虽然智能硬件、虚拟现实、人工智能等新业态层出不穷，但由于产业规模小、技术上不成熟、市场化方向不明确等原因，这些新业态仍处于发展初期，有待进一步培育发展。

（三）未能建立、完善产业专利保护体系

针对电子信息制造业领域的知识产权保护、专利授权摩擦、反垄断调查等国际案件频发，在中美贸易摩擦全面加剧的背景下，单家企业的单打独斗更加难以抵挡国家和地区主管部门和龙头企业的施压，往往落得不利结局，反映出电子信息产业缺乏对专利保护和反垄断等全球法律政策框架的系统认识和集体应对。

（四）产、学、研、用未能发挥联合效应

与美国等电子信息先进国家相比，广东省电子信息制造业的发展侧重于应用领域创新，未将市场规模和优势与基础研发领域相结合，在电子信息领域的原始创新与应用创新呈现“两张皮”，底层基础核心技术研发能力和储备远远低于新产品和新服务的市场开拓能力。

四、下一步工作重点及措施

（一）着力培育世界级电子信息产业集群

发挥广东省超高清视频、5G、智能终端、新型显示、集成电路等优势领域，对标国内外最高、最好、最优，依托重点产业集聚区、行业龙头企业及上下游企业，补齐基础领域短板，抢占前沿领域制高点，推动广东省核心区优化发展，按照广东省培育世界级电子信息产业集群行动计划的内容分步实施，着力打造世界级电子信息产业集群。

（二）继续推动超高清视频产业发展

将进一步落实广东省委、省政府工作部署，以创建“超高清视频产业发展试验区”为总抓手，贯彻国家和广东省的超高清视频产业发展行动计划，加强政策创新和体制机制创新，加快4K/8K技术标准研发，不断完善超高清视频产业生态链，加快推进4K跨界应用，推动超高清视频产业快速、健康发展，着力构筑世界级超高清视频产业发展高地。

（三）推动集成电路制造业发展

制定广东省加快集成电路产业发展专项扶持政策，集中资源建设集成电路“芯”工程，争取国家集成电路大基金支持，积极跟踪服务广州“粤芯”、高新芯、深圳“中芯国际”、珠海英诺赛科氮化镓芯片、珠海富士康半导体等重大项目建设落地，打造广东省集成电路制造“广东芯”，破解广东省芯片制造短板和困局，形成集成电路产业链区域示范带动效应，实现集成电路制造环节重大突破。结合国家《“芯火”创新三年行动指南（2017—2020年）》的实施，重点支持广州、深圳、珠海等开展“芯火”双创基地建设，重点打造智能硬件平台、智能传感平台、智慧家庭平台等芯火双创平台，推动形成“芯片软件—整机—系统—信息服务”的产业生态体系。

（四）加快布局发展5G产业

积极谋划广东省5G产业发展布局，编制5G产业发展行动计划，围绕5G产业发展，重点从基础网络建设、核心技术攻关、创新产品发展、行业应用推广等方面加大支持力度，加速 5G 网络商用进程。

（五）推动智能终端产业创新发展

继续举办“中国手机创新周”活动，以及第七届中国手机设计大赛、2019 中国智能终端高峰论坛、2019 中国智能生态创新大会等专题活动。加快珠三角地区智能终端产业一体化发展，提升智能终端制造能力和创新能力，打造从标准、芯片、软件、终端到系统设备等完善的产业生态。推动智能穿戴等新兴产业发展。以智能终端产品供给侧改革为抓手，突出智能终端产品新技术、新模式、新应用，积极培育智能穿戴、VR、人工智能等产业新增长点，促进产业转型升级和高质量发展。

广西壮族自治区

一、基本情况

2018 年，广西壮族自治区（以下简称广西）电子信息制造业继续保持平稳增长态势。

2018 年，以北海、南宁、桂林 3 个城市为区域中心的电子信息制造业聚集进一步提升，另外，梧州、玉林、贵港、钦州、贺州、柳州等市电子信息制造业发展也取得新进展。主要重点企业有南宁富桂精密工业有限公司、广西佳微科技股份有限公司、广西三创科技有限公司、广西惠科科技有限公司、建兴光电科技（北海）有限公司、冠捷显示科技（北海）有限公司、广西新未来信息产业股份有限公司、桂林光隆光电科技股份有限公司、桂林优利特医疗电子有限公司、桂林智神信息技术有限公司、桂林海威科技股份有限公司、桂林市思奇通信设备有限公司、赛尔康（贵港）有限公司、贵港市嘉龙海杰电子科技有限公司、钦州富仕通科技有限公司、广西卓能新能源科技有限公司等。产品门类包括计算机、网络通信设备、手机、智能音箱、彩色电视机、显示器、电子元件、锂离子电池、汽车电子等相关产品。产品系列有了新扩展，产品研发水平有了较大提升，主要产品生产技术水平达到国内先进水平，特别是桂林智神、桂林优利特、桂林思奇、广西新未来、广西南宁佳微、贵港嘉龙海杰、广西卓能的产品创新成效突出，达到国内产品先进水平，部分产品达到国际先进水平，主要产品竞争力明显增强，企业规模进一步扩大，产业结构得到了进一步改善。

二、主要特点

（一）产业保持平稳增长态势

2018 年，广西电子信息制造业保持平稳增长态势，全年完成工业总产值 1340 亿元，同比增长 18.4%；完成工业销售产值 1322 亿元，同比增长 18%。

（二）研究制定产业发展方案，推动产业链发展

贯彻落实《中共广西壮族自治区委员会 广西壮族自治区人民政府关于推动工业高质量发展的决定》（桂发〔2018〕11 号）、《广西壮族自治区人民政府关于印发广西工业高质量发展行动计划（2018—2020 年）的通知》（桂政发〔2018〕30 号）精神，研究制定《广西新一

代信息技术、通信设备、智能家居、智能终端产业集群及产业链发展方案》，并组织实施，推动产业链发展。

（三）加大招商引资力度，助推产业发展

2018 年 4 月上旬，广西赴深圳开展电子信息招商引资工作，召开广西北海电子信息产业招商恳谈会，为精准招商引资奠定了基础。

2018 年 11 月下旬，广西赴广东省深圳市开展 2018 年电子信息产业招商引资活动，召开 2018 年广西电子信息产业发展（深圳）推介会，邀请了以深圳市为主的电子信息企业约 100 家参会。广西与深圳企业共签订了 22 个合作项目，签约金额 177.73 亿元。

（四）推进重点项目建设，助推产业发展

2018 年，广西电子信息制造业一批重点项目发挥了引领带动作用，助推了产业发展，成为产业新的增长点（如富士康南宁科技园千亿元电子信息产业项目、惠科移动智能终端产业集群一期项目、广西三创新一代智慧信息电脑终端项目、北部湾电子表面处理中心、桂林光隆光电高端半导体激光器芯片项目、国光集团梧州产业基地、贵港市嘉龙海杰电子科技园、钦州鑫德利光电科技研发与生产基地建设项目一期等）。

（五）做好精准服务，助推产业发展

开展“一周一联系、半月一汇总、每月一研判”精准包干服务企业工作，做好精准掌握问题、服务指导企业、帮助企业解决一些实际问题，推动产业持续、健康、稳定发展。

三、面临的主要问题

产业规模不大，龙头企业不多；新增项目和企业少，产业增长动能不足；高端人才紧缺，引进人才难；企业自主创新能力偏弱，缺乏技术积累；企业融资难度较大、成本较高；物流成本较高，企业负担重。

四、2019 年主要工作措施

（一）组织实施《广西新一代信息技术、通信设备、智能家居、智能终端产业集群及产业链发展方案》

推动《广西新一代信息技术、通信设备、智能家居、智能终端产业集群及产业链发展方案》的落实，重点打造提升计算机整机、手机零部件及终端、网络通信设备、光通信及微波通信设备、汽车电子等 7 条产业链，提高产业整体竞争力，做大做强广西电子信息制造业。

（二）组织指导各市制订电子信息制造业“强龙头、补链条、聚集群”三年行动计划

引导企业采取扩大产能、创新驱动、提质增效、创品牌等多种方式，支持企业做大做强，推动电子信息制造业产业链和产业集群建设。

（三）加大招商引资工作力度，不断完善产业链

广西壮族自治区工业和信息化厅与各市和相关企业密切配合，加强对招商引资工作的指导，做好招商策划，拓展招商引资渠道，积极谋划、引进一批产业链产业配套项目。抓好电子信息专项招商活动，组织广西电子信息产业招商引资工作组赴深圳市开展招商引资工作。

（四）推进重点项目建设，培育新的增长点

重点推进北海惠科电子项目、南宁瑞声科技项目、歌尔股份项目、桂林深科技智能制造项目、钦州合丰泰项目（中马钦州产业园区超薄玻璃基板深加工项目）、深圳沃德通移动智能终端产品再制造项目等一批新建重大项目建设，培育新的增长点。

（五）加强行业经济运行监测分析，及时了解行业发展动态和重点企业发展情况

做好行业发展态势和运行情况的监测分析及重点企业监测工作，及时了解行业发展动态和重点企业发展情况，为工作决策提供真实、可靠的数据。

（六）加强与各市的沟通和联系，做好服务企业工作

贯彻落实国家和广西产业发展政策措施，在实施过程中抓好各项工作衔接落实；加强与各市工信局及重点企业的沟通和联系，及时了解产业发展情况，研究协调解决产业发展过程中存在的困难和问题，推动产业持续、健康、稳定发展。力争每季度深入重点企业开展调研2～3次，做到及时掌握情况、服务指导企业、帮助企业解决一些实际问题。

重庆市

2018年，重庆市电子信息制造业继续快速发展。笔记本电脑产量近5730万台，手机产量近2亿部，集成电路、平板显示等关键核心零部件行业取得突破，电子信息制造产业链进一步完善，结构不断优化，为“十三五”期间产业进一步做大做强，提档升级奠定了坚实的基础。

一、基本情况

（一）全行业情况

1. 行业规模快速增长

重庆市电子信息制造业产值由2010年的626亿元增长至2018年的5285亿元。2018年，重庆市电子信息制造业产值增速高于重庆市工业增速 9.6 个百分点，占重庆市工业产值的26.1%，拉动重庆市工业增长3个百分点，对重庆市工业增长的贡献率达103%。

2. 产业地位不断提升

2010—2018年，重庆市电子信息制造业产值年均增速超过30%，远远高于全国电子信息制造业的年均增长率；重庆市电子信息制造业主营业务收入在全国的排名从2010年的第17

位跃升至2018年的第8位。

3. 结构调整初见成效

计算机整机及配套产业占比为49.8%；手机及配套产业占比为17.9%；电子核心部件、家电、机电、智能仪表等其他电子产业合计占比为32.3%。初步形成了各产业多点开花、齐头并进的较为合理的产业结构。

4. 笔记本电脑基地逆势增长

2018年，在全球笔记本电脑市场萎缩2.5%的情况下，重庆市笔记本电脑产量近5730万台，同比下降3.8%，约占全球产量的35.6%。重庆市笔记本电脑产量已连续5年位居全球第一；2019年，戴尔计划在旭硕上马笔记本电脑项目。除此之外，苹果已在重庆布局全球穿戴式设备和平板电脑制造基地，有意将重庆打造成全球知名的制造中心，其代工企业主要为翊宝，2018年累计产值169.7亿元，为净增量，为重庆市2018年稳增长提供了重要增长点。

5. 制造模式向智能化转变

2018年，移动智能终端企业共计投入资金约8亿元（其中，笔记本电脑约2.6亿元、手机约1.6亿元、产业配套约3.8亿元）实施产线智能化改造工程，成效明显。降低人力成本约3.4亿元/年；笔记本电脑代工企业全员劳动生产率提升至29.3万元/人，比重庆市工业行业平均水平（29.1万元/人）高2000元/人。纬创、笨瓜等8家企业获评重庆市数字化车间或智能工厂。英业达因成功运用人工智能于自动光学检测而入选2018年重庆市人工智能与实体经济深度融合十大成果，重庆盟讯的智能工厂项目入选2018年重庆市物联网十大应用案例公示名单，富士康等4家企业有6个大数据智能化改造项目入选重庆市2019年工业互联网（工业智能化）试点示范项目公示名单。

6. 智能终端成为拉动重庆市出口的“第一动力”

2018年，重庆市电子信息制造业完成出口2478亿元，同比增长14.7%，占重庆市出口的72.2%，拉动重庆市出口增长10.4个百分点，对重庆市出口增长的贡献率为86.8%。同时，智能终端货运量约占中欧班列货运量的40%。

（二）重点产品生产情况

2018年，重庆市智能终端产量3.46亿台，同比增长27.8%。其中，智能机首次突破1亿部，占比为55%（较2017年提高7个百分点），手机单价由2017年年底的357元/部提升为377元/部，同比上升5.6%。计算机类产品产量9813万台，同比增长28.4%，其中笔记本电脑产量近5730万台，约占全球的35.6%。显示器产量2529万台，同比增长6.8%；其中富士康产量1293万台，同比增长12%。打印机产量1581万台，同比增长9%；谷歌音响产量2499万台，增长2.4倍。苹果平板电脑产量634.4万台，苹果手表产量508万只。打印机产量1590万台，同比增长9.5%；手机1.89亿部，同比增长19.5%。集成电路产量5.4亿块，同比增长16.7%；液晶显示屏产量14261万片，同比增长56.2%；印刷电路板产量740.4万平方米，同比增长19%。

（三）核心关键零部件发展情况

集成电路方面，已拥有中电科两条6英寸芯片生产线，华润微电子8英寸芯片生产线，

SK 海力士、平伟实业、嘉凌新科技封装测试线，奥特斯 IC 载板生产线和超硅 12 英寸硅片，成功引进紫光展锐，初步建成 IC 设计—晶圆制造—封装测试全流程体系。2018 年生产新型显示方面，引进了京东方、惠科两条 8.5 代新型显示生产线、京东方 6 代 AMOLED 生产线和富士康、惠科、莱宝、美景光电等多个显示器件项目，以及康宁玻璃基板、住友化学等 20 余家配套企业，形成了玻璃基板—新型显示—显示模组—显示终端全产业链。

二、主要发展特点

2018 年，重庆市着眼建设“中西部地区最大的电子信息制造业基地”这一目标，积极出台优惠政策，狠抓重大项目落地，在补齐短板上下功夫，全力构建产业生态圈，努力提升产业的综合竞争力。

（一）全力推进稳增长

一是周密实施调控。每季度召开重点企业运行分析会，对行业运行态势做到实时掌握、快速反应。二是积极开展调研。深入区县、园区、企业调研，了解、掌握一线的真实情况，深入查找问题和症结，提出解决思路。三是全力解决困难。对企业反映的问题实行清单式管理，按时限给予解决或答复，获得企业好评。

（二）大力实施招商引资

一是突出重点策划项目。在继续将集成电路、平板显示、智能终端作为重点的基础上，拓展了汽车电子作为重点招商领域，策划储备招商项目 200 余个，项目库总投资额近 3000 亿元，预计销售收入超过 2000 亿元。二是扩宽渠道精准招商。利用行业协会专家、专业投资机构等资源寻找招商项目，同时，围绕落户重庆的企业的上、下游产业进行招商，并通过举办和参加展会寻找项目。三是市、区合力联动招商。组织召开电子信息产业市、区联合招商工作推进会，分别与各区深入探讨电子信息制造业重点方向和招商举措。2018 年电子核心部件板块全力推进了 40 多个项目，其中，13 个重大项目已经签约，4 个项目即将签约落地（17 个项目预计投资额 1400 亿元，达产后可实现产值约 1100 亿元），20 余个项目正在谈判推进之中，预计投资额将超过 2500 亿元。智能终端板块围绕打造生态链的目标进行招商，2018 年新引进项目 93 个，含紫光 1 个百亿元级项目，深科技、珠海光宇电池、联创电子等 21 个十亿元级项目。制定了《5G 硬件产业专项工作方案》《物联网行动方案》，为下一步招商及产业发展做好准备。

（三）有力推动重点项目建设

2018 年，共有 29 个电子信息制造行业项目列入市级重点项目，总投资 1075 亿元，计划实现产值 1400 亿元，所有项目按预期总体推进顺利。其中，有 5 个项目被列为市政府重点关注项目（京东方第 6 代 AMOLED 显示面板项目、SK 海力士二期项目、万国半导体 AOS 项目、华润微电子基板级扇出封装项目、重庆神华铜铟镓硒薄膜太阳能电池一期项目）。新开工项目 9 个，其中 SK 海力士二期、重庆平伟实业 IC 封测、神华薄膜太阳能电池、妙格科技半导体芯片、珠海光宇高能量密度锂离子电池智能化制造、长芯半导体 IC 封装 6 个项目按时开工实施；京东方第 6 代 AMOLED 显示面板项目按计划进场施工。华润微电子基板级扇出封装项目、恩瑞实业半导体芯片 2 个项目正在进行前期准备工作。完工项目 3 个，重庆三峡电线电缆已于 2018 年 6 月完工投产，万国半导体 12 英寸功率半导体芯片项目已于 2018 年 6 月 1 日封测线开始试生产、晶圆线开始启动设备安装。世纪之光塑料光纤项目已于 2018 年年底完工。智能终端方面，翊宝公司一期工程已投产，新增智能终端产能约 1000 万台/年，产值 120 亿元/年；广达重庆制造基地三期工程已投产，新增智能终端产能约 360 万台/年，产值 70 亿元/年；维沃公司一期工程已投产，新增手机出货量 2000 万部/年，产值 180 亿元/年；OPPO 公司一期项目正在进行厂房建设，预计 2019 年 10 月正式投产，预计将新增手机出货量 1100 万部/年，产值 110 亿元/年。

三、面临的问题和主要矛盾

（一）笔记本电脑和手机产业面临的压力

全球笔记本电脑市场持续萎缩，但市场集中度还在提升，造成笔记本电脑品牌商在重庆市下单量出现波动，如惠普 2019 年在渝下单量上升 5.5%、华硕下降 15.6%，同时，中美贸易摩擦引发品牌商考虑转移订单到中国以外的工厂生产。受手机换机频率变缓、创新程度降低等因素影响，重庆市手机产量自 2017 年以来连续下滑，影响手机产业成长。

（二）招商引资竞争激烈

全国各地纷纷重视发展电子信息产业，不断加大政策扶持力度，在智能终端、集成电路、平板显示等多个领域成为重庆市招商引资强力的竞争者。

（三）急需寻找新增长点

全球主要 IC 制造商对 12 英寸芯片项目的布局已基本完毕，面板行业单价预计将下降，且重庆市各类尺寸面板的生产能力基本齐备。此外，以笔记本电脑、手机等为代表的终端产品占电子信息制造业的比重达 70%，由于主要属于加工环节，附加值较高的核心零部件和基础部件的本地配套能力不够，目前重庆市笔记本电脑零部件品种本地化率达 95%，但价值量仅为 50%。重庆市手机产业本地配套也存在同样的问题，高端零部件基本无本地供应，制造成本增高。同时，手机企业对供应链金融依存度较高，重庆市供应链金融尚处于起步阶段，无法满足产业发展需要。

（四）创新能力仍然薄弱

近年来，重庆市电子信息制造业从量上膨胀式爆发，创新能力虽有所提升，但整体仍然薄弱。其中，移动智能终端产业从规模上实现了快速增长，但创新能力明显薄弱。笔记本电脑代工企业的研发中心多集中在台湾；手机企业的研发中心多集中在深圳、上海等沿海地区，行业内研发类企业较少，公共服务平台力量有待加强。

（五）人才不足

一是企业缺乏懂技术、懂管理的领军型人才和懂系统、懂业务的复合型人才。二是重庆市现行人才政策主要针对高层次人才，看重头衔、称号、学历，但对工作满 5 年的实用型研发类人才，目前尚无专门的引才政策，制约了行业的创新发展。

四、2019 年目标和形势展望

“十三五”期间，重庆市将按照电子信息制造业整体规划，在稳存量、促增量上下功夫，大力发展战略性新兴产业，努力实现行业较快增长。

到 2022 年，力争构建 3 个千亿元级产业集群、2 个百亿元级产业集群；引进、培育百亿元级龙头企业 25 家以上，十亿元级重点企业 300 家以上；战略性新兴产业占全行业的比重达到 13%；全行业研发投入占主营业务收入的比重达到 0.7%，研发机构数量达到 140 个，每年专利授权量达到 2000 项，新产品销售收入占主营业务收入的比重达到 35%。建成具备较强核心竞争力的电子信息制造业集群，实现年产值 8000 亿元，占全国的比重排名上升至前 6 位，成为中西部地区最大的电子信息制造业基地。

五、2019 年主要工作措施

（一）全面兑现政策

一是制定《重庆市加快集成电路产业发展若干政策》申报指南，兑现优惠政策，强化激励作用。二是建立集成电路公共服务平台，加大对本地企业的服务力度，强化对集成电路设计企业的集聚力度。三是建立集成电路国家级制造业创新中心。四是组建半导体产业发展基金，吸引社会资本，加大对重庆市集成电路、液晶面板、汽车电子领域项目的投资力度。

（二）全员招商引资

聚焦集成电路、新型显示、汽车电子等重点领域，以提升重庆市电子信息产业规模和发展质量为己任，全力以赴投身招商引资。利用行业协会专家、私募基金等专业投资机构、落户重庆企业的上下游寻找招商项目，通过举办和参加展会寻找项目。坚持市区联动合力招商，组织召开电子信息产业市区联合招商工作推进会，分别与各区深入探讨重点方向和招商举措。

（三）全力推进项目

从项目落地、开工、建设、竣工、投产等全过程做好项目服务，解决工商注册、规划国土等手续办理，水、电、气等要素保障，人才吸引、员工招聘、子女入学等制约项目实施和投产的各类问题，推动京东方第 6 代 AMOLED 显示面板、万国 12 英寸芯片的制造和封测、SK 海力士二期封测、华润微电子功率半导体、华润润芯载板级扇出封装等签约项目按时开工，推动康宁玻璃基板、奥特斯 IC 封装载板、京东方智慧电子系统智能制造等投产项目进一步释放产能。推进紫光存储芯片和磁存储、泰科天润碳化硅、大普微电子等项目尽快签约。

（四）全面调度运行

按照总体目标纵向到底、横向到边分行业进行细化，并分解到各重点企业和落实到每个月，运用倒逼机制抓落实。狠抓 35 家重点企业监测，并重点关注集成电路、平板显示等战略性新兴产业，同时关注其他重要领域企业和重点产品。抓运行调度，每月召开运行调度会，加强与重点企业的沟通，着力评估和分析，及时关注苗头性、倾向性问题，确保运行平稳。

（五）全心营造氛围

办好“半导体产业发展高端论坛”“2019 集成电路制造年会”“2019 年第三届中国汽车电子大会”“2019 电子材料与科学峰会”4 个全国层面的论坛，邀请业界专家、知名企业家来渝，充分展示重庆市良好的发展环境，并全力扩大招商成果，提升重庆市的影响力。

（六）全程抓好“三服务”工作

按照“三服务”工作要求，继续务实、高效地开展服务。对于未办结的问题，继续跟踪督办。加强对相关政策的学习，更好地指导服务。加大工作创新力度，及时收集、总结区县服务园区、服务企业的经验做法，全面提升服务质量。

四川省

2018 年，四川省电子信息制造业保持总体平稳较快发展，实现营业收入 4956 亿元，同比增长 20.6%。

一、基本情况

2018 年，四川省规模以上电子信息制造业完成现价工业总产值 5263 亿元，同比增长 7.3%；工业销售产值 5229 亿元，同比增长 7.9%；利润总额 170.3 亿元，同比增长 1.6%；规模以上工业增加值同比增长 14.4%，增速比四川省规模以上工业增速高 6.1 个百分点。

二、主要特点

（一）主要产品产量有增有减

2018 年，四川省生产微型电子计算机 5904 万台，占全国产量的 19.2%，同比增长 13.8%；生产彩色电视机 1002 万台，占全国产量的 4.9%，同比增长 13.6%；生产移动通信手持机 9437 万部，占全国产量的 5.3%，同比增长 155.2%；生产集成电路 76.6 亿块，占全国产量的 4.4%，同比增长 65.4%；生产半导体分立器件 1390 亿只，同比增长 19.6%；生产电子元件 175.6 亿只，同比增长 86.8%。

（二）盈利能力持续回升

从 2016 年开始，四川省电子信息制造业利润总额回升，2018 年行业利润持续向好，电子信息制造业规模以上企业实现利润 170.3 亿元，同比增长 1.6%。

（三）电子产品进出口贸易保持增长态势

2018 年，四川省电子产品进出口总额 4048 亿元，同比增长 42.6%，其中，进口 1905 亿元，同比增长51.4%，总量占四川省的72.9%；出口2143亿元，同比增长35.6%，总量占四川省的64.3%。出口方面，自动数据处理设备及其部件出口1267亿元，同比增长37.8%；集成电路及微电子组件出口621.47亿元，同比增长35.8%；手持式无线电话机的零件出口77.53亿元，同比下降21.1%。进口方面，集成电路是四川省进口额最大的单项产品，2018年进口集成电路1351亿元，同比增长19.6%，占四川省进口总额的70.9%，占进口电子产品的51.7%。

（四）海外业务增长

2018年，四川省电子信息制造业规模以上企业海外业务总收入104亿元，同比增长385%。

（五）研发资金投入总额增长

2018年，四川省电子信息制造业规模以上企业研发资金投入总额92.5亿元，同比增长84.6%。

（六）从业人员增长

2018年，四川省电子信息制造业规模不断扩大，从业人员继续增长至37.32万人，同比增长1.1%。

三、行业困难及问题

四川省电子信息制造业虽然保持了快速发展态势，但随着国内外形势的不断变化，也面临着一系列挑战，突出表现在资源整合不够，产业布局协同力有待加强。“产、学、研、用”各方的沟通和协调不够，难以有效整合资源，制约了四川省电子信息制造业的发展壮大。创新驱动不足，核心技术创新力有待增强。富士康、纬创等代工企业主要依靠引入国际先进生产线，掌握产业核心技术较少。产业配套不足，产业链的统合竞争力有待提升。电子信息制造业已进入“全产业链”竞争时代，四川省骨干企业仍以产品竞争为主，产业链统合能力较弱。

四、2019年展望及目标

紧紧抓住大力发展“互联网+”和实施“一带一路”，以及四川省作为“国家全面创新改革试验区”带来的重大历史机遇，充分挖掘四川省电子信息制造业的优势，主动作为，以“高质量发展”为引领，以“万亿元产业”为目标，实施四川省电子信息产业“12345”工程（一条发展主线、两大发展战略、三个工作重点、四项发展举措、五类高端制造），即紧紧围绕构建现代电子信息产业体系，助力新时代四川高质量发展“一条发展主线”；坚持创新发展、融合发展“两大发展战略”；以推动核心基础产业（集成电路、新型显示、软件、智能终端等）突破发展，网络安全产业（北斗、量子通信等）领先发展，战略性新兴产业（5G、人工智能、区块链、大数据、物联网、超视频、IPV6、VR/AR等）融合发展为“三个工作重点”；实施聚集创新资源、推进示范应用、加快重大项目建设、打造产业集群 “四项发展举措”；着力培育集成电路、新型显示、网络安全、智能终端、战略性新兴产业“五类高端制造”，构建四川省“大”字形“一核一带两走廊”电子信息制造业空间发展格局。预计2019年电子信息产业将成为四川省第一个实现主营业务收入破万亿元的产业。

其中，5 类千亿元高端制造业如下。

集成电路产业：2018 年实现产值 910 亿元，预计 2019 年将实现产值 1000 亿元。重点发展集成电路设计业，着力发展集成电路封装测试业，配套发展集成电路材料和设备业，打造全国领先、中西部地区最大的集成电路产业基地。

新型显示产业：2018 年实现产值 150 亿元，预计 2019 年将实现产值 450 亿元。聚焦柔性显示、透明显示两个生态，构建“产品+应用+服务”的全产业链，打造国际一流、国内最大的新型显示产业基地。

网络安全产业：2018 年实现产值 440 亿元，预计 2019 年将实现产值 550 亿元。聚焦系统产品、安全终端、安全芯片、安全软件及服务四大方向，打造中西部领先、国内一流的国家级信息安全产业基地。

智能终端产业：重点发展面向下一代移动互联网和信息消费的智能可穿戴、智慧家庭、智能车载终端、智能手机等产品，打造西部领先、国内一流的智能终端产业聚集区。

战略性新兴产业：通过区域聚焦、政策聚焦，瞄准前沿技术，以数字经济为引领，重点发展 5G、人工智能、区块链、大数据、物联网、超高清视频、IPV6、VR/AR 等新兴产业的系统解决方案产品，同时探索区块链技术在金融领域和管理创新方面的应用，有效激活电子信息产业链、创新链与金融链，推进金融创新服务和电子信息制造业深度融合发展，打造千亿元级新兴产业集群。

五、下一步工作

重点聚焦集成电路与新型显示、新一代网络技术、软件和信息技术服务、大数据四大细分领域，坚持“五个狠抓”，力争 2019 年电子信息制造业主营业务收入突破 5500 亿元（电子信息产业实现主营业务收入率先突破万亿元），同比增长 12%以上。

（一）狠抓关键技术突破，提升产业创新能力

争取“核高基”等国家重大科技项目，以及超高清视频无线传输、北斗室内外无缝定位、工业软件、大数据处理等核心关键技术，CPU、物联网等核心芯片，靶材等关键材料，光刻机等关键设备的研发；支持在川高校建设半导体、新型显示技术实验室或中试工艺平台。

（二）狠抓示范工程实施，培育壮大市场主体

支持电子信息制造业的“首台套”“首批次”和软件服务业的“首版次”使用，加强省内产品配套，鼓励四川省内上下游企业开展多种形式的联合协作，鼓励优先采购四川省内电子信息产品。争取北斗综合应用示范项目在四川省启动实施；支持建设泛在的多载荷智能卫星互联网络、覆盖全球的地面卫星服务系统和空间大数据中心，打造涵盖卫星研发、制造、测试及应用的全产业生态体系；组织实施二环高架、兴隆湖等区域的智能驾驶试点示范工程，推动电信、移动、联通三大运营商加快 5G 网络商用部署；支持长虹、京东方等企业加强合作，实施 4K、8K 超高清数字家庭应用示范工程，打造国家级超高清视频终端设备产业化基地。

（三）狠抓产业链完善，助推产业合作共赢

推动5G小基站、天线、中高频器件等关键核心器件和设备产业化；支持实现“北斗+”的各种新型服务模式，推动北斗产品规模化应用；重点外引内培超高清视频摄像机、超高清前端和终端等关键设备生产企业，填补国家产业链短板。着力推动四川省内网络安全骨干企业参与国际标准制定、核心算法研究、关键模块研发、安全服务提供等，打造网络安全产业高地。加强产融双方的对接合作，扎实做好金融产品和服务创新、推动“产业链、创新链、资金链”三链协同。举办产业链合作大会、行业产品推荐会、银企对接会，组织参展中国电子信息博览会等，以帮助企业拓展市场。

（四）狠抓创新资源聚集，打造产业服务平台

推动成都国家集成电路产业化基地有限公司2019年第一季度注册成立，并向工业和信息化部争取“芯火”双创基地第二季度前授牌；推动超高清视频（四川）制作技术协同中心加快建设，2019年第一季度注册，争创国家级超高清视频产业基地；支持四川省工业大数据创新中心、四川省智能制造创新中心、四川省工业云制造创新中心、四川省工业信息安全创新中心加速提升服务能力，争创国家级创新中心。完成省级政务云灾备平台建设，探索为市（州）政务云平台提供灾备服务，力争建成国家级灾备中心和产业基地；积极推动华为公有云西南节点落地建设。成立四川省集成电路产业行业协会，完成5G、超高清视频、工业互联网、区块链行业协会注册或产业联盟备案；制定并发布四川省超高清视频产业、5G产业、工业互联网等发展行动计划。重点抓好四川省工业云制造创新中心、四川省工业信息安全创新中心和超高清视频（四川）制作技术协同中心三大平台的建设，对标国家级制造业创新中心条件，完善股权结构，改善设施条件，力争在2019年内达标，申报国家级创新中心。

（五）狠抓重大项目建设，促进产业集群发展

协调国家集成电路产业投资基金二期入资四川省内相关重点项目，助力四川省集成电路产业实现跨越式发展；加快海威华芯、成都芯谷等一批重大项目建设，推动集成电路产业实现突破性发展，力争产值突破1000亿元；支持新型显示创新服务基地建设，加快京东方、中电熊猫、信利（仁寿）等重大高端显示项目建设，推动新型显示产业实现跨越式发展，力争产值突破500亿元；大力发展广安、宜宾、泸州、自贡等智能终端产业，推动智能终端新项目落地，力争产值超过2000亿元。支持加快建设“天府无线通信谷”、中国移动（成都）产业技术研究院、中国电信云锦天府5G应用产业园、联通（成都）5G创新中心，力争产值超过100亿元；支持亚信（成都）网络安全产业研究院、中国电科（成都）网络信息安全产业园、海康威视成都科技园等网络安全项目建设，力争产值超过550亿元。深入推进“万企上云”行动，出台面向中小企业发展的“企业上云”支持政策，新增上云企业3500家，引导企业利用“上云”快速实现数字化转型，普及推广两化融合管理体系，新增省级贯标试点企业100家；加强雅安、甘孜、阿坝、凉山等地水电清洁能源的利用，将“电力输送”变成“数据输送”，会同成都市、电子科大等高校筹划建设5G大数据中心；支持三大运营商的IDC（互联网数据中心）基地和华为、浪潮等数据中心建设。

云南省

一、基本情况

随着云南省电子信息制造业大批招商引资项目的落地、建成投产，产能逐步释放，2018年，云南省电子信息制造业实现主营业务收入320亿元，同比增长14.8%；利润总额39.3亿元，同比下降22.6%；从业人员3.4万人，同比增长10.9%。

二、主要发展特点

（一）光伏企业向云南转移趋势明显

截至2018年年底，云南省累计发电装机容量9366万千瓦，其中，水电6666万千瓦，火电1514万千瓦，风电857万千瓦，太阳能329万千瓦，以水电为主的清洁能源装机占比为83.8%；完成发电量3243亿千瓦时，其中清洁能源发电量占比为92.8%。依托云南省丰富的水电资源，近年来隆基股份的投资重点已经转移到了云南省，分别在楚雄、保山、丽江三地投资建厂。一期3个工厂均已全部投产，截至2018年年底，隆基股份投资额已达61.71亿元，加上政府的基建配套投资，总投资达到100亿元左右，硅棒、硅片产能均达到15吉瓦，产值45.6亿元、利税3.31亿元、用工人数4932人。共生产单晶硅棒16768吨，单晶硅片71777万片。曲靖晶龙电子材料项目一期投资7.8亿元，将形成年产1.2吉瓦单晶方棒的产能。保山恒天源能源科技有限公司投资24.8亿元建设年产300兆瓦铜铟镓硒薄膜太阳能电池组件。

（二）部分元器件和电子材料生产加速

云南鑫耀半导体材料有限公司砷化镓晶片、云南惠投科技有限公司元器件产品量产。

云南省共生产LED衬底片491万片，同比增长40.7%；生产LED灯85万只，同比增长9%；生产电子浆料48.6吨，同比增长27.6%；生产红外镜片42.2万片，同比增长122.6%；生产锂离子电池隔膜615.5吨，同比增长9.2%；生产三元材料1626吨，同比增长6.3%；生产三元前驱体70.1吨，同比增长3.5%；生产各类元器件1837万只，同比增长34.4%，其中出口879.1万只；生产3～6英寸砷化镓晶片7.67万片，同比增长0.1%；生产手机天线9276万个，同比增长20.5%。

（三）整机制造业生产、出口产销两旺

红河凯立特科技有限公司、富信通讯科技有限公司、云南利宇盟电子有限公司、云超双智等公司手机、计算机、彩电等产品产销两旺，云南南天电子信息产业股份有限公司部分金融电子产品生产有所回升；砚山产业园汽车电子生产增长迅猛。云南省共生产手机1013万部，同比增长84.3%，其中出口334.5万部；生产彩电54.4万台，同比增长122.2%，其中出口51.6万台；生产液晶显示器56万台，同比增长30.2%；生产平板和台式计算机216.6万台，同比增长302.6%，其中出口205.7万台；生产存折打印机6.5万台，同比增长41.2%，其中出口0.25万台；生产北斗导航终端45万套，同比下降40%。生产IC卡智能燃气表7.8万台，同

比增长 36.6%；生产光学仪器 62.7 万件，同比增长 69.1%；生产机器人 4362 个，程控交换机 13 万线。

三、重点企业经济运行情况

（1）保山隆基硅材料有限公司、丽江隆基硅材料有限公司、楚雄隆基硅材料有限公司共实现产值 45.6 亿元，主营业务收入 40.2 亿元。

（2）红河凯立特科技有限公司实现主营业务收入 59.4 亿元，同比增长 55.9%。

（3）红河云超双智机器人科技有限公司实现主营业务收入 15.4 亿元，同比增长 49.5%。

（4）云南南天信息产业股份有限公司实现主营业务收入 27.5 亿元，同比增长 19.5%。

（5）云南蓝晶科技有限公司年产 4800 万片 LED 衬底片扩产项目即将完成，将成为全球最大的 LED 衬底片生产基地。

（6）云南富信通讯科技有限公司年产 2000 万部手机项目落户富民县智能终端信息产业园，已实现主营业务收入 4.2 亿元，同比增长 692.5%。产品销往南亚、东南亚国家，以及日本、韩国、美国等国家。

（7）云南锗业已建成年产 35500 具红外锗系列产品生产线、2000 套红外热像仪整机生产线；年产 30 万片 4 英寸高效太阳能用锗单晶及晶片生产建设项目生产线；年产 20 万片 6 英寸高效太阳能用锗单晶及晶片生产线；国家 863 计划项目——兆瓦级高倍聚光化合物太阳能电池生产线；年产 30 吨光纤用高纯四氯化锗生产线。

四、面临的问题和主要矛盾

（一）产业结构不尽合理

云南省电子信息制造业多以资源优势、能源优势发展起来，形成一些优势特色产业，如北方夜视技术集团股份有限公司和云南锗业围绕锗材料的深加工，形成红外热像仪产品、红外探测器、光电子材料、光机电产品全产业链的开发、生产，是目前国内规模最大的红外科研生产基地和该行业的领军企业，技术水平已跻身于世界先进行列；贵研铂业以贵金属浆料、集成电路封装材料等产品为主。此外，大部分产品为劳动密集型、高载能生产产品，技术含量不高。

（二）清洁能源优势仍未完全发挥

2018 年，云南省西电东送电量 1380 亿千瓦时，同比增长 11%。随着招商引资落地项目的增多，云南省水电弃水情况得到大幅改善，2018 年弃水 175 亿千瓦时，弃水电量降幅达 40%，未完全消纳多余电量，仍需要加大招商引资力度。

（三）企业融资难，社保成本高

企业融资难，融资成本高；社保成本逐年增长，占人工成本的比重越来越大。

（四）人才缺乏

由于云南省地处边陲，行业高端人才主要集中在发达地区，虽然企业也想方设法引进部分行业高端人才，但由于云南省配套设施不完善，本地院校匹配专业缺失，导致企业招人难、留人难。

（五）产品出口受阻，下滑较严重

2018 年电子信息制造业出口交货值 83.9 亿元，同比下降 16.5%。功能型 2G 手机受海外市场影响，产量同比下降 40.2%。

（六）锂离子电池材料产量下滑明显

2018 年新能源产业受国家对新能源产业补贴政策调整影响，锂电池产量急剧下降，部分企业已面临关闭，导致锂电企业对隔膜和锂电材料的需求急剧减少，产品价格下滑严重。

五、下一步工作重点

2019 年，云南省将围绕光伏、新材料、“数字云南”、新一代信息技术、人工智能、智慧养老等战略性新兴产业进行精准招商，做好项目跟踪、协调及服务。随着新建项目陆续竣工投产，产能将得到释放，预计 2019 年云南省电子信息制造业将保持高速增长。

（一）建设全国 OLED 微型显示器生产基地，培育 AR/VR 产业

京东方科技集团股份有限公司与云南北方奥雷德光电科技股份有限公司在昆明投资 11.5 亿元，建设年产 100 万片 OLED 微型显示器及一定数量的 VR、AR 终端产品。

（二）打造百亿元级光伏全产业链

隆基股份第二期项目建设已经正式启动，2019 年开始设备安装并逐步达产。两期项目完成以后，在云南省的硅片产能将达到 30GW，产值 200 亿元，成为全球最大的单晶硅片生产基地。预计 2019 年产值将达到 132.8 亿元，利税 14 亿元，用工人数 9900 人。隆基股份将以高效、可靠、低成本的单晶光伏产品规模化供应推动整个中国乃至全球光伏发电的去补贴化，引领光伏产业健康、稳步发展。

曲靖阳光能源硅材料有限公司年产 3000 吨硅棒和 1.22 亿片单晶硅片项目已于 2019 年 2 月 17 日投产，项目总投资 4.5 亿元，可实现年销售收入 6 亿元，利税 7000 万元。同时云南省将按照水电硅材一体化发展总体目标和产业发展布局，开展硅基光伏全产业链招商。

（三）培育半导体集成电路产业

（1）云南城投集团以“云硅小镇”为产业载体，建设年产 3000 万部智能终端整装生产线、年产 600 万片集成电路级大尺寸单晶硅生产线、半导体分立器件芯片生产或封装测试线。

（2）培育氮化镓微波功率器件产业化生产线项目。云南凝慧电子科技有限公司在昆明空港经济区投资 12 亿元，建设 2 条氮化镓微波功率器件产业化生产线，目前已开工建设。

（3）打造 LED 半导体照明完整产业链。以云南蓝晶科技股份有限公司为基础，招商引资，引入高纯氧化铝原料、氮化镓衬底晶片、芯片、半导体封装、外延生产和装备制造企业，打造 LED 半导体照明完整产业链。

（四）积极培育元器件及配套产业

云南丰昌鑫电子有限公司在盈江县工业园区投资 18.5 亿元，建设年产 10 亿只高性能磁性元件项目生产基地。项目已开工建设，建成后，每年可实现销售收入 22 亿元，税金 14000 万元，利润 18000 万元，可解决就业 20000 人，经济和社会效益明显。

（五）积极承接东部沿海地区产业转移

在中美贸易摩擦的背景下，主动积极招商引资，充分利用瑞丽国家开发试验区优惠政策和中缅、中越、中老跨境经济合作区的区位和劳动力优势，抓住机遇，承接沿海地区产业转移。推动云南惠科（河口）电子信息产业园建设项目、砚山工业园汽车电子项目、玉溪高新区智能终端项目等项目建设，使云南省电子信息制造业发展更上一层楼。

陕西省

2018 年，陕西省电子信息制造业以集成电路、智能终端、平板显示三大产业为重点，积极协调推动重点项目落地及建设，促进重大项目扩能达效，着力培育打造电子信息制造业新的经济增长点。陕西省电子信息制造业发展有波动但总体平稳。

一、基本运行情况

2018 年，陕西省电子信息制造业实现工业总产值 3361 亿元，全国排第 17 名。其中，通信设备、计算机及其他电子设备制造业实现产值 887.15 亿元，同比增长 6.6%，增加值增速为 20.2%，行业利润 120.2 亿元，同比增长 5.5%。在主要产品产量中，生产集成电路原片 150 万片，同比增长−1.1%；生产电子元器件 39.16 亿只，同比增长 13.1%。

（一）集成电路产业

陕西省现有集成电路企业、科研院所及相关机构 200 余家，其中，设计企业超过 100 家，晶圆制造企业 8 家，封装测试企业 13 家，测试与分析中心 10 个，支撑业企业 70 余家，相关科研机构 20 余家，学历教育机构 12 个，从业人员超过 5 万人。

1. 集成电路设计领域

陕西省拥有近百家集成电路设计企业，其中销售超过 1 亿元的企业 7 家，超过 10 亿元的企业 1 家，2018 年陕西省集成电路设计业规模达到 77.9 亿元。产品涵盖通信、计算机、多媒体、导航、模拟和消费类等多个领域，存储器、光电子和功率器件等技术水平处于国内领先，目前最高设计水平达到 14nm。

2. 晶圆制造领域

三星（中国）半导体有限公司 1X 纳米级的 3D NAND FLASH 芯片生产基地，目前月产 12 英寸晶圆 12 万片，年产值约 260 亿元（含制造与封装）。总投资 70 亿美元的三星芯片二期项目于 2018 年 3 月开工建设，预计 2019 年年底前项目建成投产。西岳电子的 6 英寸集成电路生产线月产能达到 1.5 万～1.7 万片，具有 BiCMOS、CMOS、SOI、双极等多项工艺，航天产品的抗辐射能力国内领先。在功率器件制造方面，西安卫光科技有限公司线宽为 0.35μm 的 6 英寸芯片生产线月产能 1 万片。

3. 封装测试领域

陕西省现有封装测试企业 13 家，2018 年陕西省封装测试业规模达到 105.8 亿元，同比增长 14.8%。随着力成、三星、华天等封装测试项目的建成投产，以及先进封装测试设备的使用、企业技术升级和产能扩充，集成电路封装测试业实现了稳步增长。

4. 分立器件领域

2018 年，陕西省半导体分立器件产业实现销售收入 55.3 亿元，保持平稳增长的发展态势。主要产品包括西安永电和电力电子所的 6500V 以上等级的高压 IGBT、西安芯派的全系列大功率场效应管 MOSFET 产品和龙腾新能源的高压超级结场效应管、西安炬光波长从 635nm 到 1550nm 的激光器及模块等。

5. 材料领域

目前陕西省已形成从硅材料拉晶、切割、研磨到抛光等环节的完整工艺链，并初具规模，但硅片纯度较低。在三星项目的带动下，空气化工、住化电子、埃地沃兹、浦发真空等 70 余家国际知名企业相继入驻陕西省，进一步壮大了陕西省集成电路材料制备业。2018 年上半年，总投资 100 亿元的奕斯伟 12 英寸电子级硅材料基地项目顺利开工，项目建成后将形成 100 万片/月的生产能力，一期项目预计 2020 年建成投产。

（二）智能终端产业

“十三五”以来，陕西省智能终端产业通过引进中兴、比亚迪等智能终端重大项目，积极支持产业链上下游协作配套，陕西省内智能终端产业得到迅速发展，目前已形成一定的产业基础和产业集群规模。

1. 核心芯片研发方面

山西省拥有一批从事芯片设计的优秀企业，具备三星闪存芯片、英特尔基带芯片、高通射频芯片、龙腾手机屏驱动芯片、芯意手机多媒体芯片、华迅微电子 GPS 北斗双模芯片、紫光国芯 DRAM 芯片等高端芯片研发设计能力。

2. 移动终端设计方面

陕西省聚集了华为、中兴、酷派、易朴通讯、龙旗、闻泰、锐嘉科、TCL、英华达等一批高端设计公司，每年都有数十款智能手机设计定型并投放市场。其中，手机整体方案领先的企业华勤集团、锐嘉科集团均已在西安设立研发中心；华为公司与中兴通讯在西安的研发人员已经超过 1 万人，专注手机研发的技术人员有数千余人，研发机型手机出货量已超过数千万部。

3. 智能手机生产方面

中兴通讯公司在西安实施了大规模产业转移，智能终端制造基地落户西安，目前已达到年产 2500 万部手机的生产能力，并进一步向年产 4500 万部手机扩大生产规模；同时，从事整机代工生产的比亚迪高端智能终端生产项目建成后，其产能将达到年产 5000 万部以上手机。在龙头企业的引领带动下，陕西省内智能终端产业链逐步形成。此外，涵盖 PCBA 设计、SMT 贴片、机壳注塑、组装等业务的台湾崧虹，LCD 模组企业龙腾光电，电池生产企业威力克，基站及手机天线龙头企业摩比天线，PCB 板生产企业深圳金佰泽，五金塑胶件生产企业深圳科达利，国内通信设备测试龙头企业星河亮点及提供手机测试服务的台湾晶复、耕兴等也都已在陕西省设立公司。

4. 智能终端应用方面

一批优秀企业、优秀产品正在抢占市场制高点。例如，泰为软件公司基于移动互联网 LBS 陌生交友的“兜兜友”、极客软件公司的“文件大师”、瑜乐软件科技的“每日瑜伽”等。

（三）平板显示领域

2018 年 12 月，咸阳 8.6 代线项目顺利达产、达效，形成月投片 12 万片的生产能力。在 8.6 代线建设的同时，陕西省积极开展新型显示产业精准招商和产业培育，现已形成包括上游玻璃基板、偏光片、背光模组等关键配套材料，下游整机、模组、液晶显示设备等终端应用的全产业链。

二、主要发展特点

（一）培育产业增长点，支持重大项目建设

2018 年，2 个省内电子信息重大项目列入《陕西省政府工作报告》，陕西省一批项目建设顺利，为产业发展培育了新的增长点。三星芯片二期项目按计划进度建设，中兴智能终端二期项目受美国禁止令影响于 2019 年上半年建成。咸阳 8.6 代线一期于 2017 年 12 月 25 日正式点亮投产，2018 年上半年产量、良品率处于爬坡阶段，二期项目 60K 产能于 2018 年 12 月初完成达产目标，已实现月投片 120K 的生产能力；奕斯伟硅材料基地、华天集成电路封装等项目正在按计划进度建设。

（二）加快推动产业链发展及区域配套

为贯彻落实陕西省委、省政府关于新一代信息技术产业发展的战略部署，推动陕西省电子信息制造业做大做强，召开了陕西省电子信息制造业推进会，进一步明确了产业发展思路和方向，对重点工作进行了安排部署。积极推进实施集成电路、智能终端、平板显示等产业链推进方案，组织区域产业链配套活动，在龙头企业和重大项目的带动下，提升产业配套能力。围绕彩虹 8.6 代液晶面板生产线，共有 19 个新型显示产业配套项目落地建设，其中 13 个项目已建成投产，陕西省平板显示产业链区域配套能力得到显著提高。

（三）积极做好重点企业和重大项目跟踪服务

密切关注美光产能转移、受禁减产等情况，及时与相关单位沟通协调。积极向工业和信息化部争取及协调，落实三星芯片项目税收政策，明确二期项目可享受投资新设项目的企业所得税优惠。推动西安集成电路基地列入工业和信息化部第三批“芯火计划”。

（四）积极推动行业交流与推介

组织陕西省内电子信息产业重点园区和企业赴台湾开展合作交流，在台北召开了两岸（陕西）电子资讯合作座谈会。在第二十届中国国际投资贸易洽谈会期间，组织了陕西省电子信息产业专题展览和陕台电子信息产业合作洽谈会，进一步促进了陕西省内电子信息产业的对外交流与合作。组织陕西省内企业参加第二十二届中国国际软件博览会，参与协办西安程序员节，充分展示了陕西省软件产业发展成果。同时，积极组织企业参加深圳电子信息博览会、重庆智能产业博览会、南昌 VR 产业大会等活动。

（五）切实做好各项行业管理工作

一是开展 2018 年电子信息制造业销售奖励工作，对陕西省电子信息制造业重点领域中成长性好、增长快、贡献大的骨干企业，以及品牌培育及结构调整成绩显著的行业龙头企业给予了销售奖励。二是组织陕西省锂离子电池行业规范、智慧健康养老示范试点等的申报工作。三是开展 2018 年软件和集成电路设计企业所得税优惠政策核查，陕西省 54 家软件和集成电路设计企业共享受企业所得税优惠减免 1.02 亿元。四是组织陕西省 2018 年信息技术服务标准宣贯培训，提升企业贯标积极性。五是开展陕西省内电子信息重点企业运行情况、物联网“十三五”发展规划中期实施情况、陕西省工业软件发展情况等产业调研。六是做好电子信息制造业、软件和信息技术服务业行业统计及运行分析工作。

三、面临的问题和主要矛盾

（一）总体规模偏小，产业影响力弱

2018 年，陕西省电子信息制造业实现产值 1290 亿元，约占全国电子信息制造业总产值的 1%，除三星、中兴、美光、华天外，缺乏有规模、有影响力的骨干企业。

（二）区域内企业相互配套能力较弱，产业链各环节协同发展水平有待提高

陕西省内企业之间在技术创新、产品生产等方面，横向、纵向合作较少，区域配套能力较低，龙头企业对产业链的带动作用未充分体现。

（三）高端人才、适用性人才紧缺

陕西省设有微电子专业的高校和研究机构有 20 多所，年输送毕业生 2 万余人。但高校毕业生与行业适用性人才的要求有距离，集成电路行业高级管理、资金运作、工艺开发等高端人才依然紧缺。

四、2019 年目标和形势展望

2019 年，陕西省电子信息制造业将继续实施集成电路、太阳能光伏、新型平板显示、智能终端等电子信息产业链推进方案，持续发展壮大电子信息制造业产业集群。集成电路产业重点发展集成电路制造，发挥三星项目的带动作用，引导集成电路与功率器件制造业协同发展；提升集成电路设计业规模和水平；加速推进第三代化合物半导体器件发展，逐

步发展从衬底和外延材料、器件设计和工艺，到模块及电路应用的第三代化合物半导体产业链；加快封装测试业的升级扩产，支持华天提升封装工艺和产能。光伏产业重点加强多晶硅、硅片加工、电池和组件等产业链环节的强链、优链提升工作，夯实产业发展基础，通过技术创新持续提升陕西省光伏产业的核心竞争力。新型平板显示产业以 CEC 咸阳 8.6 代线为龙头，带动上下游配套产业发展，加快玻璃基板、液晶材料、显示模组及整机等产业链重点环节的发展。智能终端产业加快培育智能终端产业链，发挥中兴、比亚迪等龙头企业的带动作用，推动智能终端企业与集成电路设计、电子元器件生产企业的合作，提升区域产业配套能力。

继续推动电子信息重大项目建设，培育新增长点。加强重点电子信息制造业运行监测，高度关注中美贸易摩擦、国家光伏政策等重大外部因素对陕西省电子信息支柱企业的影响，及时分析行业发展动态，为重点企业做好政策服务，为重点企业的稳定发展提供支撑。

2019 年，陕西省电子信息制造业将继续保持稳定增长态势，预计 2019 年增加值增速约为 12%。

五、2019 年工作措施及主要工作思路

2019 年，陕西省电子信息制造业将继续围绕把电子信息打造为新支柱产业这一工作方向，提升产业规模、培育创新能力，推动重大项目建设，开展产业协作配套工作，推动电子信息制造业发展。

（一）继续推动重大项目建设

继续积极协调推动三星芯片二期、中兴智能终端二期、奕斯伟硅材料产业基地等重点项目建设，力争尽快建成投产。关注坤同第六代柔性半导体显示屏、比亚迪智能终端生产线扩能等项目进展，推动形成一批新的产业增长点。

（二）培育骨干企业群体，推动重点产业集群化发展

积极推动平板显示、智能终端、集成电路等重点产业链发展，积极谋划重点项目，开展产业协作配套工作，推动电子信息多个产业集群共同发展。以三星等龙头企业为依托，延伸并拓展产业链，培育配套企业群体，支持有基础的企业做大做强，培育骨干企业群体。

（三）加强产业创新能力培育

依托陕西省半导体先导技术中心和陕西省光电子集成电路先导技术研究院等平台，推动以第三代化合物半导体、功率器件和光电子集成为核心的技术创新，开展关键技术研发、成果转化、企业孵化、人才培养，着重培育电子信息制造业的自主创新能力，打造产业核心竞争力。

（四）实施产业政策，做好行业管理

做好重点项目和企业跟踪服务，指导集成电路、新型平板显示项目按要求开展“窗口指

导”申报，组织开展锂离子电池、印刷电路板等行业规范条件的实施，推动行业交流和产业推介。

甘肃省

2018年，甘肃省电子信息制造业聚焦高质量发展和绿色发展崛起，从发展壮大集成电路产业，发展通信设备、智能终端等电子产业入手，产业发展环境不断优化，典型带动更加有力，新动能培育持续加强，甘肃省电子信息制造业呈现稳中有进、稳中向好的运行态势。

一、基本情况

甘肃省电子信息制造业主要包括以天水华天电子集团为龙头的集成电路封装测试业，以及产业链上下游集成电路设计、模具、封装材料、芯片制造等，兰州、平凉等地的电子材料、雷达、磁控管等电子产品，以及兰州新区发展的电子原材料、智能制造等产业。

2018年，甘肃省电子信息制造业实现主营业务收入113.63亿元，同比增长1.41%；实现利润总额7.88亿元，同比下降31.11%；应交增值税3.4亿元，同比增长22.7%；从业人员年平均人数15754人，同比增长5.75%。以天水华天电子集团、天水华洋电子科技股份有限公司、天水天光半导体有限责任公司为代表的集成电路企业收入已占据甘肃省电子信息制造业的80%以上。龙头企业天水华天电子集团继续领跑甘肃省电子信息制造业，集成电路年封装能力达350亿块，测试能力达120亿块，企业居全球封装测试行业第6位。

二、主要发展特点

（一）发展环境不断优化

甘肃省委、省政府积极贯彻落实国家、工业和信息化部有关产业政策，将电子信息产业作为甘肃省经济社会持续健康发展的有力支撑和绿色新引擎。先后出台《关于构建生态产业体系推动绿色发展崛起的决定》（甘发〔2018〕6号）、《甘肃省数据信息产业发展专项行动计划》（甘政办发〔2018〕88号）等一系列政策意见，从目标任务、发展重点、政策保障等方面建立了促进产业发展的政策保障机制。围绕信息产业发展培育，制定行动计划推进方案、“一企一策”“一户一策”工作手册、重点项目推进任务等，进一步提升服务水平，落实政策支持，不断优化产业发展环境。

（二）典型带动更加有力

持续推进以天水华天电子集团为主体的天水华天电子科技园建设，以微电子产业链核心项目为重点，建设科技创新研发平台和孵化配套设施，形成以集成电路封装测试、半导体功率器件封装测试为核心产业，以半导体引线框架制造（冲压、蚀刻）、封装测试设备、模具、备件、专用材料、专业工程安装和物流等为辅的较全面的产业链，已成为我国西北地区最大的集成电路封装测试基地。

重点实施天水华天科技股份有限公司集成电路高密度封装产业升级、物联网变送器研发及产业化项目，天水天光半导体有限责任公司 SiC 肖特基二极管研发及产业化项目、存储器及超大规模集成电路生产能力建设项目，天水华洋电子科技股份有限公司大规模复合成型半导体封装基板技术改造项目、半导体高密度集成电路引线框架全自动先镀后蚀工艺技术改造项目等项目，做大集成电路产业规模。协调三维大数据物联网智能制造产业园、集成电路高密度封装产业项目等重大标志性项目顺利实施。

组织甘肃省内企业参展第六届电子信息博览会，鼓励企业加强对外合作，加快推广应用和产品推介。组织开展甘肃省智慧健康养老应用试点示范工作，推动智慧健康养老产业发展，甘肃百合物联科技信息有限公司成功入围 2018 年智慧健康养老应用试点示范企业，并在全国范围内推广推介。

（三）新动能培育持续加强

支持企业科技创新。天水华天电子集团通过国家技术创新示范企业年度考核评价，依托国家级企业技术中心、甘肃省微电子封装工程技术研究中心等研发平台，搭建了以西安公司为主体的研发仿真平台和以三地（天水、西安、昆山）研究院为主体的研发体系，2018 年获得授权专利 43 项，获得中国半导体创新产品和技术 2 项、甘肃省专利奖一等奖 1 项。天水华洋获得授权专利 5 项，取得全国高新技术博览会优秀产品奖、电子信息行业联合会最佳半导体材料供应商称号。

鼓励创新成果转化。根据《甘肃省工业优秀新产品奖励暂行办法》（甘工信发〔2018〕86 号）要求，加强电子信息产业新产品的研发与推广应用，审核推荐的天水天光半导体有限责任公司、天水华天传感器有限公司等企业的多个产品被表彰为 2018 年甘肃省工业优秀新产品，有力地促进了电子信息产业科技创新和成果转化。

组建甘肃省信息产业专家库。充分发挥专家人才在甘肃省电子信息产业发展中的咨询参谋作用和服务支撑能力，促进产业科技创新和产、学、研发展。组织成立甘肃省物联网智慧产业技术联盟，大力发展物联网等新兴产业，加快建设“数字甘肃”“智慧甘肃”，进一步推进工业化和信息化深度融合，建设“绿色、循环、低碳”的现代产业体系，引领“甘肃制造”向“甘肃智造”转型。

（四）产业集聚初步形成

集群发展、产业融合是推动区域优势产业发展的趋势。重点推进甘肃省政府确立的天水装备制造业三大产业园之一——天水华天电子科技园建设，园区规划投资 36 亿元，2018 年已累计完成投资 45 亿元，具备年封装测试 LED 产品 35 亿只的能力；建成了 IGBT 封装测试生产线，具备年封装测试 IGBT 产品 3 亿只的能力；建成了大片宽引线框架生产线，具备年生产大片宽引线框架 50 亿只的能力。通过在园区内实施半导体集成电路封装测试产业相关产业升级、技术改造和扩大规模等项目，有效带动了华洋电子、隆博材料、裕霖包装、凤凰物流及园区内华天机械和华天包装等上下游配套企业的快速发展。

三、面临的问题和主要矛盾

一是产业基础薄弱，和东部沿海地区相比，产业规模小，产业配套能力弱，产业链延伸不长，高端封装测试技术产品占比较低，主导产品多数是配套产品，处于产业链的中低端，附加值偏低。

二是核心竞争力较弱，产业创新能力和研发投入不足，缺乏“牵引力”，持续创新能力亟待加强，拥有自主品牌、具有较强竞争力的龙头骨干企业较少，市场竞争力弱。

三是人才和资金短缺依然是制约企业发展的最主要因素，行业企业普遍存在融资困难问题，高端技术管理人才和高学历、高素质人才严重缺乏。

四、2019 年目标和形势展望

2019 年，甘肃省电子信息制造业将以习近平新时代中国特色社会主义思想为指导，深入贯彻党的十九大和十九届二中、三中全会精神，认真落实 2019 年全国工业和信息化工作会议精神，以深化供给侧结构性改革为主线，围绕促进产业发展核心目标，突出抓好重点领域和关键环节，推动甘肃省电子信息制造业发展实现新突破。

五、2019 年工作措施及主要工作

（一）工作措施

1. 加强调查研究

对调研工作进行统筹安排，列出工作计划，将调研贯穿 2019 年工作始终，采取系统调研和专题调研相结合的方式，重点对电子信息制造业领域行业技术创新、园区平台建设、重大项目建设等情况开展调研。推进兰州新区、平凉、张掖电子信息制造业重大项目建设，分市州做好电子信息制造业目标任务的督促落实，确保甘肃省目标任务的实现。

2. 加强协调服务

一是主动加强部门间协调沟通，建立共同推进电子信息制造业发展的合作机制，凝聚各方力量，形成发展合力。

二是以大型工业企业为龙头，组织科研院所、高校和企业共同参与，开展联合攻关，形成研发和应用推广的创新体系和运营机制，推进创新成果应用。鼓励和引导甘肃省内企业积极参与国家信息技术标准的制定和实施，重点推进集成电路封装等领域的技术标准制定和发明专利申请。

三是加强对行业协会的业务监管。发挥甘肃省电子学会在产业发展、信息咨询、人员培训、学术交流等方面的支撑作用，为行业企业和产业发展做好服务。

四是加强政策落地实施，积极落实国家和甘肃省支持电子信息制造业发展的一系列政策及配套实施意见，做好协调服务。

3. 营造良好氛围

一是利用好甘肃省信息产业发展专项资金，争取国家有关专项支持，发挥好政策资金的导向及杠杆作用，重点支持数据信息产业行动计划重点项目。依托现有科研院所技术研发优势，研究开发国际先进的封装技术和产品并实现产业化，加快提升集成电路封装测试水平。

二是搭建开放开发平台。发挥中国电子信息博览会、中国兰州投资贸易洽谈会、文博会

数字丝绸之路大数据论坛载体作用，搭建丝绸之路沿线国家与国内各省（直辖市、自治区）交流合作、展览展示平台，宣传甘肃省数据信息产业发展环境，凝聚国内外优势企业和优质资源共同参与丝绸之路信息港建设。

三是积极与传统媒体和新媒体联系，围绕重大活动和产业发展重要事件、龙头企业和重点项目，加大宣传力度，营造发展环境，形成发展合力。

（二）主要工作

1. 突出抓好产业链完善

围绕甘肃省现有的产业基础与产业特色，重点推进集成电路封装测试业的巩固与提升，延伸带动新型功率器件、引线框架、封装测试设备、模具、半导体封装材料等配套产业的发展，从而实现集成电路封装测试产业的全面提升与发展。通过招引合作与本地培育等模式，引导芯片设计、代工制造等企业在甘肃省落地与建厂，补充产业链的薄弱环节，推动甘肃省集成电路产业向设计业与制造业延伸，最终打造集成电路完整产业链条，实现产业的集群发展。

2. 发展壮大集成电路封装测试产业

支持天水集成电路产业基地发展，发挥天水华天电子集团、天水天光半导体有限责任公司、天水华洋电子科技股份有限公司等企业的骨干作用，提升集成电路封装测试能力，加大封装测试材料、工艺和元器件工艺技术研发，发展集成电路专用封装测试设备模具、高端引线框架、半导体封装材料等配套产品，做大集成电路产业规模。

3. 发展通信设备电子产业

依托中国铁塔股份有限公司甘肃省分公司、天水铁路电缆有限责任公司、甘肃洁星通信科技有限公司等企业发展通信光缆和通信设备产业。加快应用电子设备产业化，培育汽车电子、机床电子、金融电子、医疗电子、能源电子、交通电子等产业。

4. 发展智能终端等新兴产业

通过实施兰州北科维拓三维大数据智能制造产业园等项目，支持兰州三维智能制造有限公司开展三维智能终端设备、机器人核心零部件系列产品、RFID 射频识别标签的研发、生产，依托三维数字社会服务管理系统，整合智能制造上下游产业链，发展智慧交通、智慧旅游、智慧家庭、智能楼宇、智慧社区等智能终端设备和机器人核心零部件等产品，在兰州新区打造物联网射频识别标签生产基地、智能终端设备生产基地和中国高端减速机设备生产基地。

青海省

一、基本情况

2018 年，青海省电子信息制造业整体发展态势保持平稳，企业生产能力和科技研发创新能力较 2017 年都有所提升，受市场大环境、企业生产成本及产业结构性调整等因素影响，经济效益较 2017 年有所回落。

（一）总体运行情况

1. 企业生产能力保持增长

2018 年，青海省电子信息制造业企业实现工业总产值 119.40 亿元，其中规模以上电子信息制造业企业实现工业总产值 115.65 亿元。

2. 企业经济效益有所回落

2018 年，青海省规模以上电子信息制造业企业实现主营业务收入 105 亿元，主营业务成本 89.8 亿元，利润总额 8.4 亿元，主营业务收入利润率为 8%。

随着“531 新政”在光伏产业的推行，多晶硅及其产品市场需求下降，产品售价下跌严重，加之原材料成本持续上涨、产业结构性调整等因素的叠加影响，电子信息制造业企业获利空间大幅缩减。

3. 企业科技研发力度保持稳定

2018 年，青海省 34 家重点电子信息制造业统计企业年末从业人员共 8515 人，其中研发人员占比为 12%，较 2017 年略下降 1 个百分点；当年研发资金投入总额 4.03 亿元，研发费用占主营业务收入的 4%，与 2017 年基本持平。为提高企业产品的核心竞争力，电子信息制造业对企业研发、科技创新的重视程度不断增强，对企业的持续研发投入保持稳定。

4. 运行质量发展相对平稳

2018 年，青海省电子信息制造业企业每百元主营业务收入中的成本费用合计为 79.73 元，较 2017 年增长了 9%；人均实现主营业务收入 135 万元，同比增加了 12 万元；资产负债率达到 64%，较 2017 年增加 3 个百分点。

（二）分产业类型运行情况

受市场需求和生产成本等影响，锂电产业企业保持了稳定增长态势，晶硅及光电、箔材料及其他配套产业发展放缓。

1. 锂电产业

2018 年，锂电产业实现工业总产值 46.21 亿元，生产锂电池 2.42 亿瓦时；实现主营业务收入 45.75 亿元，利润总额 5.34 亿元。受新能源汽车扶持等利好政策的影响，动力电池锂电产业保持了良好的发展态势。

2. 晶硅及光电产业

2018 年，晶硅及光电产业实现工业总产值 37.50 亿元，主营业务收入 37.49 亿元，利润总额 1.43 亿元。受产品生产成本费用上涨及光伏新政的影响，晶硅及光电产业发展放缓，企业盈利能力有所下降。

3. 箔材料及其他配套产业

2018 年，箔材料及其他配套产业实现工业总产值 35.69 亿元，主营业务收入 31.70 亿元，利润总额 1.20 亿元。受市场需求和产品结构性调整的影响，2018 年箔材料及其他配套产业面临着原材料价格不断增加、产品价格持续走低、市场需求不佳的局面。

二、主要发展特点

近年来，青海省电子信息制造业快速发展，已形成以盐湖锂资源开发为依托的锂电新材料产业，以晶硅为主体的光伏制造产业，以电子级高纯氧化铝和光线预制棒为基础的光电新材料产业。

（一）锂电材料

经过多年培育，目前青海省已初步构建了盐湖资源—碳酸锂—正／负极材料—锂电池组件—储能、动力电池等较为完整的上下游一体化产业链。碳酸锂已建成产能 9 万吨。青海锂业、中信国安、盐湖蓝科锂业、格尔木藏格锂业有限公司、青海东台吉乃尔锂资源有限公司、青海锦泰锂业有限公司、五矿盐湖分别采用膜分离法、煅烧法、吸附法等提锂工艺技术，各建成 1 万吨产能。青海恒信融锂业科技有限公司已建成产能 2 万吨。锂电正极材料已建成产能 2.3 万吨，在建产能 4.8 万吨，其中泰丰先行一、二期产能 1.5 万吨锂电正极材料已全面达产；泰丰先行三期 0.7 万吨磷酸铁锂、青海聚之源新材料公司 1 万吨锂电三元正极材料、青海比亚迪实业有限公司 2 万吨磷酸铁锂正极材料等项目已开工建设。锂电负极材料已建成产能 2 万吨，在建产能 2.5 万吨。其中，伟毅新型材料公司已建成负极材料产能 0.5 万吨；青海凯金新能源科技有限公司已建成产能 1.2 万吨，在建产能 0.5 万吨；正丰锂离子电池材料有限公司、贵强新材料有限公司在建产能均为 1 万吨。锂电池（电芯）已建成产能 9.5 吉瓦时，在建产能 13.5 吉瓦时。其中，时代新能源公司已建成产能 2.5 吉瓦时，绿草地新能源公司建成 1 吉瓦时镁基锂电池产能，比亚迪电池公司已建成产能 6 吉瓦时。锂电配套材料已建成产能 1400 万平方米电子铝箔、2.5 万吨电子铜箔、1 万吨锂电池用铜箔；5 亿平方米锂电池隔膜材料项目已开工建设。

（二）光伏材料

依托青海省丰富的太阳能资源和大规模荒漠化土地资源优势，大力发展光伏制造产业，形成了多晶硅—单晶硅—切片—太阳能电池—电池组件完整的光伏制造产业链，聚集了逆变器、光伏玻璃、石英坩埚、铝边框、支架等一批配套光伏企业，青海省光伏制造产业规模优势和市场优势逐步显现：晶硅产能已超过 2 万吨，黄河水电新能源产能 2500 吨，亚洲硅业产能 1.5 万吨多晶硅，鑫诺光电产能 1000 吨，阳光能源产能 3000 吨单晶硅；晶硅电池及组件已建成产能 750 兆瓦，聚能电力产能 200 兆瓦，中电投西安太阳能公司产能 200 兆瓦，亚洲硅业产能 200 兆瓦，拓日新能源产能 150 兆瓦；逆变器已建成产能 1000 兆瓦，可以配套同等规模光伏电站。

（三）光电材料

以电子级高纯氧化铝技术突破为支撑，加快发展高纯氧化铝粉—蓝宝石衬底—外延片—芯片—LED 和碳化硅—半导体元器件产业链。重点企业 4 家：圣诺光电公司年产 1000 吨级 5N 级高纯三氧化二铝，铸玛公司 152 吨蓝宝石晶体生产线已建成投产，晶煜晶体公司年产 25 万片蓝宝石晶片、矽砢电子公司 10 万片碳化硅衬底及 1.5 万片外延片项目正在加快建设。

三、取得的成效和存在的问题

（一）取得的成效

1. 政策环境不断优化

青海省将推动电子信息制造业发展作为稳增长、调结构、转方式的重要抓手，制定出台了《关于加快推进物联网发展的实施意见》《关于加快发展高技术服务业的指导意见》《青海省新材料产业发展规划》《关于促进新材料产业发展的指导意见》《青海省人民政府办公厅关于促进青海省锂电产业可持续健康发展的指导意见》等政策措施。

2. 锂电产业取得突破

依托青海省锂储量居全国首位的资源优势，现已基本构建成覆盖盐湖提锂、锂电池正负极材料、锂电池用铜铝箔等配套材料、储能及动力电池的锂电全产业链。尤其是比藏格锂业年产 1 万吨碳酸锂项目建成投产，引进国家集成电路产业基金参与青海矽砢电子项目建设，比亚迪 6 吉瓦动力电池、诺德电解铜箔等项目建成投产，碳酸锂建设规模达到 15.2 万吨，动力及储能电池产能达到 16.75 吉瓦时，补齐了电池壳体、电解液等产业链短板。

3. 产业集聚发展

西宁经济技术开发区重点发展以硅系、箔系、锂系、线缆、半导体照明为主的电子信息产业，产业规模和集聚效应逐步显现，辐射和带动作用明显增强，已成为促进产业集聚、培育产业集群、扩大对外开放合作的重要载体。

4. 科技创新稳步提高

青海省不断加大投入、整合资源，着力推动电子信息产业技术创新，取得了一定进展。其中，多晶硅生产副产物综合利用、多晶硅提纯、单晶硅拉制、晶硅切片生产、盐湖提锂、锂离子电池材料及光电材料生产等一批支撑循环经济发展的关键技术取得实质性突破，形成了较强的科技成果转化能力，为加快电子信息制造产业化进程提供了有力支撑。

（二）存在的问题

一是电子信息制造业具有资金投入大、技术要求高的特点，青海省经济基础薄弱，产业发展面临资金、技术、人才等多方面的制约。同时，青海省电子信息产品主要集中在硅材料、箔材料和锂离子电池材料等领域，近年来发展迅速的电子元器件、新型显示器件、电子专用设备、集成电路等产品相对较少，缺乏高附加值产品。二是青海省电子信息制造企业规模偏小，电子信息材料精深加工等下游配套产业尚未形成，技术研发、装备制造、运营管理、新技术推广应用等对外依存度较高，结构性矛盾突出，产业转型升级任务艰巨。三是青海省电子信息制造业部分产品产能过剩、出口受阻、内需不足，同时光伏产业受国家政策等因素影响，企业面临较大竞争压力。同时，由于青海省地处内陆，远离市场主体，电子信息产品运输半径大、成本高，导致资源优势转化成本高、市场竞争力弱，难以充分发挥产业优势。

四、2019 年工作重点

（一）工作措施

持续做强特色电子信息产业，按照青海省政府工作部署，打造千亿元锂电产业基地和光伏产业基地，推进锂电新材料产业、光电新材料产业和电子信息材料产业实现跨越式发展。

1. 锂电产业

以盐湖锂资源为基础，重点发展盐湖提锂、正/负极材料、电解质/电解液、锂电用隔膜及箔材料、锂电池、终端应用等，最终形成盐湖提锂—正/负极材料、电解质/电解液—锂电池—终端应用上下游产能匹配的完整产业链条。

2. 光电产业

依托青海省现有高纯氧化铝产能基础，与电子信息产业相结合，大力发展高纯氧化铝，做大做强蓝宝石晶体及衬底材料，积极发展蓝宝石外延片及芯片，延伸发展 LED 荧光粉，培育发展氧化铝/氮化铝陶瓷，联合发展锂电池隔膜材料。重点形成以下产业链：高纯氧化铝—蓝宝石晶体—切片—衬底—外延片—LED 芯片—LED 封装—LED 应用、高纯氧化铝—蓝宝石晶体—切片—衬底—外延片—触屏面板、高纯氧化铝—LED 荧光粉—节能型荧光灯、高纯氧化铝—陶瓷粉体—陶瓷基板/纳米陶瓷/陶瓷坩埚、高纯氧化铝—锂电池隔膜。

3. 光伏制造和电子信息材料产业

光伏制造产业以现有光伏制造完整产业链为基础，加强上下游产能匹配，强化硅粉—多晶硅—多晶硅组件、光伏玻璃幕墙、单晶组件—光伏应用产业链。重点发展多晶硅组件、单晶硅组件、光伏玻璃幕墙、光纤预制棒等产品。电子信息材料产业以青海省特色资源和现有产业为基础，重点发展半导体材料、信息通信材料、集成电路、电子元器件等领域的关键新材料。

（二）工作举措

1. 强化政策研究，夯实产业发展基础

深入实地调研青海省电子信息制造业发展现状，研判今后产业发展面临的形势，厘清青海省电子信息制造业发展思路。加强政策措施制定，优化产业布局，逐步打造青海省电子信息制造新的增长极。推动项目建设，重点谋划和推进一批电子信息终端产品研发和产业化项目建设，为青海省电子材料产业转型升级夯实基础。进一步加强电子信息制造业统计工作，加强电子信息制造运行监测与分析。探索创新发展，充分发挥行业协会的桥梁和纽带作用，促进数据采集、资质认定、咨询服务、人才培训等工作向社会化服务转变。

2. 强化创新驱动，提升产业技术创新能力

着力强化创新驱动能力建设，支持各园区进一步加强孵化器、实验开发、测试等公共服

务平台建设；支持相关企业积极参与国际标准的制定，制定重大产业技术路线图；支持建设一批以企业为主体的、向全社会开放的产业技术研究院和产业技术创新中心，进一步吸引青海省内外科研团队参与制约青海省电子信息制造业发展的关键瓶颈技术攻关，为产业发展提供良好的支撑。

3. 强化招商引资，补齐产业发展短板

加大服务协调力度，积极推进落地项目开工建设、在建项目抓紧投产、完工项目早日达产，壮大电子信息制造业产业发展基础。立足青海省硅材料、薄膜材料、锂离子电池、线缆、半导体照明等电子信息产业，潜心研究和主动衔接适合青海省承接的中东部地区电子信息转移产业。着力培育青海省电子信息配套产业，重点引进电子级单晶硅、集成电路用硅片、铝基电容器、印刷电路板、锂离子电池用电解质和隔膜材料、光纤及配件、消费电子产品外壳和物联网、数据中心等电子信息制造产业延伸和高附加值项目，带动青海省电子信息制造业加快发展。

宁夏回族自治区

一、基本情况

截至 2018 年年底，宁夏回族自治区（以下简称宁夏）共有规模以上电子信息制造企业 16 家，完成工业总产值 135 亿元，占宁夏工业总产值的 2.8%。实现主营业务收入 126.2 亿元，同比下降 19.9%；从业人员 8189 人；主要涉及光伏制造、锂电池、工业蓝宝石、半导体材料等子行业。

二、运行特点

（一）光伏制造产业初具规模

光伏制造产业约占宁夏电子信息制造业总产值的 90%，聚集了一批龙头企业和项目，形成了多晶硅、单晶硅棒、单晶硅片、单晶电池和组件的光伏制造全产业链。银川隆基硅材料有限公司是全球单晶硅棒产量最大的企业之一，已经具备 10GW 单晶硅棒、5GW 单晶硅片的生产能力。宁夏隆基乐叶光伏科技有限公司 5GW 高效单晶光伏电池项目填补了西北地区单晶硅电池项目的空白。

（二）锂电池产业基础逐步夯实

锂电池产业占宁夏电子信息制造业总产值的 5%，聚集了一批优秀的锂电池企业和项目。截至 2018 年年底，杉杉能源（宁夏）有限公司锂离子电池正极材料产能达到 1.2 万吨。龙能科技（宁夏）公司 3.5 亿安时高端锂离子电池项目已经完成，7 亿安时二期工程已经开工。宁夏汉尧石墨烯公司锂电池正极材料生产线已投产。宁夏锂电池产业已逐步形成规模化生产。

（三）半导体材料高标准布局

宁夏银和半导体公司致力于打造国际先进水平的 8 英寸、12 英寸半导体硅片生产和研发基地，成为国内首批生产大尺寸半导体硅片的企业。宁夏中晶半导体材料公司是国内主要分立器件半导体硅棒生产企业之一。宁夏储芯科技公司存储和功能模组生产项目已经开工建设。

（四）电子专用材料特色显现

以工业蓝宝石为代表的电子专用材料年产值约占电子信息制造业总产值的 2%。宁夏天通银厦公司的 400kg 级工业蓝宝石晶体技术全国领先。宁夏海力电子公司是国内主要电极箔生产企业之一。宁夏电子专用材料正向工业蓝宝石、电极箔、铝陶瓷等特色方向加快发展。

（五）对标工作成效显著

为促进光伏行业转型升级，增强核心竞争力，宁夏组织规模以上光伏制造企业开展了对标工作，制定了《对标工作定量考核办法》《对标工作方案》和《对标指标表》。组织专家对企业对标工作进行指导，分析研判存在的问题，协助企业做好对标工作。通过对标，各企业对标指标得到明显提升。宁夏隆基硅材料有限公司获得宁夏工业企业对标工作标杆奖。银川隆基硅材料有限公司获得宁夏工业企业对标工作进步奖。

三、存在的问题

（一）减产、停产企业较多

2018 年下半年，受市场行情影响，单晶硅、多晶硅等产品销售价格大幅下降，16 家规模以上企业中部分实力较弱的企业被迫减产甚至停产。腾晖光伏（宁夏）有限公司、宁夏银和新能源科技有限公司、宁夏东梦新材料有限公司等规模较小的光伏企业减产较为普遍。宁夏银星能源光伏发电设备制造有限公司和宁夏协佳光伏电力有限公司自2018年8月以来继续停产，无复产计划。宁夏科捷锂电池股份有限公司因资金链断裂，企业停产，被法院查封，人员已撤离，无复产可能。宁夏银阳新能源有限公司自 2018 年第四季度停产后被宁夏银佳新能源有限公司租赁经营。

（二）产业规模小，配套不完善

宁夏电子信息制造业总体规模较小，仅占宁夏工业总产值的 2.8%。电子信息制造企业产业链条短，缺乏配套产业，锂电池产业只有正极材料，电解液、负极材料和隔膜产业正在招商。原材料和市场“两头”在外问题突出，除光伏产业外，其他行业终端产品消费全部在外省。

（三）人才不足制约行业发展

由于宁夏经济发展水平和企业工资水平与东部沿海地区存在较大差距，骨干企业起步较晚，导致宁夏不仅难以吸引外地人才，而且本地培养的人才尤其是高端人才流失严重，技术工人流动比较频繁。

四、2019 年目标

2019 年，宁夏光伏制造逐步实现多晶硅、单晶硅棒、多晶硅锭、切片、电池、组件、集成、研发的全产业链，锂电池逐步实现正极材料、电池芯、组装、研发的产业链，形成新的经济增长点。

五、下一步工作措施

（一）狠抓落实，注重降本增效、创新发展

用好宁夏“创新驱动 30 条”“降成本 30 条”等政策，引导企业加强创新工作，加大科技投入，提高核心竞争力。巩固银川隆基硅材料有限公司、宁夏隆基硅材料有限公司在全球单晶硅棒领域的技术优势，强化宁夏天通银厦公司、宁夏中晶半导体材料公司、宁夏银和半导体公司在全国同行业的优势地位。加强部门协调，紧盯企业用电情况，帮助企业享受优惠电价政策。从企业最急迫、最切身的问题出发，切实提升企业创新能力和盈利水平。

（二）增链、补链，推动项目加快建设

深入企业实地调研，及时分析、研究企业存在的问题，重点围绕扩大产业规模、延伸产业链条和增强产业集聚 3 个方面开展工作。建立重点项目台账，推动银川隆基乐叶光伏科技有限公司 7GW 电池项目、宁夏天通银厦公司 6 英寸 LED 用高品质蓝宝石项目、宁夏银和半导体公司大尺寸硅片、龙能科技锂电池、宁夏汉尧石墨烯公司正极材料等重点项目建成投产。

（三）转型升级，推动行业高质量发展

充分发挥宁夏隆基硅材料有限公司和银川隆基硅材料有限公司在行业内的示范引领作用，持续在全行业积极开展对标促升级活动，将规模以上企业全部纳入对标范围。紧跟国内新技术、新理念、新模式发展，促进区内外电子信息企业交流协作，组织电子信息企业跨省交流、合作、学习。

（四）完善机制，拓宽招商引资渠道

积极同江苏、福建、天津等发达省份进行有效对接，主动承接向西部转移的电子信息制造项目，找准方向，精准招商。积极争取银川隆基硅材料有限公司旗下企业新增电池、硅片、硅棒项目。

（五）出台政策，优化产业发展环境

战略性新兴产业代表新一轮科技革命和产业变革的方向，是落实创新驱动的重要支撑。宁夏高度重视电子信息制造业的发展，将该产业列为战略性新兴产业。2019 年，宁夏将进一步优化产业发展环境，加强顶层设计，制定出台《宁夏回族自治区工业和信息化领域新兴产业发展三年计划》。

（六）成立联盟，促进行业协同发展

依托行业龙头企业，组建宁夏回族自治区新材料产业发展联盟。吸纳银川隆基硅材料有限公司、杉杉能源（宁夏）有限公司等成长性较好的规模以上企业及西北民族大学参与，围绕产业链，以联盟为纽带，积极开展交流合作，推动行业内协同发展。

新疆维吾尔自治区

一、基本情况

2018年，新疆维吾尔自治区（以下简称新疆）电子信息制造业实现主营业务收入269亿元，同比增长7.6%，新增就业超过1万人。2018年，新疆电子信息制造业企业主动适应供给侧结构性改革，降成本、提效益，持续扩大优势产业规模，适应政策调控和市场变化；硅基新材料市场影响力显著增强，一批重大项目在新疆落地，新疆已成为国内外首屈一指的硅基新材料生产基地；电子产品组装业助力脱贫攻坚取得实质性进展，新疆出台专项政策并配套资金、国家专业智库开展产业专项研究，相关厅局与南疆四地州和各对口援疆前方指挥部联手互动，引导东中部地区企业向新疆转移、落地发展。

二、主要发展特点

一是把电子产品组装业促就业、助脱贫作为首要工作来抓。新疆已出台专项扶持政策[《自治区支持南疆四地州部分劳动密集型产业发展的有关政策的通知》（新政办发〔2018〕78号）]，目前开始进入实际操作阶段；电子产品组装产业规划专项研究报告取得初步成果；一批新项目建成后开始发挥促就业、助脱贫的作用。二是发挥展会平台的作用，积极做好电子产品组装业招商引资。在中国电子信息博览会期间，举办第三届丝绸之路经济带核心区电子产品组装业发展论坛暨签约仪式，并开展专题招商。在第十七届中国西部国际博览会期间，组织当地企业参加合作投资推介会。两大活动签约金额超过20亿元。三是积极推进重大项目建设。认真梳理行业重大项目，做好重大项目服务和协调工作，促进协鑫新能源、晶科能源等重大项目顺利投产。

三、面临的问题和主要矛盾

一是促进南疆电子产品组装业加快发展的顶层设计急需形成、多方共识仍然需要加强、协同机制仍然需要探索；二是产业结构不适应政策变化和市场导向，导致以光伏材料为主的电子信息制造业低速增长、利润下滑；三是低电价支撑电子新材料发展的优势未充分发挥。

四、2019年目标和形势展望

贯彻中央经济工作会议和新疆经济工作会议精神，落实新发展理念，按照“巩固、增强、提升、畅通”八字方针的要求，推动新疆电子信息制造业高质量发展。坚持以新疆工作总目标为统领，按照新疆党委“1+3+3+改革开放”的工作部署，以“北疆电子材料提质量，南疆电子组装促就业”为工作基调，在北疆持续打造硅基、铝基新材料产业基地，推进电子信息制造业拓展和延伸产业链，不断提升产业规模和质量效益；在南疆加快发展劳动密集型电子产品组装产业，引进和推动一批重点项目建设，充分发挥产业发展促就业的作用。

坚持以促就业为第一目标，大力提升南疆电子产品组装吸纳就业能力；以新发展理念为引领，服务一批重大项目，提升硅基、铝基新材料产业竞争力；促进电子信息制造业结构优化、规模壮大。2019 年，新疆电子信息制造业力争实现主营业务收入 300 亿元，完成投资 110 亿元，新增就业 1.5 万人以上。

五、2019 年工作措施及主要工作思路

（一）完善工作机制

一是继续加强与工业和信息化部等部门的对接。争取工业和信息化部对南疆电子产品组装业的支持，发挥好行业协会、对口援疆政策的平台作用，与相关部门建立广泛的联系。

二是加强行业顶层设计。与中国电子信息产业发展研究院合作，在《电子组装产业规划研究报告》的基础上，编制产业发展规划，提出国家专项扶持政策的建议，研究协调解决重大问题，及时破解南疆地区承接东部地区电子信息产业转移发展过程中体系不衔接等难题，不断完善产业链、增强配套能力。

三是搭建电子产品组装业等劳动密集型产业信息报送平台。精准定位、精确规划、精心设计，依托网络连接新疆有关部门、南疆四地州县市、对口援疆省市和企业，通畅各路渠道，实现信息互通、资源共享，加强运营管理，不断丰富功能，提供信息服务。

四是加强政策支持。切实贯彻落实《自治区支持南疆四地州部分劳动密集型产业发展有关政策的通知》（新政办发〔2018〕78 号）（以下简称 78 号文）精神，采取实地调研、召开座谈会等方式，推动政策落实到位。积极争取将包括手机在内的电子产品组装业列入新疆鼓励类行业发展目录，为产业转移构建政策通道。

（二）加强行业指导

一是加强对重点项目的跟踪服务。及时掌握重点企业动向，深入了解重大项目建设情况。主动对接、积极参与，做好协调服务，推进项目建设，促进出台的各项政策措施落到实处，提升投资者信心，增强微观主体活力。对于重点项目，根据实际情况，认真研究落地配套政策，采取“一企一策”“一事一议”的方式，提出针对性强、操作性强、效果显著的政策建议。

二是做好行业运行分析。实现企业统计应纳尽纳，督促企业及时通过工业和信息化部信息产业运行监测平台填报月度经济运行数据，全面、客观、及时地分析行业发展态势，为政策制定提供依据。

三是做好行业预警。巩固“三去一降一补”成果，加强与工业和信息化部相关部门的对接，及时掌握国内外行业发展总体形势、产业布局、政策取向，妥善应对国内外形势变化，坚持底线思维，防止产能过剩，高度警惕和防范“黑天鹅”“灰犀牛”事件。

（三）形成工作合力

一是用好展会平台，把工作做深、做细。前期精心策划，对接工业和信息化部与中国电子信息产业发展集团，凝聚南疆等地与对口援疆省市合力，筹备好中国第七届电子信息博览会期间的丝绸之路经济带核心区电子产品组装业发展论坛暨签约仪式，组织好论坛议题、参会人员、媒体宣传，把论坛开得气氛热烈、内容丰富、成果显著，最大限度地推介

新疆电子产品组装业，宣传好 78 号文各项政策措施，努力把该论坛做成品牌性论坛。

二是用好论坛成果，把工作做实、做远。会后在深圳及周边地区开展主题招商，与当地行业管理部门、行业协会对接，紧密结合当地产业转型升级、“腾笼换鸟”政策举措，了解当地电子产品组装产业的转移需求、投资需求、政策需求，宣传新疆招商引资、引智的政策措施，以最大的热忱欢迎企业来疆投资兴业。用好对口援疆机制，适时前往对口援疆省市开展推介招商工作，发挥好目前已落地企业的作用，开展以商招商，吸引相关整机企业、配套企业来疆投资，大力提升产业链水平。

三是整合各方合力，建立广泛的联系机制。通过展会、论坛、专题招商，与南疆四地州、对口援疆指挥部、相关省市、行业协会、企业建立广泛的联系。畅通交流渠道，取得广泛共识；畅通政策渠道，完善政策措施；畅通电子产品组装业经济循环，形成资源优势互补。凝聚起一股强大的合力，共同推动南疆电子产品组装业发展。

新疆生产建设兵团

2018 年以来，新疆生产建设兵团（以下简称兵团）坚持以习近平新时代中国特色社会主义思想为指导，深入贯彻落实党中央治疆方略和对兵团的定位要求，围绕兵团党委七届三次、四次全会精神和深化兵团改革、向南发展等一系列重大决策部署，扎实推进各项工作，兵团电子信息制造业发展取得了积极成效。

一、基本情况

2018 年以来国家“三去一降一补”成效不断显现，电子信息制造领域市场不断回暖，兵团电子信息产业发展势头持续向好，经济效益不断提升，以多晶硅、碳化硅、蓝宝石、高压电极箔产业为代表的电子信息产业发展态势继续向好，市场需求不断增大，实现了持续、快速发展。软件和信息技术服务业产业结构调整步伐加快，云计算、大数据等新一代信息技术的运用，助推了行业的快速发展。据不完全统计，截至当前，兵团软件和信息技术服务业营业收入 1.9 亿元，信息传输业主营业务收入 22 亿元，电子信息制造业总产值 26 亿元，较 2017 年同期均有较大提高。

（一）不断完善信息基础设施

通过实施电信普遍服务试点和宽带提速工程，扩大了兵团互联网接入带宽和覆盖范围，兵团城市区域光网覆盖率已达 100%，3G 网络覆盖兵团 100%的师市、团场和 90%的连队，4G 网络覆盖 100%的师市、团场与 85%的连队。师市、团场中心区域无线覆盖率达到 95%，工业园区光缆通达率达到 90%，连队及周边区域无线覆盖率达到 85%。存量基站铁塔数量 5596 座，协调新疆电信运营企业降低上网资费，在疆内电信普遍服务试点区域推行专属销售品，推动宽带网络应用普及。电信普遍服务试点和提速降费等工作改造提升了兵团边境团场和贫困连队的通信网络质量，同时大幅降低了企业套餐资费，降低了企业信息成本，使通信服务进一步普惠化。

（二）推进两化深度融合

组织开展试点示范项目申报工作。组织企业申报工业和信息化部大数据产业发展试点示范项目、信息消费试点示范项目，八师天富能源和奎屯瑞豪分别被列入国家试点示范企业。围绕推广两化融合管理体系标准，组织石化、农副产品、纺织等行业的200余家企业开展两化融合水平评估工作，帮助企业在精益管理、风险管控、供应链协同、市场快速响应等方面找出差距，提升水平。组织开展两化融合专题培训班，培训学员80人。宣贯新的《中小企业促进法》，解读国家出台的有关两化融合、工业互联网平台、企业上云、财税等政策文件，指导企业进一步提升两化融合创新管理的意识和能力。贯彻落实工业和信息化部《工业控制系统信息安全行动计划（2018—2020年）》，组织开展工业控制安全检查工作。组织企业申报工业和信息化部开展的工业控制系统应用项目库、企业上云典型案例征集，经筛选报送了13个工业控制系统应用项目和2家企业上云典型案例。

（三）完善信息化支撑环境

推进兵团与航天科工集团战略合作框架协议落地，在乌鲁木齐成立中国航天科工有限公司西部创新研究院，为兵团各级提供技术支持和服务保障。推动兵团与京东集团签署战略合作协议，双方将在农业产业、信息科技、电商、无界新零售等方面开展全方位、深层次合作，促进兵团的经济发展、社会稳定和长治久安。开展兵团信息化发展情况摸底调研工作。了解兵团信息化发展情况，规范信息化建设和管理，在此基础上出台了关于信息化与网络安全等相关文件，完善兵团信息管理体制机制，助力兵团信息化健康发展。印发《关于加快推进兵团移动通信铁塔建设的通知》，简化移动通信铁塔基站建设申报、审批等流程。

（四）培育发展电子信息产业

开展电子信息产业运行分析工作。制定并下发《关于做好电子信息制造业 软件和信息技术服务业2018年定期统计报表报送工作的通知》（兵工信信息〔2018〕69号），对兵团规模以上及重点电子信息类企业进行梳理，指导企业按月上报企业运行情况。组织各师相关部门和企业参加工业和信息化部主办的第六届中国电子信息博览会、中国国际信息通信展览会，开拓企业视野，理顺企业发展方向。做好兵团软件行业协会服务工作，指导兵团软件行业协会积极与中国软件行业协会、新疆维吾尔自治区软件行业协会进行对接，开展软件产品、软件企业认定等前期准备工作。协调新疆电信企业和铁塔公司持续推进兵团与中国电信运营商及中国铁塔公司战略合作协议落实。2018年，新疆电信企业与铁塔公司在兵团辖区完成投资24.2亿元。按照政府主导、政企合作的原则，组建新疆数字兵团信息产业发展有限责任公司，为兵团提供云计算基础服务，打通系统间壁垒，实现数据互联互通。

二、主要发展特点

一是积极利用各省市援疆的有利时机，引导行业龙头企业落户兵团，带动兵团电子信息制造业快速发展。二是积极培育本土企业和信息化人才，以发展电子信息产业为引领，在投融资体制、风险投资机制、知识产权保护制度、人才激励和分配制度等方面，给予更充分的支持，调动信息科技人员和创业者的能动性和创造性，为推进兵团信息化发展提供服务。三是以需求为导向，整合各类电子信息产业资源，培育社会对信息技术的市场需求，依靠信息技术的发展创造新需求。

三、面临的问题和主要矛盾

电子信息产业受市场环境影响较大，产业规模偏小，实力不强，缺少具有明显优势的“龙头”企业带动本地信息产业的发展；产业创新能力不足，自主研发产品比例较低，大多数企业的研发机构设在内地公司总部，在兵团的企业只是承担产品粗加工等生产；资金、技术、管理和人才的支撑能力欠缺，持续发展后劲不足。

四、2019 年目标和形势展望

随着云计算、大数据、物联网、移动互联网、人工智能等新一代信息技术的快速演进，电子信息产业正日益成为我国实现制造强国、网络强国的关键力量之一。兵团在加快推进深化改革、向南发展进程中，迫切需要抓住新一代信息技术加速发展的战略机遇，加快发展大数据、工业互联网、物联网，不断壮大数字经济，为数字兵团建设提供有力支撑与保障。

五、2019 年工作措施及主要工作思路

（一）持续推进信息基础设施建设

加强与新疆通信管理局的沟通联系，进一步提升信息基础设施供给能力，实现光纤宽带网络在师市、团场城镇、工业园区、交通沿线、团场和条件较好连队的全覆盖。推进 4G 网络向边境、困难团场覆盖，加快百兆宽带普及。持续推进通信铁塔基站等基础设施建设，制订完善通信铁塔基站建设规划，支持铁塔企业加快通信铁塔等基础设施建设。引导基础电信企业、信息化服务商推动基层电子商务、远程教育、医疗等宽带网络应用。引导企业开发推广适合兵团实体产业需求的应用软件，为职工群众提供从生产资料到生活消费、从电子商务到实体店面、从金融服务到移动互联网的全方位互联网综合应用。

（二）支持电子信息企业做大做强

推动兵团与疆外大企业、大集团战略合作协议加速落地，引导疆外电子信息龙头企业利用资金优势、技术优势、人才优势在兵团注册分支机构，提升兵团电子信息产业的整体水平。优化南北疆电子信息产业发展布局，紧盯央企、大院大所、各领域龙头企业，引进培育一批智能制造咨询诊断、综合平台服务和系统解决方案服务商，推动企业实施数字化、网络化、智能化转型。

（三）加强信息技术融合应用

以研发设计、流程控制、企业管理、市场营销等关键环节为突破口，推进信息技术与传统工业结合，提高工业自动化、智能化和管理现代化水平。组织开展行业应用试点示范工程，

支持大数据、信息消费、跨行业/跨领域工业互联网平台等产品和系统的应用。制订完善政策体系，持续扩大信息消费。以数字兵团为基础，利用物联网、大数据、云计算、人工智能等技术，推进社区管理、公共交通、医疗卫生、健康养老等领域的信息系统建设，释放信息消费潜力。

（四）建设、完善兵团工业互联网平台

推进航天云网 INDICS 平台在兵团中小企业公共服务平台的部署。实施工业企业上云试点示范工程，推动生产设备、研发工具、业务系统等云化改造和云端迁移，支撑企业数字化、网络化、智能化转型。组织开展企业智能化改造诊断工作，指导和帮助企业制定智能制造助推转型升级方案，做好申报国家和兵团相关两化融合项目的储备工作。

大连市

2018 年，面对严峻复杂的经济形势，大连市坚持以创新发展为驱动，以提高质量效益和培育核心竞争力为重点，积极推进供给侧结构性改革，坚持稳中求进保增长，推动电子信息制造业高质量发展，全行业保持良好发展态势。

一、基本情况

（一）主要经济指标完成情况

大连市规模以上电子信息制造业企业（主营业务收入 1000 万元及以上）实现工业总产值 664.2 亿元，同比增长 9.3%；主营业务收入 708.9 亿元，同比增长 5.1%；出口交货值 435.5 亿元，同比增长 21.4%。

（二）经济运行主要特点

1. 主要经济指标稳中有升，恢复性增长趋势显现

在重点监测企业中，英特尔（大连）主营业务收入突破 200 亿元，同比增长 80%，拉动作用明显；大连辽无二电器、日本电产（大连）有限公司、欧姆龙（大连）有限公司增长幅度均在 10%以上；在新型元件、印刷电路板、新型显示器件、光电子、半导体材料、半导体设备等领域，一批创新能力强、科技含量高的成长性企业发展较快，连城数控、日佳电子、崇达电路、吉星电子、鼎创科技、达利凯普、龙宁科技、科利德、亚太电子等企业的主营业务收入增速均超过 20%。

2. 出口规模超过内销收入，拉动作用明显

2018 年实现内销收入 273.3 亿元，同比下降 23.8%。出口与内销收入的比重从 2016 年的 43.7∶56.3，2017 年的 50.7∶49.3 到 2018 年的 61.4∶38.6，出口规模 3 年来逐年提高，主要原因为：一是外资企业投资规模增长；二是集成电路产业已经成为大连市电子信息制造业的支柱产业。近年来，集成电路产业快速发展，全球需求的扩大拉动了集成电路产业出口的增长，形成了产业新的增长点。

3. 外资及中国港、澳、台资企业贡献率大幅增长

2018 年，内资企业实现主营业务收入 182.4 亿元，同比下降 23.3%，占全行业的比重为 25.7%；外资及中国港、澳、台资企业实现主营业务收入 526.5 亿元，同比增长 20%，占全行业的比重为 74.3%，较 2017 年增长了 9 个百分点。内资企业出口交货值 59.5 亿元，同比增长 5.1%，占全行业的比重为 13.7%；外资及中国港、澳、台资企业出口交货值 376 亿元，同比增长 24.7%，占全行业的比重为 86.3%。

二、主要发展特点

近几年，大连市电子信息制造业产业规模不断扩大，智能制造作为主攻方向正在兴起，低端业务正在逐步退出市场，以数字视听与数字家庭产品、信息通信及信息安全设备、新型元器件、应用电子、集成电路为主导的产业链布局初步形成，以智能硬件、智能家居、新型线路板、高端储能电池、光电子、半导体材料、半导体设备等为代表的新兴领域加速发展。

（一）围绕本地优势产业，聚集效应不断显现

随着国家新型工业化产业示范基地、国家级辽宁（大连）数字家庭应用示范产业基地的获批和创建，围绕龙头企业和重点产品，逐步形成了以金普新区元器件产业、高新区数字视听产业为主体的特色产业集群。金普新区和高新区电子信息制造业企业产值占全行业总产值的 85%以上，是大连市集成电路、新型元器件、信息通信与安全、储能电池、办公设备、数字视听等产业的主要聚集区和新一代信息技术产业的发展核心区。

（二）主抓龙头骨干企业，引领行业发展壮大

英特尔（大连）已成为世界最先进的非易失性存储芯片制造基地，是目前中国最大、综合技术水平最高的集成电路生产企业之一。华录集团在光存储领域已形成从光盘、光驱、大容量存储设备到数据湖应用的国内外领先的大数据存储应用产业链；蓝光存储产品加速应用，高端音响产品在海外的销量持续攀升，华录集团制造板块潜能充分释放。辽无二电器从整机产品生产向整机和特色器件共同发展转型，主导产品向汽车电子、船用电子设备、医疗器械、节能环保等高技术、高附加值产品转型。

（三）推进重点项目建设，新兴产业快速发展

英特尔（大连）投资 55 亿美元的非易失性存储器项目投产后，产能和收入呈现爆发式增长；松下汽车的新能源汽车用动力电池项目一期部分生产线开始试生产，产品达到国际先进水平，将成为拉动储能电池产业新的增长点；华录集团的超大容量蓝光存储研发及产业化项目已建成量产，年产 300GB 光盘 250 万枚，成为国内首条 300GB 光盘内制线体；华录集团 RGB 三色半导体激光投影显示项目、数字电影播投一体机二代机研发及产业化项目也将在 2019 年量产和销售；吉星电子柔性印刷电路板项目智能化生产车间投入生产，生产效率提高了 70%；崇达电路 PCB 建设项目一期、连城数控的光伏切割设备项目和单晶炉项目量产后，线路板、半导体设备等领域将发展加速。

（四）加快基地建设步伐，以示范带动产业发展

国家级辽宁（大连）数字家庭应用示范产业基地建设取得新成果。在工业和信息化部、民政部、国家卫计委三部委开展的智慧健康养老应用试点示范工作中，大连市沙河口区、西岗区获得国家示范基地，白山路街道、日新街道等7家单位获得国家示范街道，长者小镇获得国家示范企业，在5个计划单列市位居榜首，在所有申请城市中名列前茅；长者小镇的乐椿轩个性化健康管理服务、心医国际数字医疗系统（大连）有限公司互联网健康咨询被工业和信息化部列为《智慧健康养老产品及服务推广目录（2018年版）》。在智慧家庭应用平台和系统方面，华录集团的基于互联网+再生资源电子商务平台建设与运营项目综合服务平台和大连鼎创科技开发有限公司的智能家居人工智能控制平台及终端设备开发推广项目被工业和信息化部评为新型信息消费示范项目。

三、面临的主要问题

（一）产业核心竞争力有待提升

与国内先进城市相比，大连市电子信息制造业规模偏小，发展速度缓慢，相当一部分产品处于产业链中低端，企业研发能力和核心竞争力不强。

（二）产业环境亟待优化

大连电子信息制造业本地配套较为薄弱，对产业发展具有关键作用的资金、人才、载体欠缺；推动产业发展的政策、标准、公共服务体系有待完善，人才流失现象较为突出，对于可带动地区产业发展的大型项目落地的吸引力不足。

（三）新常态下传统产业遭遇困难

伴随智能时代的到来和互联网的普及应用，打印机、激光视盘机、汽车音响等传统优势产品的市场需求逐渐萎缩，企业急需转型升级，优化产品结构。

（四）订单式企业面临新的挑战

受中美贸易摩擦、大连劳动力成本逐年上升、人民币贬值等诸多因素影响，部分企业的订单逐渐向其他国家子公司转移，企业经营压力较大。

四、2019年展望

以习近平新时代中国特色社会主义思想和党的十九大精神为指导，以新一轮东北振兴发展为契机，以工业供给侧结构性改革为主线，以企业主体、市场主导、政府引导为基础，以规划统筹、创新驱动、开放合作为手段，坚持“盘活存量、引进增量、龙头带动、集群发展”战略，发挥骨干企业的龙头引领作用，把大连市建设成为东北电子信息制造业集聚区和先导区，进一步提升大连电子信息产业的核心竞争力。

五、2019 年主要工作

（一）以重点项目为抓手，加快优势产业升级步伐

推动蓝光存储设备、蓝光数据湖、储能电池、新型线路板等行业的新产品研发及产业化聚集，培育发展新兴产业。重点推动华录集团的大连数据湖示范项目、华录 300GB 蓝光光盘的技术改造升级项目、松下汽车的新能源汽车用动力电池项目、崇达电路 PCB 建设项目二期、大连中比动力高能动力锂离子电池项目等重点项目建设。

（二）大力发展集成电路产业，发挥产业集群效应

以金普新区为依托，发挥英特尔的龙头引领和集聚效应，协调推动英特尔非易失性存储器项目二期释放产能，带动和培育集成电路装备、原材料等配套产业快速发展，巩固和扩大大连市在高纯电子气体、集成电路封装设备、气体纯化设备、晶硅生长及切割设备等半导体关键装备和原材料领域的优势。

以高新区为依托，鼓励大连芯片设计/制造企业和芯片应用企业联合攻关、合作开发，支持集成电路设计企业加快研发迭代，鼓励芯片本地化采购及应用，重点发展工业控制芯片、模拟和功率集成电路、汽车电子芯片，并以本地应用市场需求、基金股权投资、专项资金补贴等方式，持续提升大连市集成电路设计产业规模，打造区域特色集成电路设计产业集群。

（三）围绕智慧家庭产业，推动应用试点示范建设

推动国家智慧健康养老应用试点示范建设，广泛开展智慧家庭、智慧社区试点示范，积极拓展智慧健康养老、互动教育、家电管家、安防与远程控制、智能家居与节能等多种应用，以示范应用带动大连市智慧家庭相关产业的发展。通过召开智慧健康养老产业应用试点示范现场会，推广智慧健康养老应用试点示范经验，以点带面互利共赢，推动信息技术产业转型升级，加快推进大连市智慧健康养老产业快速发展。

（四）开展产业精准招商，促进企业对外合作交流

围绕大项目配套招商，拉长集成电路产业链条。在英特尔二期项目释放产能的前提下，结合英特尔二期对晶圆材料、清洗材料、气体材料、专用设备、易损配件、维修材料的大规模需求，开展产业精准招商，围绕产业链缺失环节进行建链、补链、强链，发展光刻胶、清洗液、引线框架、封装树脂等关键材料及半导体设备、相关零部件加工、备件生产、装备维修，力争建设一条为英特尔项目配套的封装测试生产线，填补集成电路产业链空白，实现芯片制造、封装测试一体化发展。

（五）强化政策扶持引导，夯实产业发展基础

借鉴先进城市的政策经验，研究制定大连市集成电路产业发展新政策，做到产业政策的延续性和可操作性，吸引更多的集成电路项目落地。发挥产业投资基金的引导作用，依托辽宁省集智产业投资基金，围绕集成电路及智慧产业两大方向，支持集成电路、半导体产业、智慧装备、智慧城市等相关领域产业化的项目和企业。

（六）加强行业统计工作，把握产业运行趋势

全面梳理行业内企业相关情况，充实完善电子信息制造业企业数据库，做好行业统计和经济运行监测，及时掌握全行业和重点企业发展动态，加强对行业发展趋势的研判，为领导决策提供服务。

青岛市

一、基本情况

2018 年，青岛市规模以上电子信息制造企业累计完成工业产值同比增长 5.9%，占青岛市规模以上工业总产值的比重为 19.7%，其中，广播电视设备制造产值增长较快，同比增长 10.1%。完成出口交货值同比增长 1.0%，完成工业销售产值同比增长 9.2%。

二、主要发展特点

（一）主要产品产量总体保持平稳

2018 年，在电子信息制造业主要产品中，青岛市共生产电冰箱 886.6 万台、电冰柜 471.9 万台、空调 1058.1 万台、洗衣机 601.7 万台、电视机 1695 万台、移动电话 2010.2 万部，同比分别增长 3.3%、下降 7.8%、增长 5.3%、下降 0.3%、下降 0.5%、下降 28.9%。生产电子元件 30 亿只，同比下降 13%；生产电力电缆 90562 千米，同比增长 7%。

（二）骨干企业影响力增强

2018 年，海尔集团、海信集团、澳柯玛集团、乐金浪潮分别完成产值 1032 亿元、522.1 亿元、61.1 亿元、51.4 亿元，同比分别增长 11.8%、下降 2%、下降 1.1%、下降 8.4%。2018 年中国电子信息百强企业海尔集团、海信集团分列第 3、第 9 名。海尔集团第 9 次蝉联全球大型家用电器品牌零售第 1 位，海信电视连续 14 年位居中国市场第一。海尔集团收购意大利家电企业 Candy，海信集团收购斯洛文尼亚白色家电品牌 Gorenje，加速全球扩张。

（三）创新体系建设深入推进

国际三大标准组织 IEEE/ISO/IEC，批准由海尔集团牵头主导制定大规模定制国际标准，海尔国家家用电器技术标准创新基地（青岛）通过验收，启动建设高端智能家电创新中心，开展对高端智能家电关键共性技术的研究攻关。海信集团整合青岛、顺德两地的研发中心，建设白色智能家电研发中心集群。澳柯玛集团智能产业园项目一期已封顶，将建设大数据运营中心、智能技术研究中心、仿真设计中心、工业软件研发中心等多个创新平台。

（四）集成电路产业实现突破

集成电路招商引资取得突破，引进了一批集成电路设计、晶圆制造、第三代半导体材料

项目，12 英寸先进模拟集成电路制造、芯恩协同式集成电路制造、6 英寸晶圆和半导体功率器件生产项目填补了山东省在集成电路制造领域的空白，泰睿思集成电路封装测试项目、中科钢研碳化硅材料、聚能晶源氮化镓外延材料项目等一批产业链重点项目正在建设中。集成电路设计、制造、封装、装备、材料和创新、融资、人才服务的全产业链发展格局初具雏形，集成电路产业链企业超过 80 家，设计类企业有 50 家。成功举办 2018 年国际集成电路产业投资（青岛）峰会，国内外集成电路产业精英 400 余人参会。

（五）智能家居生态体系加速推进

海尔集团聚焦智慧家庭战略，制定并推出了首个以用户为中心、用户可定制的全场景定制化智慧成套方案，累计用户数已经突破 5000 万人。COSMOPlat 工业互联网平台赋能智慧家庭生态，已建成 11 家全球引领的互联工厂样板，可提供大规模定制服务。海信集团在全面实施家电智能化的基础上，开发推出了智慧家居 Hi-Smart 有线系统，建成了聚好联 1.0 智能家居物联网平台，量产了智能家居中央控制器“信果”，建成了绍兴路 66 号智能家居示范项目。澳柯玛集团推出“互联网+全冷链”品牌战略，开发了智能家电物联平台、智慧冷链管理系统，AI 智能自助柜已接到订单上万台。

（六）新兴产业发展动能增强

青岛市初步形成了集基础研发、设备制造、产业应用、平台服务于一体的增材制造产业链生态体系，以三迪时空 • 3D 智造云平台为代表的增材制造云服务平台在国内领先。青岛市物联网相关企业近 300 家，主要以软件和系统集成、硬件产品生产为主，应用领域主要集中在智能家居和工业控制方面，在感知、传输、平台和应用等方面均有较大进展。以崂山区为核心打造全国首个国家级虚拟现实高新技术产业化基地。引进高校和高层次人才团队，成立了北航歌尔虚拟现实创新研究院等 11 家虚拟现实高端研发机构，集聚了歌尔科技等虚拟现实企业 80 余家，成功举办了 2018 国际虚拟现实创新大会，吸引了来自 22 个国家和地区的 300 余位嘉宾和 1000 余家国内外企业参会。

三、面临的问题和主要矛盾

当前，青岛市电子信息制造业发展处于新旧动能转换的关键期，面临转型的压力。集成电路、显示面板、高端电子元器件、印刷电路板等核心基础产业发展滞后，已经严重影响到青岛市新一代信息技术、智能家电等产业的发展。手机、电视等终端消费市场需求下滑、竞争加剧，给企业经营带来较大压力。

四、2019 年目标和形势展望

2019 年，青岛市电子信息制造业将以习近平新时代中国特色社会主义思想为指导，全面贯彻落实青岛市委、市政府决策部署，坚持稳中求进工作总基调，坚持新发展理念，以供给侧结构性改革为主线，以新旧动能转换重大工程为引领，树立平台思维、生态思维，全面发起“高端制造业+人工智能”攻势，加速推进集成电路、新型显示等短板产业招商引资、项目建设，大力推动智能家电产业创新转型，深入实施超高清视频产业发展行动计划，加快发展物联网、虚拟现实、增材制造等新兴产业，在“巩固、增强、提升、畅通”上下功夫，强化创新驱动、改革推动、融合带动，促进青岛市电子信息制造业平稳、健康发展。

五、2019年工作措施及主要工作思路

（一）优化产业发展环境

进一步完善青岛市新一代信息技术、智能家电产业专班推进机制，统筹推进电子信息制造业发展。充分发挥产业专班、智库的高端智力引领作用，加强产业顶层设计，落实“高端制造业+人工智能”攻势行动方案部署，制定并实施智能家电、微电子（集成电路）、超高清视频等重点领域的发展行动计划。用足、用好国家、山东省、青岛市促进先进制造业加快发展、实体经济高质量发展和新旧动能转换的系列政策措施，推动出台青岛市集成电路、超高清视频产业发展扶持政策，加大对集成电路、新型显示等核心关键产业的支持力度。以中国—上海合作组织地方经贸合作示范区建设等重大战略为契机，推动国际间电子信息产业技术、标准、人才及产能合作，打造开放型产业体系。

（二）加大招商引资力度

坚持把“双招双引”作为“一把手工程”，发起“双招双引”攻势，按照产业集群化发展思路，建立纵向配套和横向协作的产业链招商机制。围绕家电电子信息制造业产业集群，重点编制集成电路、显示器件、智能家电产业链精准招商目录，精准开展定向招商、专业招商、社会化招商，引龙头、聚配套、补短板，推动“一区一链”差异化发展，增强产业发展后劲。健全信息归集、会商决策、协调服务的重大项目招商建设推进机制，跟踪推进12英寸先进模拟集成电路等一批电子信息制造业重点建设项目，2018年完成固定资产投资100亿元以上，引领产业高端迈进、增量加速崛起。

（三）加强创新体系建设

坚持把创新作为引领发展的第一动力，以打造协同创新平台、提升创新能力、培育创新梯队为主线，不断完善以企业为主体、以市场为导向、产学研相结合的技术创新体系。支持海尔集团、海信集团、澳柯玛集团等大企业集团加大研发投入，积极承担国家核高基专项“新一代宽带无线移动通信网”等科技重大专项课题，开展行业共性关键技术和标准的研发。整合行业创新资源，建立产业协同创新平台，积极推进省级家电业智能制造创新中心、高端智能家电创新中心争创国家级，大力培育虚拟现实、快速制造产业（3D打印）、超高清视频制造业等创新中心建设。发挥大企业双创和小微企业双创两种平台优势，引导培育有自主知识产权、增长速度快的科技型中小企业成长为行业“隐形冠军”。

（四）加快发展集成电路产业

以半导体激光器芯片和光通信模块、传感器（MEMS）、先进模拟集成电路、专用集成电路（ASIC）、半导体功率器件为主要方向，着力打造集研发设计、制造、封装测试、终端产

品生产和人才培养实训“五位一体”的集成电路产业集聚区，加快推进“青岛芯谷”、青岛（芯园）半导体产业基地、中德生态园集成电路产业基地建设。推进公共服务平台建设，2019 年内建成集成电路仿真设计、先进封装技术创新、人才实训/培训平台，启动微纳加工测试平台建设。加快 12 英寸先进模拟集成电路、芯恩协同式集成电路制造等重大项目建设，泰睿思集成电路封测、中科钢研碳化硅晶圆材料等项目建成投产，推进大唐半导体、矽昌科技、聚能创芯等集成电路设计项目落地运营。

（五）突破发展超高清视频产业

制定并落实青岛市超高清视频产业发展行动计划，实施超高清视频产业创新中心建设工程、超高清视频内容制作基地建设工程、超高清视频设备和终端产品生产基地建设工程等六大工程，构建“一带四核”的产业空间布局。按照“4K 先行、兼顾 8K”的总技术路线，突破超高清成像、高带宽实时传输、超高速存储、HDR 显示兼容与动态适配等关键技术，扩大 4K/8K 超高清电视机生产规模，推进 4K/8K 超高清芯片、大尺寸面板、激光器、机顶盒的产业化配套，大力引进发展 Micro LED（微型 LED）、高世代 TFT-LCD（薄膜晶体管液晶显示器）项目，发展超高清视频制播设备、终端产品与内容制作，争创国家超高清视频应用示范区。

（六）做大做强智能家电产业

以海尔集团、海信集团、澳柯玛集团为龙头，加快发展基于物联网、人工智能技术的智能家电产业，打造全球智能家电研发和制造基地。以制造业数字化、网络化、智能化为主攻方向，以海尔 COSMOPlat 工业互联网云平台大规模定制模式推广为重点，开展新一轮高水平技术改造，加速工业互联网向家电业生产全过程、全领域拓展。重点推进海尔集团基于人工智能的智慧家庭解决方案、海信集团面向多媒体显示产品的生产设备智能化升级改造、澳柯玛集团智能化深冷设备研发及产品转化等智能家电项目建设。突破集成电路、显示面板等制约瓶颈，加快引进智能电视芯片、日本松下压缩机、美芝压缩机、河北钢铁集团家电用板材加工等产业链配套项目，形成较完善的智能家电产业链。推进海尔集团 U+智慧生活、海信集团聚好联、澳柯玛集团智慧冷链等开放式智能家居大数据平台建设，链接硬件、软件、内容、服务等生态资源，打造行业领先的智能家居产业生态。

（七）强化人才支撑

积极实施人才战略，完善人才培养、引进、使用、评价、激励等办法，营造有利于高端人才脱颖而出的人才发展环境。对接国家高层次人才计划，注重中外合作、部市合作和校企合作，大力引进高端人才、急需紧缺人才及创新团队。大力引进国家示范性微电子学院，推动北航青岛研究院、天津大学（青岛）研究生院、山东大学电子科学与技术学院等扩大微电子领域的招生规模，加强本地高校微电子相关学科建设，扩大人才培养规模。大力发展专业培训机构和职业技术教育，推动青岛市微电子人才培训（实训）基地和虚拟现实（光学）人才培训（实训）基地建设，探索“订单式”人才联合培养机制，加快高技能技术人才培养，打造大批“工匠”型人才。

哈尔滨市

一、基本情况

2018 年对于我国电子信息制造业来说是不平凡的一年，全球经济复苏形势不容乐观，传统消费电子市场疲软不振。我国电子信息制造业迎难而上谋发展，电子信息制造业保持平稳态势，生产与投资增速在工业各行业中保持领先水平，有力地促进了社会信息化发展水平的提高和两化深度融合，为国民经济在新常态下保持平稳运行发挥了积极作用。

（一）基本情况

哈尔滨市电子信息制造业以计算机及零部件、敏感元件与传感器、电能仪器仪表、计算机应用、汽车电子、电力电子、数字化装备制造、智能卡应用系统、无线通信技术为主，形成优势与特色的产业和产品格局。

2018 年，哈尔滨市电子信息制造业共有规模以上企业 29 家，从业人员约 3 万人，其中，主营业务收入 10 亿元以上的企业 2 家，1 亿元以上的企业 15 家，产品涵盖电池、电子器件、仪器仪表、半导体材料等行业。2018 年全行业生产销售保持稳步增长，累计完成工业总产值 81.3 亿元，同比增长 17.6%。其中，重点监控的 15 家亿元以上规模企业累计完成工业总产值 75.5 亿元，同比增长 19.6%。拥有主要产品近 300 种、国家授权技术专利 321 项、国家重点实验室和国家级企业技术中心 3 个、省级重点实验室和省级企业技术中心 12 个、博士后工作站 7 个。产品涵盖电子元器件及半导体材料、数字化装备制造、汽车电子、电力电子、仪器仪表、计算机外设、广播及通信设备 7 个行业。

（二）重点项目完成情况

哈尔滨光宇电源股份有限公司电动车锂电池及系统集成生产线建设第三期项目计划总投资 6.2 亿元，2018 年完成投资 2 亿元。项目建成后动力电池年生产能力 3GWh；年销售额 40 亿元；年税金 19500 万元；年利润 13000 万元；解决就业 804 人。预计 2020 年年底全部建成。

哈尔滨光宇电源股份有限公司锂离子电池用铜箔项目计划总投资 16424 万元，目前项目已完成环评工作，土建工程已完成三层厂房建设，2018 年完成总投资 2000 万元。项目建成后将形成铜箔年生产能力 2400 吨；年销售收入 21600 万元；解决就业 120 人。预计 2020 年 10 月建成。

哈工大机器人集团有限公司先进机器人系统装备研发基地项目计划总投资 4.8 亿元，2018 年已完成投资 2.7 亿元。建设重型厂房两座、轻型厂房一座、研发大楼一座等研发基地基础设施，使用重型厂房进行面向工业机器人、特种机器人、服务机器人的关键零部件研发、生产、制造与装配，达产后将实现机器人本体设计及组装 300 台（套）、自动化成套设备研发及生产 50 台（套）、智能装备研发及制造 200 台（套）、机器人系统软件开发 450 套、关键零部件研发及生产 10 万件。

哈尔滨佳泰达科技有限公司在线式红外成像测温预警系统建设项目总投资 3.5 亿元，已完成投资 3 亿元。建成后可年产在线式红外成像测温预警系统 2700 台/套。

哈工大卫星激光通信股份有限公司卫星激光通信研发生产基地项目总投资 3.2 亿元，建成后可年产激光通信终端设备 50 套，已经建设完毕。

（三）重点企业情况

哈尔滨博实自动化股份有限公司：坐落在哈尔滨高新技术产业开发区，占地面积 12 万平方米。该公司主要从事自动化包装、码垛成套设备及工业机器人研究开发、生产制造、销售服务，并围绕系列产品提供系统解决方案和相关增值服务，产品主要应用于石油化工、煤化工、盐化工、精细化工、化肥、冶金、物流、食品、饲料等行业的固体物料后处理，能够满足客户多层次、全方位的需求。2018 年该公司完成工业总产值 12.07 亿元，同比增长 29.8%。

哈尔滨光宇电源股份有限公司：拥有全自动锂离子电池生产线，2018 年生产能力已达 5GWh，全年经济指标比 2017 年有大幅度增长。2018 年实现产值 20.7 亿元，同比增长 81.7%。该公司为北汽、广汽客车、长安、御捷、江铃等新能源汽车企业配套供给动力电池，为中国移动、中国联通、中国铁塔、国家电网、印度信实、越南电信等企业配套通信用储能电池。该公司正在投入资金进行动力电池第三期建设，达产后动力电池的产能将会进一步提升。

哈工大机器人集团：主营业务聚焦机器人和人工智能领域的科技成果转化，业务内容涵盖科技创新、转化服务、产业孵化和产业运营等科技成果转化路径上的多个环节，业务领域涉及智慧工厂、工业机器人、服务机器人、特种机器人、文旅机器人、医养康助机器人等方向。该集团目前基本具备机器人产业领域全产业链、全要素整合和配置资源的能力，集团已跻身于中国机器人行业第一梯队。2018 年经营状况良好，实现产值 11.26 亿元，净利润 6210 万元。

（四）空间载体情况

哈尔滨市实施园区带动产业升级，引进大企业，全力推进园区功能优化和产业提升，形成产业特色和产业集聚，坚持集约、有效利用资源，做大做强工业园区，实现园区工业经济跨越式发展，打造承载电子信息制造业的空间载体，促进产品与产业结构优化升级。发挥龙头企业的主体作用，打造具有哈尔滨特色的信息产业、信息化与工业化融合的产业园区。

（1）哈南工业新城。总规划面积 462 平方千米，由哈尔滨经济技术开发区哈平路集中区、南岗工业园区、阿城新华新区等 10 园区组成。已初步形成新材料、航空航天设备制造、新型装备制造、医药、食品、现代服务业、电子信息七大产业发展基地。

（2）科技创新城。总规划面积 137 平方千米，由科技创新园和科技产业园“两园”组成。其中，科技创新园规划面积 20 平方千米，科技产业园规划面积 117 平方千米。重点构建高新技术研发、高新技术孵化、高新技术市场 3 个体系，重点发展新材料、新能源、生物医药、光电仪器、电子信息五大产业集群，科技新城建设分三期实施。

（3）哈东新城。总规划面积 68.56 平方千米，目前筹备二期规划面积 50 平方千米，已启动建设面积 11.5 平方千米。由宾西经济开发区、宾西镇和蜚克图镇“一区两镇”组成。重点构建对俄贸易出口加工基地、LED 光电园、数码焊接园、农副产品深加工园。

二、存在的主要问题

（一）人才供求矛盾突出

一是哈尔滨市电子信息制造业产业基础薄弱，对人才的吸纳凝聚力不强；二是高校培育人才与企业结合度不够；三是人才意识薄弱，人才招引政策不完善，针对性的配套体系不健全。

（二）缺少龙头企业，企业集聚性差

和发达城市相比，哈尔滨市缺少对哈尔滨市电子信息产品制造业起支撑作用的大企业，没有形成以龙头企业为核心，带动引领相关配套企业繁荣发展的局面。尽管哈尔滨市电子信息技术起步早，但各个企业的发展一直各自为战，造成了哈尔滨市电子信息制造业产业链重要环节不完整，各个企业之间缺乏有效的合作，上下游企业的集聚效应没有很好地发挥，尤其是很多关键环节的缺失，造成了产业发展抗风险能力差、市场竞争力低等问题。以 LED 产业为例，哈尔滨市拥有奥瑞德蓝宝石这类做原材料的企业，也有海格科技这类做照明设备的企业，但产业上游的外延设备、芯片生产还是空白。

（三）配套设施滞后，园区成熟度低

哈尔滨市电子信息技术发展主要依托高新区和经济技术开发区两个园区，园区建设初期缺乏有效的产业规划，对于入园企业无论是在产业配套，还是生活配套方面都缺乏有效的规划和落地，造成目前园区企业在产业配套方面不得不寻求外部合作，造成资源浪费。而在生活配套方面，哈南区企业面临着生活配套缺失的问题，各个企业为吸引和留住人才，均建设了员工宿舍，并运营了通勤班车，给企业发展核心业务造成了一定的负担。

（四）资金投入不足，融资渠道有限

哈尔滨市每年都会有专项的扶持资金用于发展电子信息技术产业，但扶持资金的力度与其他同类型城市相比不具有明显的竞争力。一方面，资金总体投入不足是制约哈尔滨市电子信息制造业发展的瓶颈，总体投资规模明显落后于发达地区和城市；另一方面，有限的政策扶持资金政出多门，没有形成集中、统一使用的运行机制，对企业的扶持作用不大。

三、重点任务

作为新一代信息技术产业重要组成部分的电子信息制造业，应重点向集成电路及专用设备、信息通信设备、机器人及智能制造核心信息设备等技术方向发展。

（一）集成电路及专用设备

重点发展哈尔滨奥瑞德光电股份有限公司作为集成电路衬底的蓝宝石单晶生长技术及与之相配套的蓝宝石长晶炉设备和蓝宝石 LED 灯；重点发展海格科技发展有限公司的红外一体化接收器和 LED 灯具；利用对俄优势打造寒地 LED 照明产业。

（二）信息通信设备

发展哈尔滨海能达科技有限公司作为海能达通信股份有限公司重要的研发基地，致力于在哈尔滨市打造全亚洲最大的专网数字集群通信网络产品开发、建设、维护运营基地，为国内、海外行业客户提供全方位的专网通信网络集成服务。

（三）电子元器件

以光宇集团为代表，在做大传统铅酸蓄电池和通信锂电池的基础上，重点发展前景广阔的锂离子动力电池。

（四）行业电子

发掘敏感元器件、电力电子、轨道交通信息系统、汽车电子等有传统基础的行业电子产业。发挥中国电子科技集团第 49 研究所在传感器和敏感元器件研究领域的骨干作用，发展物联网产业；利用九洲电气、亿汇达电气、威瀚电气、特通电气等传统电力电子企业，发展能源互联网；结合福特汽车、沃尔沃汽车等战略项目，做大做强固泰电子、威帝电子、航天科技等汽车电子企业；结合高铁、城市轨道交通建设的历史机遇，发展威克科技、瑞星科技等轨道交通系统企业。

（五）做大做强工业机器人

依托哈工大机器人集团等骨干企业，基于现有基础重点发展六轴或以上高端工业机器人、人机协作机器人、经济型直角坐标机器人、经济型并联机器人、工业 AGV、高温炉前特种作业机器人等工业机器人产品；借助现有技术优势，大力发展全自动称重包装码垛设备、自动化和智能化专用切割设备和焊接设备，面向哈尔滨市内及周边汽车、机械、电子、食品、药品、危险品制造、化工、轻工等行业，研发并提供包含工业机器人在内的自动化成套装备及整体智能化解决方案。

（六）培育发展服务机器人

借助由黑龙江省、哈尔滨市共同推进的哈尔滨工程大学相关的 7 家机器人企业即将入驻的碧海产业园及现有服务机器人企业，针对应用需求，积极布局服务机器人，尽快实现大批量产业化，占领市场。在现有基础上，发展完善：炒菜机器人、送餐机器人、传菜机器人、解说与导购机器人、迎宾机器人等公共服务机器人，爬壁机器人、消防救援机器人、反恐防爆机器人等特种机器人，无人气垫船、无人直升机、无人固定翼、无人多旋翼等无人机产品；加快研发脑电波控制机器人、助老助残机器人、医疗康复机器人、智能水下机器人等。

宁波市

2018 年，宁波市贯彻落实制造业高质量发展要求，加快推动电子信息制造业转型升级，助力宁波市数字经济加速发展，全行业运行平稳，呈现生产增势良好、出口效益改善、创新引领增长、新动能培育加快的发展态势。

一、基本情况

宁波市 834 家规模以上电子信息制造业企业 2018 年实现工业总产值 1706 亿元，销售产值 1661 亿元，出口交货值 620.6 亿元，分别同比增长 5%、5.6%、2%。实现主营业务收入 1676 亿元，内销产值 1040 亿元，分别同比增长 3.9%、7.9%。实现利税总额、利润总额分别为 116.7 亿元和 81.1 亿元，分别同比下降 2.7%和 3.1%。

（一）生产增势良好，增速稳步增长

1. 生产稳步增长

2018 年，宁波市电子信息制造业工业总产值、销售产值、出口交货值及主营业务收入增速较 2017 年均有所放缓，保持平稳增长态势。在工业和信息化部重点监测的 139 家重点企业中，广播电视行业、电子信息专用材料行业、电子测量仪器行业、电子信息机电行业和电子器件行业的增速分别为 28.7%、21.6%、19.7%、17%和 15.6%，均高出浙江省规模以上电子信息制造业的平均增速。

2. 产销良好

2018 年电子信息制造业的产销率达到 97.3%，产销情况良好；完成主营业务收入 1676 亿元，销售产值达 1661 亿元，分别同比增长 3.9%和 4.6%。

3. 中高端产品优化升级加快

2018 年，宁波市累计生产智能手机 644 万部，同比增长 62.6%；多晶硅电池累计生产 14579 千瓦，同比增长 100.8%；多晶硅电池组件累计生产 3522195 千瓦，增长 42.2%；半导体分立器件、服务器和半导体发光二极管（LED）产量分别同比增长 35.2%、25%和 10.6%。

（二）出口稳步向好，内销支撑作用明显

1. 出口增速逐步趋稳

2018 年以来，受美国 301 调查及中美贸易摩擦等因素影响，上半年宁波市电子信息制造业出口增速出现负增长，全行业积极调整出口及经营策略，下半年出口增速实现回暖。

2. 高新技术产品成为出口增长的新亮点

2018 年，宁波市出口高新技术产品 527.3 亿元，同比增长 19%，太阳能电池、二极管及类似半导体器件等主导产品出口增长加快，2018 年太阳能电池出口 182.5 亿元，同比增长 32.2%；二极管及类似半导体器件出口达到 185 亿元，同比增长 31.9%；电线电缆出口 116.7 亿元，同比增长 13%；灯具照明装置及零件出口 287.1 亿元，同比增长 7%。

3. 重点出口企业带动贡献突出

龙头骨干企业积极参与“一带一路”倡仪，加大对海外市场的投入，积极推进自主品牌实施全球化战略并取得良好成效。2018 年，群志光电、东方日升、舜宇集团、技嘉科技、中银电池的出口交货值排名前五位，金瑞泓科技、唯尔电器、乐歌、金鸡强磁、赛尔富和兴业盛泰出口交货值分别同比增长 100.5%、86.8%、52.4%、44.9%、39.5%和 34.9%，增速均在两位数以上。

4. 内销贡献作用明显

2018 年，宁波市规模以上电子信息制造业内销占全部销售产值的 62.6%，对销售产值增长的贡献率达到 86.2%，拉动销售产值增长 4.8 个百分点。

二、主要发展特点

（一）重点细分产业加速发展

大力培育发展集成电路、光学电子、VR/AR、智能终端等新兴产业。集成电路及相关产业方面，北仑、鄞州两区入选浙江省集成电路产业基地创建名单，康强电子、金瑞泓科技、江丰电子入选 2018 年中国半导体材料十强企业名单（分列第 1、第 2、第 9 位）。产业集聚态势初步形成，甬矽电子、群芯微电子等优质项目落户宁波，宁波市集成电路相关企业数量超过 60 家。中芯宁波 N1 厂建成投产，中芯宁波 N2 厂、安集微电子、南大光电等重点项目集中开工，中芯宁波先进晶圆技术平台实现重大突破。2018 年，宁波市集成电路及相关产业完成工业总产值 195 亿元，同比增长 7.6%。光学电子产业继续保持高速增长，永新光学 2019 年 9 月 IPO 上市，成为继舜宇光学、激智科技、GQY 视讯后宁波市第 4 家光学电子上市企业。舜宇车载（车载镜头）、长阳科技（光学反射膜）两家企业（产品）入围国家第三批单项冠军企业（产品），国字号单项冠军企业（产品）达到 5 家。TFT 高世代电子纸等项目成功落户，2018 年光学电子产业完成工业总产值达 354 亿元，同比增长 15.1%，继续保持两位数增长。

（二）创新步伐不断加快

新产品研发势头良好，2018 年宁波市规模以上电子信息制造业实现新产品产值 853.8 亿元，同比增长 4%，新产品产值率突破 50%；研发投入强度增强，2018 年完成技术研究开发费用 50.3 亿元，同比增幅达 12.5%，占主营业务收入的比重为 3%。加快布局新兴产业。瞄准高频集成电路领域产业短板，积极布局 5G 通信、汽车电子、AR/VR、智能终端等新兴产业领域，开展四大智能终端产业调研及规划编制工作，组织召开 AR/VR 产业发展及集成电路产融对接座谈会，国开行宁波分行发放集成电路专项贷款超过 10 亿元。

（三）龙头企业带动作用突出

均胜电子、舜宇集团和东方日升 3 家企业被评为 2018 年中国电子信息百强企业，分列第 30、第 39 和第 61 位，比 2017 年分别提高了 9 位、8 位和 13 位，上榜企业排名次序创历史最高水平。舜宇集团、群志光电、东方日升、公牛集团和东方集团共 5 家企业被评为 2018 年（第 18 届）浙江省电子信息制造业业务收入前 30 家企业，群志光电、东方日升和舜宇集团 3 家企业被评为 2018 年（第 18 届）浙江省电子信息出口 10 家重点企业，杜亚机电、杉杉新材料、康强电子、激智科技、金瑞泓科技、中车时代和江丰电子共 7 家企业被评为 2018 年（第 18 届）浙江省电子信息 50 家成长性特色企业。宁波东方电缆股份有限公司入选 2018 年国家技术创新示范企业名单（全国 68 家企业上榜），系宁波市唯一上榜企业。

三、面临的问题和主要矛盾

（一）统计口径改变导致行业统计企业数量明显减少

2018年国家统计局执行新的行业代码，宁波市约200家电子信息制造业企业因行业代码原因未纳入浙江省数字经济核心产业（电子信息产品制造业）统计范围。

（二）光伏行业受政策影响较大

宁波市是国内重要的光伏制造产业基地之一，目前拥有规模以上光伏企业50余家，产业规模接近200亿元。国家“531光伏新政”出台后，宁波市光伏产业产值下滑比例在10%左右，部分企业出现合同纠纷、工程推进两难等不利局面。同时，随着行业的快速发展，光伏产能的快速增加和成本的降低造成的市场竞争越发激烈，一方面光伏组件的价格越来越低，另一方面组件产品成本容易受原材料价格影响，宁波市部分光伏制造企业产品以组件为主，产品种类相对单一，遇到光伏组件价格下滑严重或者材料成本过高时，容易导致生存危机。

（三）集成电路企业对产业基金、银行融资等各类资金的需求较高

集成电路项目，特别是产线项目对资本的要求较高，目前宁波市现有政府基金规模有限，且受一定的体制机制影响，在作用发挥方面受到限制。

（四）人才支撑不足

人才是产业发展的第一资源，宁波市面临专业类高校少、周边城市虹吸效应大、人才支撑不足的不利局面，特别是近年来宁波市提出发展模拟集成电路产业，企业“两端在外”问题显得比较突出，引进的一些企业往往将总部或基地设在宁波，而把研发中心外设在北京、上海等城市；芯片产品又委托外地企业代工，对本地产业的带动尚显不足。

四、2019年目标和形势展望

受国际经济形势下行压力增大及统计口径变化等因素影响，预计2019年宁波市电子信息制造业运行压力仍然较大。但随着新一轮国家、浙江省、宁波市降本减负政策的出台落地，宁波市集成电路、光学电子等新一代信息技术产业的快速发展，以及浙江省数字经济核心产业（电子信息制造业）统计工作的调整及规范，预计2019年宁波市电子信息制造业工业总产值保持较快增长。

五、2019年工作措施及主要工作思路

2019年是推进制造业高质量发展的关键之年，宁波市将继续贯彻落实宁波市委、市政府“六争攻坚、三年攀高”行动要求，加快推进5000亿元级电子信息制造业产业集群建设，重点做好以下工作。

（一）推进集成电路重点项目建设和落地

推进中芯宁波项目加速建设，落实重大项目招商引智工作。高水平推动北仑区“芯港小镇”建设，推动一批制造企业、研究院、设计企业整体启动建设，加快推进鄞州区“微电子创新产业园”建设，指导余姚、杭州湾新区等地发挥自身优势，积极吸引集成电路项目落户，谋划推进集成电路前湾基地建设。加强产业协作，支持集成电路企业与下游应用企业开展联合技术攻关，继续开展金融机构、基金公司与集成电路企业（项目）的产融合作。积极发挥平台的作用，持续完善集成电路产业生态体系建设。

（二）推动光学电子产业高质量发展

支持舜宇集团“千亿元级企业”发展，推进余姚智能光电小镇、江北膜幻动力小镇两个光学电子特色小镇建设，支持推动环球广电、永新光学等重点企业发展。深化光学膜产业发展，推动光学膜产业上规模、上等级。发展虚拟现实（VR / AR）产业，打造以硬件设备、工具平台与内容应用为主体的虚拟现实产业链，推动新型光电器件（模组）在智能汽车等领域的应用。

（三）推进汽车电子产业发展

加快以集成电路、微系统为基础的汽车电子产业的发展。鼓励和引导宁波市集成电路设计、制造企业针对高级辅助驾驶系统（ADAS）、车载信息娱乐系统（IVI）等开发车用芯片；促进宁波市电子传统优势企业为汽车整车及汽车电子企业配套供货，积极推动宁波汽车电子企业与吉利、大众、立通等整车制造企业对接，提升汽车电子产业协作水平。

（四）推进新兴产业发展

推动智能信息终端产业发展，重点跟踪杭州湾新区等重点区域的产业发展。推进传感器产业发展，加大对智能传感器，尤其是智能传感器芯片技术的研究开发，大力推进传感器在物联网、智能制造等领域的广泛应用。谋划人工智能产业，引进培育智能技术相关企业及人工智能专家，加速构建贯通物端智能芯片、物端智能平台、智能制造服务的创新产业链，打造以芯片为基础，强化软件、芯片、人工智能、大数据、新材料五大关键共性技术支持的智能信息终端产业生态体系。

济南市

济南市电子信息制造业以习近平新时代中国特色社会主义思想为指导，按照干在实处、走在前列的要求，立足自身优势特色，聚焦数字经济引领，紧抓济南建设新旧动能转换先行区战略机遇，着力培育创新驱动、项目带动、政策促动三大动能，圆满完成 2018 年各项目标任务。

一、基本情况

新一代信息技术产业是山东省“十强”产业和济南市“十大千亿元级产业”之一。2018 年，济南市电子信息产业实现主营业务收入 3190 亿元，其中，电子信息制造业实现主营业务收入 700 亿元，同比增长 13.6%；实现利润总额 19.86 亿元，同比增长 12.91%。产业集聚效果初显，济南市新一代信息技术产业集群获评山东省唯一支持的支柱产业集群。载体布局日益优化，已形成“三核两廊多园”发展空间布局。骨干企业势头良好，浪潮集团 2018 年营业收入首次突破 1000 亿元大关，服务器市场份额蝉联全国第一、全球前三，增速居全球第一位；山东天岳成为全球第 4 家可批量供应 4H-Sic 衬底产品的企业，碳化硅半导体材料研发技术“国家地方联合工程研究中心”获得批复；积成电子、东港股份、奥太电气等企业增速明显。集成电路产业链初步形成，成功引进 ARM、世芯电子、富士康功率半导体、正威光电产业研究院等集成电路项目，弥补了“缺芯少屏”的现状，初步构建起“材料—设计—制造—封装测试—设备”的完整产业发展链条。

二、主要工作开展情况

（一）加紧研究和出台相关政策，不断健全完善制度保障体系

一是牵头起草促进数字经济发展的政策措施。按照走在前列和对标先进的要求，赴深圳、广州、杭州、上海调研数字经济发展情况，以数字产业化和产业数字化为主攻方向，集中力量研究出台了《济南市促进先进制造业和数字经济发展若干政策措施》（济南市政府 2019 年 1 号文）。立足济南基础优势，从 7 个方面初步提出 24 条细化措施。二是编制完成《大数据与新一代信息技术产业发展规划》。在全面分析济南大数据与新一代信息技术产业现状和发展形势的基础上，明确指导思想、基本原则，提出立足“三核两廊多园”空间布局，发展“十二大领域”，实施“十五大工程”，培育“八大产业集群”，实现“全省一流、国内领先、国际知名”目标，着力将济南市建成山东省独具特色的新一代信息技术产业集聚区和数字经济的“龙头”，在全国发展方阵中走在前列。三是推进宽禁带半导体产业发展。制定出台《济南市支持宽禁带半导体产业加快发展的若干政策措》，提出强化区域载体建设、支持科技成果转化、创新财政金融支持、加快产业培育发展、加强“双招双引”工作、推动政策措施落地见效等六大类 17 条具体措施，为抢抓宽禁带半导体产业发展奠定基础。

（二）深化联系服务企业制度，推进重点项目落地实施

成立服务浪潮集团发展市级工作专班，按照“固定部门+发展事项涉及部门”的模式建立联席会议制度，坚持周调度、周汇总、周上报，协调推进浪潮集团在济南智能计算产业园开工、新型智慧城市建设等方面问题的解决，2018 年浪潮集团营业收入达到 1016 亿元，同比增长 26.5%。组织电子信息行业企业参加 2017 年全国和山东省电子信息行业优秀企业评选，共 17 家企业成功入选。组织申报两批国家健康养老应用试点示范产品和服务项目，共推选 10 家示范企业、2 家养老基地、4 个示范街道。举办虚拟现实产业创新发展论坛，启动山东省大学生虚拟现实技术应用设计大赛，加快虚拟现实产业发展。推荐 30 多家企业申报儒商大会新一代信息技术产业高峰论坛重点签约项目，山东科学城、富士康功率芯片项目和面向全国的大健康云平台运营服务项目成功入选，占山东省新一代信息技术签约项目总数的 1/3。

（三）健全产业发展链条，加快推进集成电路产业发展

济南市作为“国家集成电路设计产业化基地”之一，在移动智能终端芯片、智能计量芯片、卫星定位与通信芯片、FPGA 芯片、音/视频编/解码与信息处理芯片、存储芯片、智能可穿戴设备芯片及操作系统等领域聚集了一批集成电路设计企业，面向智能卡、智能电网、卫星导航与通信、安防监控、工业控制、金融电子、汽车电子开展应用。另外，济南市在 EDA 国产化开发、安全芯片测试、MEMS 封装、新型化合物材料等领域，以及示范性微电子学院建设，校企合作培养集成电路产业人才，集成电路公共技术平台建设等方面也有所发展。但济南市电子信息制造业整体产业规模小、龙头企业缺失、没有晶圆厂等问题严重阻碍了产业发展。围绕解决问题，济南市先后举办“名家芯思维——集成电路（济南）发展论坛暨项目签约仪式”“‘新动能 新机遇’宽禁带半导体产业发展论坛暨战略合作签约”等活动，邀请国内知名专家、学者和企业代表，为推动济南市集成电路产业发展出谋划策，不断营造产业发展氛围。支持高新区争创国家“芯火”基地，支持槐荫区打造宽禁带半导体产业特色小镇，不断提高载体支撑能力。引进正威光电产业研究院和富士康功率芯片项目，初步解决“缺芯少屏”问题。推进 ARM、世芯电子等行业知名企业落户济南，打造智能经济生态系统。截至目前，济南市已形成材料（天岳碳化硅、晶正铌酸锂、界龙塑封膜、晶恒山田）—芯片设计（华芯、世芯、华翼、高云、概伦、联暻等 50 余家企业）—制造（富士康功率芯片、正威晶圆厂）—封测（盛品）—平台和工具（概伦 EDA）的相对完整的产业链，其中，富士康功率芯片、ARM 智能物联网、5G 产业园、正威电子等新落户项目将推动济南市形成千亿元级集成电路产业生态链。

（四）强化宣传和专题策划，积极营造电子信息产业发展的良好氛围

一是不断深化对数字经济工作的认识。举办了高规格的数字经济培训班、泉城干部大学堂、国研智库—新旧动能转化泉城论坛等大型专题交流活动。邀请国内知名专家和学者全面、系统地解读数字经济发展形势、国家战略、数字经济概念和具体产业发展态势等，提高了各级领导干部对发展数字经济的认识，营造了浓厚的工作氛围。二是建立高水平的交流互动机制。成功举办第十一届（济南）国际信息技术博览会，展示面积达 50000 平方米，参观人数突破 5 万人次，专业观众达 3 万人次，同期举办中国（济南）数字经济高峰论坛，中国工程院沈昌祥、崔俊芝、王复明、倪光南、汪懋华 5 位院士到会发表主旨演讲，针对数字经济、网络安全、自主创新、智慧城市建设与管理等话题作了精彩论述。

三、存在的问题

（一）缺乏产业规模大、产业链条长的龙头企业和产业集群

信息技术发展日新月异，产品更新速度较快，行业盈利能力较强，目前已经形成激烈竞争的局面，随着行业内各企业资金投入的不断加大、技术进步的不断加快及服务手段的不断加强，市场竞争将更为激烈。

（二）高层次人才匮乏

电子信息产业以人力资本、知识资本为核心，核心技术、管理人员起到关键性作用，高

层次复合型人才成为各公司的稀缺资源和争夺对象。

（三）企业运营成本和企业融资成本加大

原材料价格不断上涨，成品价格维持不变，导致企业营业利润下降，2018 年，电子信息产业受欧盟、美国等相关政策的冲击和影响，企业出口形势严峻，主要市场转向国内，市场竞争压力加大。

四、下一步工作重点

2019 年是新中国成立 70 周年，是深入贯彻落实党的十九大精神、决胜全面建成小康社会、推进经济高质量发展的关键一年，也是制造强国和网络强国建设的深入实施之年。济南市电子信息产业将围绕济南市委、市政府确定的“1+474”工作体系，坚持规划引领、项目支撑、政策保障，不断优化产业空间布局，建立和延长产业发展链条，力争早日实现“全省一流、国内领先、国际知名”的目标。

（一）加快规划政策落地

加快《济南市大数据与新一代信息技术产业规划》出台和《济南市促进集成电路产业发展的若干政策》制定，做好《济南市促进先进制造业和数字经济发展的若干政策》落实。同步研究济南市数字经济发展规划等工作，通过规划对济南数字经济发展的定位、发展目标、产业体系、空间布局、实施路径等超前做出谋划。

（二）推进产业建链、强链、延链、补链

围绕电子信息产业链、集成电路（半导体）产业链发展各环节，以龙头企业为牵头单位，制定产业链发展计划，研究制定建链、强链、延链、补链的具体实施方案，推进电子信息产业和集成电路产业快速发展。

（三）加快集成电路产业发展

在做强集成电路设计业的基础上，积极培育新型集成电路材料相关产业，适时发展集成电路制造业，努力构建以市场为导向、整机和系统为牵引、设计为龙头、制造为基础、封装测试和材料为支撑的产业格局。一是争取出台鼓励集成电路发展的政策，成立产业发展基金。二是争取工业和信息化部“芯火”基地落户济南市；三是做好正威、富士康、ARM、世芯电子等企业在济南市的加快发展；四是进一步巩固和提升济南市在集成电路材料和设计方面的优势。

（四）打造人才聚集平台

积极推进中国信息通信研究院和中国电子信息产业发展研究院在济南市设立分支机构或创新平台，促进济南市招商引资和招才引智，进一步提高济南市电子信息产业的创新发展能力和水平。

深圳市

2018年，深圳市电子信息制造业立足现有产业基础和优势，突破发展瓶颈，加速产业生态调整，产业结构不断优化，质量效益明显提升，产业稳定性、协调性和可持续性显著增强，为深圳市构筑城市发展新优势、新动能，建设现代化、国际化创新型城市，发挥了重要引领作用，成为推动深圳市经济高质量发展的重要力量。

一、基本情况

（一）产业规模不断扩大

2018年，深圳市电子信息制造业完成规模以上工业总产值21313亿元，同比增长13.8%（其中，完成规模以上销售产值20144亿元，同比增长12.2%；实现规模以上工业增加值5586亿元，同比增长14%，占深圳市规模以上工业增加值的61.3%），约占全国行业规模的1/6，占深圳市规模以上工业增加值的近60%，支柱产业地位突出。

（二）企业竞争力持续增强

2018年，深圳市共有19家企业入围中国电子信息百强企业榜单。华为连续多年居中国电子信息百强企业首位，比亚迪、中兴通讯入围中国电子信息百强前十，分列第4、第7位。龙头企业带动作用明显，华为营业收入突破千亿美元，同比增长21%；比亚迪在汽车行业整体下行压力下实现营业收入同比增长22.79%、净利润逐季攀升。中小微企业充满活力，企业数量近年来年均增长20%，贝特瑞成为全球最大的锂离子电池负极材料供应商，优必选、柔宇科技和奥比中光等快速成长为独角兽企业。

（三）企业创新能力不断提升

近年来，深圳市科技活动经费投入逐年增加，创新能力、创新体系不断增强、优化，以高校、科研院所、重点实验室、工程实验室为依托，体系正逐步健全，计算机软件创造、创新能力大幅提升，进入快速发展的新阶段。2018年，深圳市专利申请量22.86万件，授权量14.02万件，分别同比增长29.1%和48.8%；发明专利申请量6.99万件，授权量2.13万件，分别同比增长16.1%和12.6%；PCT国际专利申请量1.8万件，连续15年居全国大中城市第一位，其中华为、中兴通讯、腾讯、大疆、华星光电、惠科股份分别位列全球PCT申请量第1、第2、第5、第6、第8、第10位，深圳市企业占据前十位中的6位。一大批前沿“黑科技”在深圳市试商用或诞生：大疆正式开售带有人脸检测功能的无人机Spark；海思半导体开发的麒麟980芯片全球首次采用7纳米制程工艺，性能与高通相当，达到国际领先水平；柔宇发布全球首款消费级可折叠柔性屏手机FlexPai 柔派。

（四）部分核心技术取得突破

部分企业在国家、深圳市产业政策的支持下，在核心高端芯片、基础软件、产业通用装备方面取得较大技术进步。核心高端芯片方面，紫光同创在四大高端器件（通用处理器、存储器、高速模数/数模转换芯片、FPGA 芯片）之一的 FPGA 芯片及配套 EDA 工具领域取得重大进展。目前，紫光同创高端 FPGA 芯片已采用 40 纳米工艺，达到 2000 万门级产品水平，技术水平赶超全球第三大 FPGA 厂商 Lattice，与国外领先 FPGA 产品水平差距缩短到 3 代，产品在国产 FPGA 特种市场占有率高达 70%，并获得了华为、中兴通讯、烽火、华三这四大通信厂商的供应商资格。基础软件方面，国微技术注资深圳鸿芯微纳（Avatar）技术有限公司，吸收 ATopTech 团队骨干，以布局布线工具为核心，重点开发布局布线、时序分析、物理验证和功耗分析等工具，并最终形成数字电路芯片设计全流程 EDA 工具平台。该公司 EDA 项目已取得阶段性进展，并获得国家核高基重大专项立项。产业通用装备方面，深圳先进微电子科技有限公司是全球最大的半导体集成和封装设备供应商 ASMPT 的重要生产制造和研发基地，主要产品为半导体封装设备，具体包括固晶机、金线焊接机、铝线焊接机等。

（五）重点行业亮点涌现

有关企业集成电路设计水平整体提升，设计能力与国际接轨，大批有技术突破、有亮点的高端集成电路产品涌现。通信行业方面，华为海思麒麟 980 芯片，是全球首款基于 7 纳米工艺开发的 SoC 芯片，其强劲性能、卓越智慧和高速连接特点已成为多款热销高端机型的重要芯片支撑；人工智能方面，云天励飞 DeepEye 1000 成功流片，其采用 ASIP 设计思路，基于 22 纳米制造工艺制程，既能实现 ASIC 级别的高性能和低功耗，也能实现处理器级别的指令集灵活性，使其可广泛用于摄像头、机器人、无人机，以及智慧城市、智慧社区、智能制造、新零售等 AI 边缘计算场景；消费电子方面，汇顶科技研发的屏下光学指纹识别芯片，在解锁速度等各项指标上已经接近电容指纹芯片指标，在穿透厚度、防水等方面已经超越电容指纹芯片，堪称全面屏时代最佳生物识别解决方案，申请并获得了国内外 180 多项专利，成为华为 P20/P20 Pro 系列、Mate RS 保时捷系列及维沃 X21 系列等高端手机的热销卖点。

（六）基础研究前瞻布局

紧抓“粤港澳大湾区”建设机遇，对接香港高校的基础研究资源，优化对基础研究的前瞻布局和资源配置，以创新人才培养模式为核心，以产、学、研合作为关键，建设深港微电子学院；持续推进关键核心技术攻关突破。围绕新兴应用领域，面向国家第三代半导体战略需求，建设深圳第三代半导体研究院，围绕产业链构建创新链，建立体制机制创新的开放式、国际化、全链条的第三代半导体协同创新平台，力争成为国家第三代半导体技术创新中心；构建产业链协同创新生态体系。依托本地重点通信设备企业和高校，引进国内知名应用、器件和材料企业，共同成立未来通信高端器件制造业创新中心，并积极争取升级为国家级制造业创新中心，以整机企业需求为导向，研发 5G 中高频器件的材料、制造、封装、应用技术，推动成果产业化，提升通信整机产品的竞争力。

（七）产业政策进一步完善

为贯彻国家集成电路产业发展战略部署，抢抓集成电路产业发展重大机遇，深圳市通过深入调研，从顶层设计和具体措施两方面着手，研判了国内外产业发展的现状和趋势，分析了深圳市产业发展的现状、优势、机遇和不足，研究了深圳市发展集成电路的主要任务、重点发展领域、重大发展工程和保障措施，并在此基础上编制了《深圳市进一步推动集成电路产业发展五年行动计划（2018—2022 年）》和《关于加快集成电路产业发展的若干措施》。通过制定符合深圳实际的相关行业政策，以应用为牵引进一步巩固集成电路设计业的优势，大力发展集成电路制造业、配套发展设备和材料产业，扬长补短，抢占未来制高点，切实推动深圳市集成电路产业、电子信息产业实现跨越式发展。

（八）成功举办第六届中国电子信息博览会

2018 年 4 月 9 日至 11 日，由工业和信息化部、深圳市人民政府联合主办，中国电子器材有限公司、深圳市平板显示行业协会共同承办，中国电子信息产业发展研究院统筹协调同期论坛活动的第六届中国电子信息博览会在深圳会展中心举行。

二、存在的问题

近年来，深圳市电子信息制造业发展态势良好，但也存在一些突出问题。

（一）电子信息制造业发展面临较大压力

电子信息制造业发展空间被挤占；工业投资结构不尽合理，工业投资项目存在制造业项目数少和大项目少的问题；综合成本上升对成本敏感型制造企业影响较大；制造业招商引资规模较小；新兴产业发展与高质量发展要求存在不小差距。

（二）核心技术瓶颈有待突破

大多数企业存在技术储备和技术来源不足、核心竞争力不强、关键基础设施中使用的核心技术产品和关键服务还依赖国外；软件、芯片、标准等方面的自主研发水平与发达国家相比还存在较大差距；在集成电路制造，封装测试及材料，高速、高频、低功耗 SoC 设计技术，基础软件技术等关键领域仍然较为薄弱；在移动终端操作系统、超高频芯片、虚拟化技术及分布式数据处理等新兴领域核心技术的竞争中依然处于弱势。

（三）产业新动能尚未形成有效支撑

欧美发达国家及上海、广州等国内先进城市都在提前布局人工智能等新兴电子信息产业，深圳市相关部门在出台政策措施、引进培育项目等方面尚需加快节奏；除新一代信息技术产业外，其他新兴电子产业信息尚未形成较大规模的产业集群。

（四）产业高端人才缺乏

随着深圳市电子信息产业的逐步升级发展，产业对包括高技术人员、技术研发人员和高水平技工等在内的高素质人才的需求逐渐增加。统计数据显示，深圳市对电子、半导体、集成电路领域的高技术人才需求旺盛，其次为互联网、电子商务及计算机软件人才。深圳市电子信息产业的人才结构大体呈现两头小、中间大的特征（高端人才缺乏，中端人才数量庞大），行业高端人才需求缺口较大，难以适应行业发展与信息化建设的需要。

三、下一步工作重点和措施

（一）抓好重大项目建设

要强化战略性项目布局和重大先进制造业项目引进，要主动出击招大商、招好商、招优商，立足重点领域关键薄弱环节，加快引进一批具有标杆效应、能够牵引带动产业链整体提升的重大高端电子信息制造项目。加快推进华星光电 T7、亚太卫星、大族激光智能制造、全普微激光等重大项目建设，投产中芯国际 12 英寸生产线等项目。

（二）打造世界级先进制造业产业集群

开展国家先进制造业产业集群试点，研究制定新一代信息通信集群培育试点方案，发挥 5G、集成电路、新型显示等主导产业优势，联合东莞在珠江东岸打造具有全球影响力和竞争力的电子信息产业集群。

（三）推动集成电路产业发展

落实《深圳市进一步推动集成电路产业发展五年行动计划（2018—2022 年）》和《关于加快集成电路产业发展的若干措施》，促进“芯片—软件—整机—系统—信息服务”产业生态体系建设，提升产业竞争优势，实现设计、制造、封装测试、装备及应用全产业链的协调发展，并通过资金、政策手段支持有关企业和科研机构建设工程实验室、工程中心和企业技术中心等集成电路产业创新载体。

加强与澳门大学模拟与混合信号超大规模集成电路国家重点实验室的合作，推动大湾区集成电路产业融合发展。

（四）抢抓 5G 产业发展机遇

深圳市电子信息制造业在 4G 时代利用基站建设、智能手机广泛使用的契机得到了快速发展，未来 5G 对电子信息制造业行业本身和跨行业融合发展都有着重大影响。下一步深圳市将加快基站建设和商业推广的步伐，积极推进 5G 在智能网联汽车、AR、VR 等行业的应用示范，抓住 5G 时代的发展机遇，带动深圳市电子信息制造业发展再上新的台阶。

（五）完善工作推进机制

要全面开展重大电子信息产业项目摸底排查，建设覆盖全面、数据权威、实时动态的市级重大项目库，做到重大项目应统尽统、应入尽入。建立重大项目梯次跟踪管理体系，全面提升重大项目发现、筛选、储备、培育、建设、跟踪和服务能力。

（六）新增产业用地供给

要推动各区着力整备出一块较大面积的区域，按照产城融合、职住平衡原则，统一规划建设，优先保障先进电子信息制造业项目落地需求。要以深汕特别合作区的管理建设权限划归深圳为契机，搭建好两地产业对接的平台，推行“总部+基地”产业共建模式，拓展产业发展空间。

（七）继续办好中国电子信息博览会

夯实基础、巩固成果、开拓创新，进一步扩大规模、充实内容、强化特色，着力提升专业化、新型化、高端化和国际化水平，全面提升博览会的品牌形象和影响力，力争把中国电子信息博览会打造成国际一流的展会平台。

西安市

一、基本情况

西安市电子信息制造业经过多年的建设发展，规模持续壮大，实力不断增强，逐步形成了门类较齐全、技术较先进的电子信息制造和软件信息技术服务体系，成为我国中西部地区重要的通信设备、电子元器件、集成电路、智能终端、软件和信息技术服务产业基地。特别是近年来，引进了三星电子存储芯片、美光芯片封装测试、中兴通讯和比亚迪智能终端等一批重大项目，为未来发展奠定了良好的基础。

2018 年，西安市电子信息制造业实现主营业务收入 995.5 亿元，同比增长 13.9%。三星二期、比亚迪智能制造、华天科技、中兴通讯二期等重大项目也进展顺利，中兴通讯于 2018 年 7 月解决中美贸易摩擦问题，已全面恢复生产和研发。另外，海康威视、奕斯伟、京东无人机等业界巨头相继投资落户西安市，为西安市打造千亿元级新一代信息技术产业和万亿元级高新技术产业奠定了坚实基础。

二、主要发展特点

（一）集成电路产业进入国家第一梯队

西安市集成电路产业拥有设计、晶圆制造、封装、测试完整的产业链，初步形成了制造业快速发展，设计业与封装测试业相互依存、协调发展的产业格局。2018 年，西安市半导体产业销售总额为 686.8 亿元，同比增长 4.8%，其中集成电路产业实现销售收入 538.9 亿元，同比增长 6.3%。2018 年西安市半导体设计业规模为 77.9 亿元，同比增长 0.91%。晶圆制造业规模达到 283.3 亿元，同比增长 2.76%；封装测试业规模达到 105.8 亿元，同比增长 14.82%；半导体支撑业规模达到 164.5 亿元，同比增长 9.23%；分立器件规模为 55.3 亿元，增长率为−7.06%。西安量产 IC 设计水平为 25 纳米，晶圆制造最高水平为 12 英寸 1X 纳米级存储器制造技术。

（二）智能终端产业链正在形成

“十二五”以前，智能终端制造产业在西安市几乎属于空白，经过多年努力，通过引进、消化、吸收，西安市智能终端制造业项目得以快速发展。加之在研发设计上的优势，目前西安市智能终端产业已形成了一定的产业基础和产业集群。

在智能终端制造业方面，中兴通讯智能终端生产项目一期于 2015 年建成，已于 2017 年实现终端产量 2700 万部，产值达到 210.3 亿元。比亚迪高端手机金属机壳配套生产项目一期于 2015 年 1 月投产，已于 2017 年达到年产 4000 万套的规模，产值达到 31.6 亿元。中兴通讯公司在西安实施了大规模产业转移，智能终端制造基地落户西安市，随着智能终端二期的建成投产，将形成 4500 万～5000 万部手机的生产能力；比亚迪高端智能终端生产项目全部建成后，其产能将超过 5000 万部手机。上述两个整机生产项目，正在吸引智能终端核心配套企业向西安市迁移，对西安市智能终端产业链的形成起到了引领作用。

在移动终端设计方面，西安市聚集了国内一流的设计企业，诸如华为、中兴通讯、酷派、易朴、龙旗、闻泰、锐嘉科、TCL、英华达等一批高端设计公司，每年都有数十款智能手机设计定型并投放市场。其中，手机整体方案领先的企业华勤集团、锐嘉科集团均已在西安市设立研发中心；中兴通讯在西安市的研发人员已超过 1 万人，专注手机研发的技术人员有数千人，研发机型出货量在数千万部。

三、面临的问题和主要矛盾

近年来，西安市电子信息产业纵向来看虽然有了较快发展，但横向上与国内发达城市相比还存在较大差距，主要表现为：

一是产业规模和能级较低，经济总量偏小。虽然目前西安市已形成由集成电路、智能终端、软件信息服务等组成的较为完整的产业链体系，但由于市场需求规模不足、行业低端化竞争激烈、地处内陆缺乏要素成本优势等综合因素，导致产业整体发展偏慢，经济总量偏小。

二是产业资源整合与统筹能力有待进一步优化和提高。当前，西安市电子信息产业在技术、资源和能力等各方面都还处在成长性发展阶段，区域范围内产品配套与协作水平较低，入驻大企业和地方龙头企业对接合作融合度较差，地方企业在转型和寻求改变上仍然滞后，国家和地方的支持力度偏小，难以实现产业跃升。

三是市场与应用“两头在外”。在集成电路领域，本地集成电路设计企业的产品市场几乎集中于北、上、广、深等城市，西安市本地几乎没有；在智能终端领域，表现为软件企业多，硬件企业少，整机生产及其配套企业更少，其中触控面板和摄像头产业目前仍然处在空白状态，现有终端企业与本地上下游企业间没有形成良好的配套机制，带动作用尚未显现。

四是产业投资和技术研发投入尚未实现平衡驱动。本土企业对品牌的战略意识不够，企业技术研发投入严重不足，软件商品化和产业化程度低，核心竞争能力不强。企业在产品开发、生产过程中缺乏标准化管理和规范化开发，质量保证体系尚不健全，知识产权保护有待加强。

五是本地传统企业转型升级步伐不快。外来资本和龙头企业的进驻，加剧了市场和企业竞争，尤其是对本土传统企业的冲击较大。企业在转型升级、配套合作、研发投入、增加产品核心竞争力等方面提升不够，没有充分适应当前云计算、大数据、数字经济、互联网经济融合发展的趋势。

四、2019 年目标和形势展望

（一）产业发展目标

2019 年，预计西安市电子信息制造业将扶持一批工业互联网平台项目，积极推进西安市工业云平台发展应用，鼓励企业上云。

（二）面临的形势

近年来，国家相继出台互联网+、智能+、云计算、大数据、物联网等指导意见。党的十九大后，围绕制造强国、网络强国，又密集出台了《关于深化“互联网+先进制造业”发展工业互联网的指导意见》《关于促进人工智能和实体经济融合发展的指导意见》《促进新一代人工智能产业发展三年行动计划》等一系列产业政策。特别是以 AI 为特点的工业互联网思维，构建数据驱动、人机协同、跨界融合、共创共享智能经济形态，产业变革蓄势待发。信息技术将日益成为社会变革和工业发展方式转变的强大内在动力。此外，电子信息产业面临“外患内忧”的瓶颈局面，增长力度将有所减缓，并亟待聚力创新，打造差异化竞争体系，走向高质量发展。这一方面对电子信息产业和企业形成了挑战，另一方面也带来了不可多得的历史机遇。

西安市电子信息产业作为经济社会发展的重要引擎，在应对经济下行压力、拉动内需、改造和提升传统产业、推进新型工业化进程中将起到重要作用。中兴通讯、比亚迪等智能终端项目的建成投产，激活了通信产业的基础优势，将进一步壮大西安市智能终端产业。三星半导体闪存芯片及封装项目的建成投产，美光、华天、紫光国芯等企业产业规模不断壮大，带动了西安市集成电路设计、制造、封装、测试及设备和材料等产业集群发展。西安市将围绕工业云、工业大数据、工业电子商务等“互联网+”制造业试点示范，以工业互联网和自主可控软硬件产品为重点，推进产业结构转型升级，打造西安市电子信息产业新优势。

五、2019 年工作措施及主要工作

（一）主要工作

围绕西安市电子信息优势产业，打造“13111”工程（1 城、3 集群、1 网、1 融合、1 载体）。

1. 推进中国软件名城创建（1 城：软件名城）

2017 年 11 月西安市正式迈入中国软件名城创建试点城市，围绕软件名城创建工作目标，西安市在产业实力、企业培育、人力保障、创新能力、应用水平、发展环境、带动效益等方面下功夫，在名品、名企、名人、名园、名展等方面强优势、补短板。2019 年，西安市将争取建成中国软件名城，形成“软件龙头+行业特色+创新领先”的格局；到 2021 年，西安市软件和信息技术服务业产值预计将突破 3000 亿元，西安市信息技术产业综合竞争力将全面提升，产业规模将进入中心城市第一梯队，产业创新能力将全面增强，新一代信息技术产业比重将显著提升。

2. 打造 3 个千亿元级产业集群（3 集群：集成电路、智能终端、软件服务产业）

打造集成电路产业集群。布局关键新器件、新工艺和新材料，推动集成电路设计业、芯片制造业、封装测试和支撑业快速发展。用好、用活陕西省集成电路产业投资基金，引导投向西安集成电路产业的骨干企业、优质企业、高成长性企业、拟上市及挂牌后备企业。围绕三星电子存储芯片和封装测试项目抓好配套跟进，加快三星二期项目建设，扩大美光、华天、

紫光国芯、力成等企业的设计制造和封装测试规模，推动北斗导航、网络通信、3D 图像处理、人工智能和工控芯片等关键领域的设计、制造和应用，带动西安市集成电路产业集群发展。

打造智能终端产业集群。以中兴通讯、比亚迪智能终端为企业龙头，构建研发、设计、生产、应用、服务的智能终端产业链。以比亚迪手机金属壳为基础，引进配套供应产业，加速产能扩张，重点发展芯片、屏幕、机壳、电源、耳机等产品和配件。以华为、易朴、文泰、乾润、龙旗等企业为核心，提升手机及其 App 研发设计能力。加快移动互联网、电子商务、数字内容等终端应用软件的研发和应用。加快中兴通讯智能终端二期和比亚迪智能终端项目建设，加速产能释放。

打造软件服务产业集群。以工业软件、嵌入式软件和行业应用软件为重点，以提高工业自动化、智能化和管理现代化能力为目标，大力推进软件和信息技术产业发展。突破关键核心技术，研发公众平台中间件技术、面向制造业的大数据解决方案、面向工业行业的工业互联网，推动形成行业解决方案并实现规模化应用。加快西安市软件新城和重点软件园区建设，培育信息系统集成骨干企业，建立安全、可靠软、硬件技术产品体系，提高安全、可靠信息系统支撑能力。发挥华为、中兴通讯、中软国际、阿里巴巴等龙头企业的聚集带动效应，探讨大企业与地方传统企业的对接与合作。推进阿里巴巴丝路总部、海康威视西安研发中心、京东无人机系统产业中心等重大新建项目尽快落地实施。

3. 推进工业互联网发展（1 网：工业互联网）

深化“西安工业云平台”应用，推进工业互联网发展。围绕工业互联网“网络、平台、安全”三大体系建设，从“供给侧”和“需求侧”两端发力，聚焦融合重点，突出平台体系，注重夯实发展基础，着力提升平台运营能力，进一步完善西安工业云平台功能。以提升制造业重点领域的智能化水平为目标，重点提供装备制造、智能终端、汽车电子、家用电器、工业控制等智能服务支撑。发挥西安行业应用软件优势，加快推进云化工业 App 培育和部署接入。鼓励重点工业企业通过互联网与产业链各环节紧密协同，促进设计生产、质量控制和运营管理系统逐步互联，提升网络化协同制造水平。利用互联网实现与用户个性化需求的良性互动，推进关键环节的柔性化改造，开展基于个性化产品的服务模式和商业模式创新。鼓励互联网企业构建网络化协同制造公共服务平台，面向细分行业和中小微企业提供云制造服务，提高产业链资源整合能力，加快发展面向制造业的信息技术服务和生产性服务业。

依托西安市工业云平台和华为、阿里云平台等，大力推进企业上云工程，开展工业互联网的典型示范应用，争取列入工业和信息化部工业互联网平台试点示范项目。筹备召开西安市工业互联网大会，组建西安市工业互联网产业联盟，为加快西安市工业互联网发展，推进工业互联网产、学、研用协同发展，从工业互联网顶层设计、技术研发、标准研制、产业实践、产业合作等各方面开展工作，加强政府决策和产业发展支撑。筹备办好 2019（西安）工业互联网高峰论坛。

4. 促进云计算、大数据、物联网、人工智能等新兴技术融合发展（1 融合：新技术融合）

充分利用云计算、大数据、物联网、人工智能等新一代信息技术，引导产业向“平台+共享”和“产品+服务”转型升级。大力发展 IaaS、PaaS、SaaS 等云技术和服务，提升公有云服务能力，扩展专有云应用范畴，围绕工业、金融、交通、环保等重点行业和领域应用需求，建设区域性混合云服务平台。加快自主创新，强化在工业生产监控、仓储物流管理及安全生产监测等领域的应用示范，推进智能交通、智能电网、智能医疗、智能社区、精准农业等领域的物联网应用。以华为、京东、美林、华迅等典型企业为核心，发挥西安交大、电子科大、西工大、西安光机所等科研院所的技术和人才优势，重点发展云计算、大数据、物联网、人工智能等领域，做大做强西安市新兴技术产业。

5. 加快专业化特色园区建设（1 载体：特色园区）

按照整合、提升、转型、拓展的思路，加快专业化园区建设，形成特色鲜明、功能完善的专业基地和应用示范园区。一是加快西安三星电子存储芯片产业园建设，推动半导体和集成电路产业实现跨越式发展；二是加快中国电科（西安）产业园建设，推动云计算与大数据等产业聚集发展；三是推动长安通信产业园建设，加快智能手机、移动终端、移动通信设备和数据传输技术快速发展；四是加快西安测绘导航卫星应用产业基地建设，重点推进卫星导航应用综合服务平台、卫星遥感应用综合服务平台、宽带卫星通信骨干网三大支撑体系建设；五是推动西安软件新城二期以及园中园、经开区软件服务外包产业园建设，培育壮大物联网、云计算与大数据等新兴产业，打造国内知名的软件研发和信息服务基地；六是鼓励大数据小镇、智能终端小镇等新兴模式发展。

（二）工作措施

1. 加大行业经济运行综合协调

一是继续建立重点项目协调推进机制，对三星、中兴通讯等行业重大建设项目和龙头企业进行跟踪和协调服务，实行重大事项报告制度；二是加强生产要素协调，加强企业信贷服务和担保服务，推动对外交流合作，促进当地产品销售；三是对重大招商引资、技术创新和对产业拉动做出突出贡献的企业，按照相关程序，给予政策和资金扶持；四是组织专题座谈会推进产业发展，举办若干场有针对性的主题企业家沙龙；五是加强重点企业监测和统计分析，及时掌握产业发展动态，做好行业经济运行分析。

2. 加强产业发展规划

贯彻落实《西安市信息技术产业发展规划》《西安市集成电路产业（包括光电芯片产业）发展规划》和《西安市电竞游戏产业发展规划》3 个新制定的发展规划。筹划编制《西安市工业互联网发展规划》，以产业规划带动产业发展，制定和完善促进产业发展的政策，加快推进新一代信息技术产业发展。鼓励以信息技术普遍应用，提升和服务城市经济社会发展。

3. 实施项目带动战略

以项目为抓手，以试点、示范为引导，组织实施各类专项，以项目的有效实施，培育壮大电子信息产业。组织实施西安市 2019 年工业发展专项（工业互联网平台和西安工业云补贴）项目，加大对智能终端、集成电路、工业互联网平台等领域的支持力度。做好阿里巴巴、京东等电子信息行业重大落户项目和工业投资项目的跟踪服务。加大对三星二期、比亚迪高端智能终端制造、中兴通讯微电子无晶圆设计工厂等新建项目的支持与服务，协调要素保障，确保项目如期建设，尽快投产、达产。

4. 推进信息技术示范应用

贯彻落实国务院《关于深化“互联网+先进制造业”发展工业互联网的指导意见》，发挥西安市通信设备、电子元器件、集成电路、软件服务等行业的基础优势，以及物联网、云计算、大数据等新一代信息技术产业的新优势，以信息技术改造提升传统产业、带动工业企业智能制造为主线，大力推进两化深度融合。鼓励共享经济和平台经济发展，推进西安工业云平台、阿里云、西安软件园云计算平台的应用示范，支持企业级和社会服务化云计算、大数据服务应用平台发展。培育一批具有带动示范作用的本土企业，推动产业创新发展。营造西安市推广应用“西安工业云平台”的氛围，落实扶持政策，鼓励引导企业踊跃上云。

5. 建立和完善服务支撑体系

加快西安市电子信息产业各行业协会、联盟、研究院的机构、功能、队伍和环境建设，不断提高行业支撑服务能力和水平。转变政府职能，提升行业管理水平，鼓励并支持行业协会、联盟、研究院积极参与产业发展相关工作，使其成为连接政府、企业、市场和社会服务的桥梁和纽带。各行业协会、联盟、研究院要积极探讨共同建立协作机制，促进资源共享和交流合作，形成有利于产业发展的整体合力。筹备组建西安市工业互联网产业联盟，建立调查研究、咨询服务、内引外联等工作机制，推进西安市工业互联网有序发展。

II 数　据

2018年规模以上电子信息

	企业个数	亏损企业数
总　计	**23565**	**4659**
一、按经济类型分列		
国有经济	31	5
集体经济	18	1
股份合作经济	20	3
股份制经济	17233	3195
外商及中国港、澳、台投资经济	6047	1435
其他经济	216	20
二、大中型工业	6417	1135
三、国有控股企业	831	200
四、私营企业	11155	1948
五、按行业分类		
（一）雷达及配套设备制造	51	10
雷达及配套设备制造	51	10
（二）通信设备制造	2044	554
通信系统设备制造	898	183
通信终端设备制造	1146	371
（三）广播电视设备制造	642	116
广播电视节目制作及发射设备制造	46	10
广播电视接收设备制造	309	57
专业音响设备制造	73	10
应用电视设备及其他广播电视设备制造	180	31
广播电视专用配件制造	34	8
（四）电子计算机制造	1866	371
计算机整机制造	211	51
计算机零部件制造	665	115
计算机外围设备制造	558	119
信息安全设备制造	19	5
其他计算机制造	188	34

制造业主要经济指标（一表）

单位：亿元

主　　营 业务收入	利润 总额	平均用工 人数（万人）
126296.5	**5999.8**	**1039.1**
112.9	10.7	1.9
101.5	6.0	1.5
9.1	0.7	0.2
64068.2	3604.3	508.1
61837.4	2368.8	525.2
167.4	9.3	2.3
106140.7	5083.3	836.9
10952.3	445.3	75.2
24264.5	1219.5	222.0
283.1	14.4	2.1
283.1	14.4	2.1
36381	1385.3	181
13261.2	1009.4	62.6
23119.6	375.9	118.6
1502	102.0	20
77.4	5.4	0.8
734.0	51.3	10.7
123.8	4.7	2.2
458.0	39.8	4.7
108.8	0.8	1.4
20072	538.9	125
12188.7	123.4	40.3
2949.9	156.8	41.0
2787.5	114.6	23.0
131.0	1.7	1.0
930.2	104.9	10.6

	企业个数	亏损企业数
幻灯及投影设备制造	56	12
计算器及货币专用设备制造	127	27
工业控制计算机及系统制造	42	8
（五）非专用视听设备制造	1030	232
电视机制造	187	47
音响设备制造	567	115
影视录放设备制造	276	70
（六）仪器仪表制造业	1062	159
医疗诊断、监护及治疗设备制造	447	69
环境监测专用仪器仪表制造	112	8
运输设备及生产用计数仪表制造	170	26
导航、测绘、气象及海洋专用仪器制造	72	19
农林牧渔专用仪器仪表制造	19	4
地质勘探和地震专用仪器制造	40	5
核子及核辐射测量仪器制造	8	2
电子测量仪器制造	194	26
（七）电子和电工机械专用设备制造	673	96
半导体器件专用设备制造	217	33
电子元器件与机电组件设备制造	197	31
其他电子专用设备制造	259	32
（八）电子元件制造电子元件及专用材料制造	5811	955
电阻电容电感元件制造	1259	160
电声器件及零件制造	281	42
其他电子元件制造	2209	382
电子电路制造	1106	203
敏感元件及传感器制造	279	33
电子专用材料制造	677	135
（九）电子器件制造	5117	963
电子真空器件制造	391	63

制造业主要经济指标（一表）

单位：亿元

主　　营 业务收入	利润 总额	平均用工 人数（万人）
162.3	5.4	1.1
373.2	15.5	4.0
549.1	16.6	4.0
7278	212.8	52
4300.5	121.6	18.8
1163.6	38.1	17.8
1813.6	53.1	15.0
2133	253.6	22
885.7	146.8	10.2
164.5	20.9	1.7
487.1	31.8	4.7
185.0	7.7	1.3
29.8	2.6	0.3
84.1	7.8	0.6
26.9	1.7	0.1
269.5	34.3	3.2
1019	56.3	11
317.4	22.1	3.9
214.4	18.7	2.8
487.6	15.5	4.7
16471	1127.3	228
3684.6	303.5	47.6
516.4	27.0	11.0
5052.3	345.5	76.6
3910.3	242.7	58.9
878.4	63.7	11.1
2428.8	144.9	23.0
20950	1204.3	205
866.5	70.4	13.8

	企业个数	亏损企业数
印制电路板制造	376	56
集成电路制造	552	122
电力电子元器件制造	1451	209
显示器件制造	718	168
半导体照明器件制造	240	64
光电子器件制造	804	177
其他电子器件制造	585	104
（十）电气机械和器材制造业	3213	816
微特电机及组件制造	443	50
其他电机制造	464	61
光纤制造	212	40
光缆制造	120	16
锂离子电池制造	904	296
镍氢电池制造	94	20
光伏设备及元器件制造	976	333
（十一）智能硬件设备制造	493	93
可穿戴智能设备制造	71	11
智能车载设备制造	58	17
智能无人飞行器制造	33	6
服务消费机器人制造	21	4
其他智能消费设备制造	310	55
（十二）其他电子设备制造	1563	294
文化用信息化学品制造	274	66
医学生产用信息化学品制造	53	13
其他电子设备制造	1236	215
六、按省、自治区、直辖市分列		
北京市	360	83
天津市	325	116
河北省	366	67

制造业主要经济指标（一表）

单位：亿元

主　　营 业务收入	利润 总额	平均用工 人数（万人）
1287.3	89.7	13.9
3528.9	399.5	29.6
2062.7	146.5	30.5
6789.1	204.0	50.0
799.5	57.2	8.8
4180.3	167.3	39.7
1435.5	69.7	18.2
12826	604.4	106
1024.1	62.9	14.7
1112.8	73.6	17.0
853.5	90.9	4.6
931.3	64.3	3.6
3794.9	178.3	37.8
324.2	14.0	2.8
4785.0	120.4	25.6
2224	152.2	29
358.6	23.6	3.2
332.4	27.0	2.4
225.9	34.6	1.9
69.2	3.2	0.7
1237.9	64	20.8
5159	348.5	58
1483.7	116.1	8.8
270.7	21.2	1.4
3404.5	211.2	47.6
3403.6	118.6	11.3
1988.3	69.8	12.7
750.9	1.4	10.5

2018年规模以上电子信息

	企业个数	亏损企业数
山西省	62	22
内蒙古自治区	36	21
辽宁省	211	54
吉林省	57	10
黑龙江省	33	7
上海市	656	143
江苏省	4053	796
浙江省	2331	440
安徽省	949	160
福建省	778	113
江西省	865	137
山东省	1161	270
河南省	546	95
湖北省	654	105
湖南省	836	92
广东省	7199	1529
广西壮族自治区	178	37
海南省	3	1
重庆市	523	85
四川省	711	117
贵州省	280	71
云南省	70	16
西藏自治区		
陕西省	238	37
甘肃省	23	9
青海省	24	11
宁夏回族自治区	16	8
新疆维吾尔自治区	21	7

制造业主要经济指标（一表）

单位：亿元

主　　营 业务收入	利润 总额	平均用工 人数（万人）
1049.8	29.9	12.2
233.5	-8.9	1.6
797.1	143.3	7.4
72.6	6.8	1.0
50.8	3.2	0.9
6256.3	193.4	39.0
23857.6	1177.5	206.1
6208.4	441.5	63.7
3384.7	171.2	26.5
5360.4	320.5	38.3
3697.7	205.7	34.2
4033.5	191.9	36.5
4491.4	177.1	34.8
2810.5	118.7	20.4
2018.6	95.6	31.9
42290.4	1901.6	359.3
1309.4	71.2	9.8
20.7	-1.6	0.2
4454.2	148.5	24.7
4955.5	170.3	36.0
667.5	10.4	5.2
320.2	39.3	3.4
1290.1	152.4	7.8
99.8	7.7	1.2
105.0	8.4	0.8
126.2	11.1	0.9
191.8	23.1	0.9

2018年规模以上电子信息

	主　营 业务成本	销 售 费 用
总　计	**110071.4**	**3059.8**
一、按经济类型分列		
国有经济	90.7	1.6
集体经济	91.0	0.4
股份合作经济	7.3	0.3
股份制经济	53075.3	2235.2
外商及中国港、澳、台投资经济	56661.1	819.4
其他经济	145.9	2.9
二、大中型工业	92753.5	2543.5
三、国有控股企业	9114.3	497.3
四、私营企业	20639.8	692.0
五、按行业分类		
（一）雷达及配套设备制造	238.3	6.0
雷达及配套设备制造	238.3	6.0
（二）通信设备制造	31257	1211
通信系统设备制造	9758.3	791.4
通信终端设备制造	21498.3	419.6
（三）广播电视设备制造	1264	45
广播电视节目制作及发射设备制造	64.0	2.9
广播电视接收设备制造	603.4	23.0
专业音响设备制造	109.3	2.4
应用电视设备及其他广播电视设备制造	385.2	15.4
广播电视专用配件制造	101.9	1.5
（四）电子计算机制造	18726	283
计算机整机制造	11699.9	128.5
计算机零部件制造	2646.3	42.2
计算机外围设备制造	2545.8	45.8
信息安全设备制造	118.8	2.0
其他计算机制造	772.7	23.3

制造业主要经济指标（二表）

单位：亿元

管理费用	财务费用	利息支出
7249.0	**607.5**	**804.7**
10.7	0.6	0.7
3.2	0.7	0.7
0.8	0.1	0.1
4884.6	460.4	541.0
2343.0	144.2	261.7
6.6	1.6	0.5
5868.8	448.6	670.1
900.5	116.9	147.0
1468.8	127.6	140.1
22.0	2.8	3.0
22.0	2.8	3.0
2439	54	176
1736.9	41.7	83.4
702.5	12.6	92.6
101	8	9
5.1	0.4	0.6
52.6	5.6	5.2
7.4	0.2	0.3
31.6	2.1	2.5
4.3	0.1	0.4
595	34	67
225.3	35.6	43.5
132.1	0.6	9.1
108.1	-3.2	7.5
9.8	0.3	0.3
54.0	-3.6	1.7

	主营业务成本	销售费用
幻灯及投影设备制造	145.3	3.6
计算器及货币专用设备制造	305.1	22.1
工业控制计算机及系统制造	491.6	15.7
（五）非专用视听设备制造	6546	245
电视机制造	3854.3	200.6
音响设备制造	1018.0	23.3
影视录放设备制造	1673.8	21.0
（六）仪器仪表制造业	1554	145
医疗诊断、监护及治疗设备制造	588.5	87.6
环境监测专用仪器仪表制造	113.2	13.6
运输设备及生产用计数仪表制造	390.1	16.6
导航、测绘、气象及海洋专用仪器制造	158.7	5.3
农林牧渔专用仪器仪表制造	24.2	0.7
地质勘探和地震专用仪器制造	67.1	2.7
核子及核辐射测量仪器制造	23.3	0.4
电子测量仪器制造	188.6	18.1
（七）电子和电工机械专用设备制造	790	38
半导体器件专用设备制造	258.3	10.7
电子元器件与机电组件设备制造	176.0	5.3
其他电子专用设备制造	355.6	22.0
（八）电子元件制造电子元件及专用材料制造	14096	273
电阻电容电感元件制造	3136.2	55.7
电声器件及零件制造	436.7	10.4
其他电子元件制造	4273.8	95.7
电子电路制造	3381.6	63.9
敏感元件及传感器制造	742.9	16.4
电子专用材料制造	2124.3	31.1
（九）电子器件制造	18258	360
电子真空器件制造	720.1	21.4

制造业主要经济指标（二表）

单位：亿元

管理费用	财务费用	利息支出
7.8	0.3	0.2
32.0	2.3	3.2
26.0	2.0	1.4
297	38	40
149.4	27.7	30.5
80.9	4.6	3.8
66.6	6.1	5.6
233	7	12
114.4	0.1	3.7
18.1	0.9	1.2
47.7	3.1	3.5
12.9	0.8	0.5
2.2	0.2	0.1
5.6	1.2	1.6
1.6	0.2	0.2
30.6	0.2	1.3
88	57	55
26.4	2.3	2.7
14.2	1.2	0.8
47.3	53.8	51.9
962	68	86
189.6	9.9	12.8
38.6	3.9	3.1
321.3	13.7	16.2
237.9	16.0	24.4
52.7	4.4	5.1
121.4	19.6	24.7
1291	155	178
63.9	8.0	3.8

	主　营 业务成本	销售 费用
印制电路板制造	1099.4	23.2
集成电路制造	2926.9	42.1
电力电子元器件制造	1705.9	57.1
显示器件制造	6203.8	84.3
半导体照明器件制造	695.1	15.4
光电子器件制造	3712.9	64.4
其他电子器件制造	1193.8	52.4
（十）电气机械和器材制造业	11148	263
微特电机及组件制造	854.1	23.5
其他电机制造	952.3	23.1
光纤制造	704.8	18.2
光缆制造	822.6	16.5
锂离子电池制造	3260.6	77.8
镍氢电池制造	284.3	6.1
光伏设备及元器件制造	4269.4	97.6
（十一）智能硬件设备制造	1830	79
可穿戴智能设备制造	306.3	6.5
智能车载设备制造	265.1	14.7
智能无人飞行器制造	156.7	8.1
服务消费机器人制造	54.8	5.5
其他智能消费设备制造	1047.1	44.1
（十二）其他电子设备制造	4366	111
文化用信息化学品制造	1271.5	23.3
医学生产用信息化学品制造	229.8	3.9
其他电子设备制造	2864.9	84.2
六、按省、自治区、直辖市分列		
北京市	2995.3	144.7
天津市	1781.6	40.2
河北省	625.7	18.0

制造业主要经济指标（二表）

单位：亿元

管理费用	财务费用	利息支出
77.0	6.9	10.6
331.4	1.7	31.8
154.9	12.9	10.9
290.6	61.1	69.9
47.4	8.0	7.6
204.8	47.4	34.3
121.1	9.0	8.6
723	126	136
71.2	7.6	9.4
64.3	6.2	6.2
47.3	10.1	12.5
30.1	7.9	9.3
257.5	31.3	35.7
15.7	2.0	1.7
236.6	61.2	61.6
176	13	6
22.2	0.8	0.7
35.3	1.3	0.7
29.3	-0.1	1.1
8.3	-0.2	0.2
80.4	11.6	3.2
323	43	36
74.0	18.1	19.8
7.5	7.3	1.7
241.1	17.7	14.6
191.2	-3.1	23.4
89.9	5.8	10.6
59.4	63.7	59.9

2018年规模以上电子信息

	主　　营 业务成本	销 售 费 用
山西省	984.9	3.1
内蒙古自治区	215.3	1.9
辽宁省	601.3	18.3
吉林省	56.7	2.0
黑龙江省	39.2	1.9
上海市	5706.9	83.4
江苏省	21298.4	338.7
浙江省	5068.1	256.8
安徽省	2960.2	66.3
福建省	4670.8	126.6
江西省	3264.7	54.7
山东省	3465.9	147.6
河南省	4168.7	27.8
湖北省	2442.1	74.1
湖南省	1724.3	49.1
广东省	35686.2	1393.2
广西壮族自治区	1206.0	9.0
海南省	18.2	0.4
重庆市	4129.2	45.6
四川省	4516.4	103.6
贵州省	630.1	8.4
云南省	258.7	8.6
西藏自治区		
陕西省	1121.8	28.0
甘肃省	84.4	1.5
青海省	89.8	0.6
宁夏回族自治区	109.9	0.6
新疆维吾尔自治区	150.5	5.0

制造业主要经济指标（二表）

单位：亿元

管理费用	财务费用	利息支出
33.8	6.5	11.6
16.7	5.8	6.5
52.4	7.3	7.6
7.6	0.6	0.8
5.3	1.3	1.1
319.2	13.2	18.5
1059.1	150.3	161.0
499.2	40.2	62.4
176.0	25.5	20.1
272.1	36.4	37.0
149.4	25.6	17.7
233.0	29.3	22.3
100.3	19.2	43.4
194.3	16.8	15.1
131.3	16.8	11.7
3206.9	81.5	189.0
25.5	0.4	2.8
2.5	1.4	1.1
108.9	20.4	18.3
183.3	24.8	41.9
22.1	2.1	1.8
11.4	3.8	2.1
69.7	1.5	6.6
9.2	0.7	1.5
7.4	2.0	1.1
3.7	0.8	0.7
8.2	7.0	7.1

2018年规模以上电子信息

	流动资产	应收账款	存货
总　计	**84184.5**	**32996.1**	**14695.0**
一、按经济类型分列			
国有经济	153.1	45.0	30.1
集体经济	44.7	8.0	7.9
股份合作经济	7.8	2.7	0.7
股份制经济	46371.2	16077.0	8284.8
外商及中国港、澳、台投资经济	37509.0	16834.4	6358.6
其他经济	98.7	29.1	12.9
二、大中型工业	70265.2	27890.1	11885.3
三、国有控股企业	10469.5	3412.6	1901.9
四、私营企业	14797.6	5253.4	2904.4
五、按行业分类			
（一）雷达及配套设备制造	305.7	83.2	59.5
雷达及配套设备制造	305.7	83.2	59.5
（二）通信设备制造	24625	9274	3911
通信系统设备制造	10476.0	3392.7	1609.9
通信终端设备制造	14148.5	5881.3	2300.8
（三）广播电视设备制造	1032	429	205
广播电视节目制作及发射设备制造	52.7	16.2	15.0
广播电视接收设备制造	474.5	220.6	88.3
专业音响设备制造	54.7	25.2	12.1
应用电视设备及其他广播电视设备制造	388.9	139.3	75.9
广播电视专用配件制造	61.5	27.7	13.5
（四）电子计算机制造	10818	5640	1828
计算机整机制造	6291.9	3585.6	909.0
计算机零部件制造	1659.4	792.4	315.1
计算机外围设备制造	1383.3	624.9	262.7
信息安全设备制造	61.3	28.2	14.6
其他计算机制造	700.5	282.8	142.3

制造业主要经济指标（三表）

单位：亿元

产成品	资产总计	负债合计	亏损企业亏损额
5399.1	**129147.3**	**74720.9**	**1094.6**
7.3	211.8	114.6	0.1
3.8	75.3	31.8	
0.4	10.1	3.5	0.1
3048.6	75096.9	42548.5	670.2
2334.2	53583.9	31912.9	422.5
4.8	169.2	109.6	1.7
4365.1	106488.7	62201.2	772.9
738.3	19570.5	10322.6	221.2
1076.9	22210.7	13185.8	199.5
17.8	460.7	271.0	1.5
17.8	460.7	271.0	1.5
1502	30713	21145	222
516.8	14027.9	8364.5	100.1
985.2	16685.0	12780.6	122.2
73	1759	839	12
3.1	75.2	37.5	0.6
35.4	751.1	329.9	5.2
3.5	72.9	45.1	0.6
26.2	781.9	390.1	3.2
5.0	77.9	36.3	2.3
583	13828	9191	52
315.0	7256.0	5936.7	17.3
91.1	2435.8	1262.2	11.8
80.2	2143.1	984.1	12.3
2.4	91.5	43.6	1.2
40.0	938.7	410.8	3.5

	流动资产	应收账款	存货
幻灯及投影设备制造	76.6	28.6	23.1
计算器及货币专用设备制造	318.9	115.7	73.8
工业控制计算机及系统制造	325.6	182.0	87.2
（五）非专用视听设备制造	4248	1532	819
电视机制造	2688.8	843.3	497.3
音响设备制造	594.7	243.2	140.9
影视录放设备制造	964.7	445.3	180.9
（六）仪器仪表制造业	1809	559	352
医疗诊断、监护及治疗设备制造	858.5	248.4	152.8
环境监测专用仪器仪表制造	207.2	58.0	39.7
运输设备及生产用计数仪表制造	302.4	109.5	63.9
导航、测绘、气象及海洋专用仪器制造	105.8	35.6	30.4
农林牧渔专用仪器仪表制造	20.1	5.1	2.9
地质勘探和地震专用仪器制造	54.2	18.1	11.2
核子及核辐射测量仪器制造	19.4	10.0	3.3
电子测量仪器制造	240.9	74.0	47.8
（七）电子和电工机械专用设备制造	1494	273	268
半导体器件专用设备制造	283.3	86.8	74.8
电子元器件与机电组件设备制造	126.7	47.8	31.7
其他电子专用设备制造	1083.8	138.7	161.5
（八）电子元件制造及专用材料制造	9773	4434	1826
电阻电容电感元件制造	2146.0	1169.4	357.0
电声器件及零件制造	336.6	144.9	72.4
其他电子元件制造	2648.4	1166.2	549.9
电子电路制造	2579.4	1186.5	429.4
敏感元件及传感器制造	546.6	210.0	119.7
电子专用材料制造	1515.8	556.7	297.7
（九）电子器件制造	14571	5006	2626
电子真空器件制造	586.1	231.3	105.1

制造业主要经济指标（三表）

单位：亿元

产成品	资产总计	负债合计	亏损企业亏损额
7.7	101.7	52.2	1.5
29.2	492.8	226.4	3.4
17.0	368.6	275.3	0.5
321	5623	3722	38
188.1	3567.6	2415.7	19.5
54.2	884.1	472.4	8.6
78.4	1171.5	833.8	9.8
125	2808	1201	14
52.2	1386.2	550.8	5.0
13.2	299.2	132.9	0.7
25.8	478.9	228.1	2.3
14.2	161.1	79.2	3.1
1.1	26.1	10.0	0.1
3.5	105.6	44.4	0.5
0.3	53.1	20.3	0.5
14.9	297.6	135.7	1.7
100	2365	1537	32
20.1	404.2	197.7	3.0
12.3	206.9	106.0	1.1
67.2	1753.9	1233.3	27.5
700	16238	7868	118
146.2	3119.9	1648.9	9.6
19.0	595.7	313.3	6.5
222.6	4246.1	1871.7	39.8
161.0	4322.8	2112.3	39.3
51.1	860.5	459.5	3.4
99.7	3093.0	1462.5	19.1
889	28950	13728	312
32.5	959.7	479.7	2.7

	流动资产	应收账款	存货
印制电路板制造	732.3	256.4	146.9
集成电路制造	3525.3	778.8	574.4
电力电子元器件制造	1347.2	568.5	276.5
显示器件制造	3871.5	1518.9	569.2
半导体照明器件制造	718.1	229.5	147.3
光电子器件制造	2676.5	1052.7	526.7
其他电子器件制造	1114.4	369.5	280.1
（十）电气机械和器材制造业	10300	3854	1783
微特电机及组件制造	643.8	233.8	134.1
其他电机制造	572.1	203.4	129.0
光纤制造	625.7	241.0	81.8
光缆制造	497.9	221.9	110.3
锂离子电池制造	3724.8	1293.5	791.0
镍氢电池制造	185.9	66.9	41.9
光伏设备及元器件制造	4050.2	1593.1	495.1
（十一）智能硬件设备制造	1705	576	350
可穿戴智能设备制造	186.8	80.7	39.2
智能车载设备制造	162.7	83.8	41.5
智能无人飞行器制造	206.3	104.5	33.3
服务消费机器人制造	76.2	30.8	13.2
其他智能消费设备制造	1072.7	276.5	222.9
（十二）其他电子设备制造	3505	1336	667
文化用信息化学品制造	1143.0	415.2	170.8
医学生产用信息化学品制造	105.9	28.0	29.4
其他电子设备制造	2255.7	893.2	467.0
六、按省、自治区、直辖市分列			
北京市	3399.4	862.9	568.2
天津市	1304.0	453.3	227.4
河北省	1398.7	310.9	149.1

制造业主要经济指标（三表）

单位：亿元

产成品	资　　产 总　　计	负　　债 合　　计	亏损企业 亏损额
46.7	1468.5	618.8	4.5
118.5	7978.9	3149.8	95.6
106.8	2081.6	1033.0	15.7
235.0	8582.8	4386.8	101.4
70.9	1282.1	585.2	16.2
193.3	4890.1	2587.7	55.0
85.2	1706.2	887.0	20.9
729	17006	10201	231
55.5	1071.9	526.5	19.5
54.5	967.8	457.6	4.9
39.7	1166.5	565.5	3.4
74.4	876.9	441.8	1.4
278.6	5903.4	3641.2	90.7
17.1	302.1	168.9	1.0
209.1	6717.8	4399.8	110.2
99	2886	1688	12
11.7	253.1	137.3	1.2
18.1	241.7	155.6	4.6
15.5	321.2	132.8	0.9
3.7	92.4	46.7	0.3
49.9	1977.8	1215.7	4.8
262	6510	3328	52
67.7	2476.3	1231.7	28.3
12.1	202.3	93.3	1.5
181.9	3831.2	2003.3	21.7
233.2	5329.8	2908.0	33.6
78.5	2071.2	1060.7	35.4
63.7	2478.4	1692.0	46.4

2018年规模以上电子信息

	流动资产	应收账款	存货
山西省	899.6	324.7	85.2
内蒙古自治区	196.6	63.8	28.7
辽宁省	667.9	255.9	133.0
吉林省	83.0	18.6	14.6
黑龙江省	75.8	25.7	17.8
上海市	3632.8	1734.9	705.2
江苏省	13652.4	6030.6	2545.7
浙江省	5071.4	2095.0	837.0
安徽省	3075.5	1618.2	380.6
福建省	3201.6	1167.4	522.9
江西省	1967.5	740.3	354.6
山东省	2872.4	803.9	521.2
河南省	3902.9	1515.2	516.2
湖北省	2381.4	894.5	370.8
湖南省	1161.7	458.3	170.3
广东省	27254.5	10282.4	5084.7
广西壮族自治区	606.1	349.3	100.6
海南省	49.0	6.5	9.5
重庆市	1963.5	1096.7	317.4
四川省	3331.3	1253.7	577.2
贵州省	320.8	136.2	67.7
云南省	167.3	67.6	38.4
西藏自治区			
陕西省	1022.3	270.0	249.2
甘肃省	83.3	29.1	17.1
青海省	86.7	32.4	13.7
宁夏回族自治区	122.9	63.4	10.0
新疆维吾尔自治区	232.7	34.7	60.8

制造业主要经济指标（三表）

单位：亿元

产成品	资　产 总　计	负　债 合　计	亏损企业 亏损额
35.2	1136.1	744.3	6.9
7.0	630.2	357.6	16.3
46.7	1479.6	698.0	8.8
5.3	124.3	55.8	0.3
8.5	112.9	61.1	0.1
251.4	5524.9	3054.9	36.8
954.2	22804.8	11929.9	221.6
351.3	7881.1	4056.9	78.8
141.2	5123.9	3199.1	45.4
190.4	5134.4	2682.9	60.9
145.9	3364.4	1977.1	17.1
209.5	4172.3	2403.6	26.9
251.7	4853.6	3607.5	5.6
100.2	3948.7	2132.3	29.2
65.5	2088.7	1165.0	9.6
1777.0	37786.6	22756.2	341.5
22.3	776.6	546.2	2.9
2.6	74.3	53.4	2.8
111.1	2958.1	1990.3	23.9
220.4	5122.5	3428.6	16.9
19.6	427.7	308.4	5.3
11.0	344.6	213.1	3.5
83.0	2207.0	982.1	8.3
4.6	253.1	118.1	1.2
3.0	208.1	129.5	3.0
2.4	194.3	85.3	5.0
2.5	535.0	323.1	0.5

2018年电子信息制造业主要产品

产品名称	计量单位	企业个数	年初库存
通信设备行业产品			
通信设备行业			
一、通信传输设备制造			
1. 光通信设备	部	34	2210707
其中：高速大容量光传输设备（400G/1Tbps）	部		
2. 卫星通信设备	部	9	26500
其中：北斗全球卫星导航设备	部		
3. 微波通信设备	部	19	8311956
4. 散射通信设备	部	1	
5. 载波通信设备	部	2	19825
6. 通信导航定向设备	部	8	3294
二、通信交换设备制造			
1. 电话交换机	线	4	9969005
其中：工业通信网关	线		
2. 光交换机	台	5	
3. 其他通信交换设备	台	19	67425
三、移动通信设备制造			
1. 数字蜂窝移动电话系统设备			
1.1 基站及基站控制器	万信道	4	4897846
1.2 基站天线	套	6	36325
1.3 其他数字蜂窝移动电话系统设备	套		
2. 其他移动通信设备	套	34	19876037
四、通信接入设备制造			
1.光纤接入设备			
1.1 无源光网络设备（PON）	线/部	11	17526986
1.2 有源光网络设备（AON）	台	3	63171
其中：高速光接入设备	台	2	17580
2. 其他接入设备	只/对/部/台	16	840906
五、网络设备制造			
1. 路由器	台	17	6647889

生产量、销售量和库存量

本年生产量	全年销售量	企业自用及其他	年末库存	本年实际出口
21383669	21575453	35514	1983409	1712271
85648	91897	524	19727	394
8508151	13336215	10	3483882	2650733
9	9			
142724	141080		21469	162
92375	89287		6382	
789623543	795970748	100	3621700	2309525
1014329	968413	4978	40254	12749
13075750	12724011	29561	389603	1819016
1586069623	1569656851	15	21310603	14877665
6027632	6022727		41230	37
505325051	506543218	18087	18639783	128902943
999985310	1000985540	1118184	15408572	33528617
376370	416192		23349	
473857	475916		15521	462239
15376260	14048947	29267	2138952	2573006
168145300	169293317		5499872	21435064

产品名称	计量单位	企业个数	年初库存
2. 二、三层交换机	台	8	244710
3. 无线局域网接入点（AP）	台	4	126810
4. 其他网络设备	台	8	315942
六、固定通信终端设备制造			
1. 固定通信终端设备制造	部	21	503163
七、移动通信终端设备			
1. 手机	部	148	67183593
其中：5G手机	部		
4K手机	部	4	95596
2. 对讲机	部	7	229386
3. 其他移动通信终端	部	46	150387173
八、通信配套产品和其他通信设备制造			
1. 无线遥控设备	部	8	70109
2. 其他通信设备制造	部	138	22881584
广播电视设备行业			
广播电视设备制造			
一、广播电视节目制作及播控设备制造（C3931）			
1. 音频节目制作和播控设备	部	4	26470
2. 视听节目制作及播控设备			
2.1 广播电视专业录、摄像机及摄像头	部	4	111118
其中：4K广播电视专业录、摄像机及摄像头	部		
8K广播电视专业录、摄像机及摄像头	部		
2.2 其他视听节目制作及播控设备	部	1	
3. 其他广播电视节目制作及播控设备	部	4	17850
二、广播电视发射及传输设备（C3932）			
1. 电视发射设备	部	3	471
2. 卫星电视设备	部	7	35148
3. 有线电视网络设备	部	7	576943
4. 其他广播电视发射及传输设备	部	18	866430
三、应用电视设备及其他广播电视设备制造（C3939）			

生产量、销售量和库存量

本年生产量	全年销售量	企业自用及其他	年末库存	本年实际出口
3726623	3628942		342391	73042
6087927	5955576		259161	1983607
4541109	4407514		449537	3013559
20606025	20598232	28596	482360	3108113
1485559103	1430040336	609625	122092735	644980080
7363040	7320141	10447	128048	4590067
920910	1074467	1050	74779	502550
392246565	396296824	2419425	143917489	62177754
2799795	2478012	3	391889	658637
909284473	963377994	109984	20878079	287582904
388865	405841		9494	
1102575	1152041		61652	1005099
1524500	720500		804000	
208074	210935		14989	98462
21504	21548		427	1926
6696580	6668815		62913	5475177
12447855	12132371	88415	804012	7517939
6296329	6689021	5048	468691	2052249

产品名称	计量单位	企业个数	年初库存
1、应用电视设备及其他广播电视设备	部	29	1231384
四、广播电视设备专用配件制造（C3933）			
1. 广播电视设备专用配件	个	13	8261610
电子计算机行业			
电子计算机制造			
一、电子计算机整机制造（D3911）			
1. 计算机工作站	台	7	609
1.1 高性能计算机	台	4	23
其中：百亿亿次/秒级高性能计算机	台		
1.2 工作站	台	3	586
2. 微型计算机设备	台	84	12139763
2.1 台式微型计算机	台	31	3288227
2.2 便携式微型计算机			
2.2.1 笔记本计算机	台	26	6210144
其中：二合一笔记本	台		
2.2.2 平板计算机	台	26	2641391
2.3 电子阅读器	台	1	1
3. 服务器	台	13	33651
其中：超融合基础架构（HCI）	台		
4. 电子计算机数字式处理部件	台	3	269538
其中：工业控制计算机	台		
二、电子计算机零部件制造（D3912）			
1. 电子计算机零部件制造	块	135	511073111
三、电子计算机显示器制造（D3913）			
1. 终端显示设备	台	26	12159177
四、电子计算机外部设备制造（D3914）			
1. 输入设备	台	17	2945533
2. 输出设备	台	22	46357499
3. 外存储设备	台	14	1870684
其中：海量存储设备	台		

生产量、销售量和库存量

本年生产量	全年销售量	企业自用及其他	年末库存	本年实际出口
62844246	64345433	2422	1269638	27395922
165266571	162297721		11230460	19919390
86341	61690		25260	
86341	61182		25182	
	508		78	
131613151	127151094	89341	16512479	82946000
33057024	27979861	2467	8362923	8647508
63762915	63540839	13189	6419031	44188599
34707619	35544802	73685	1730523	30109893
85593	85592		2	
2034521	2016574		51598	719013
2159341	2285510		143369	1871760
10158808122	9664396681	177121052	828363499	5818096684
93182963	93042634	26965	12272541	70872580
63956335	63219693	16241	3665934	51477901
59005476	58418505	478441	46466029	9303463
354369240	73361204	279249116	3629604	51236693

2018年电子信息制造业主要产品

产品名称	计量单位	企业个数	年初库存
4. 阅读机、数据转录及处理机械	台	1	362
5. 其他电子计算机外部设备	台	68	217008791
五、计算机应用产品制造（D3919）			
1. 汽车电子			
1.1 动力总成控制系统	套	11	1820521
1.2 电机控制系统	套	19	800240
1.3 制动防抱死系统（ABS）	套	5	19742732
1.4 电子制动力分配系统（EBD）	套		
1.5 电驱动控制系统	套	5	135204
1.6 电机驱动控制系统（新能源）	套	7	1015000
1.7 整车控制系统	套	4	8608063
1.8 电池管理系统	套	2	10598
其中：新能源汽车电池管理系统	套	4	4526
1.9 新能源汽车高压电气系统	套	2	192740
1.10 汽车多媒体	套	9	6784573
2. 工业自动控制系统装置制造			
2.1 可编程逻辑控制器（PLC）	套	5	52713
2.2 集散控制系统（DCS）	套	6	
2.3 数据采集与监视控制系统（SCADA）	套	6	32850
2.4 远程终端控制系统（RTU）	套	2	
2.5 人机接口（HMI）	套	2	28645
2.6 可编程自动化控制器（PAC）	套	9	2570
2.7 其他工控装置	套	17	59715
3. 其他应用产品			
3.1 5G行业终端	部	1	53421
3.2 摄像头	个	16	48099643
其中：4K摄像头	个	1	69359
8K摄像头	个	1	
3.3 其他应用产品	部	23	28400223
六、信息系统安全产品制造（D3915）			

生产量、销售量和库存量

本年生产量	全年销售量	企业自用及其他	年末库存	本年实际出口
47382	41893		5851	
1283156320	1307038564	2106095	191020452	1108459033
43040020	43125318	5013	1730210	27163
17279785	17195697	6235	878093	1250382
6112979182	5989330539		143391375	32570
2799135	2793670	20000	120669	16
7911051	7366463	46335	1513254	18298
38391706	38829346	10	8170413	
111988	117702	22	4862	
288904	291168		2262	
1153506	1116117	19283	210846	
36011000	35399219		7396354	8569778
854962	832197	9267	66211	11082
7895465	7399604		30334	
828791	827393		34248	7700
89	87	1	1	
394709	393885	2501	26968	12703
130635	130221		2984	483
615004	619706		55013	1331
215331	192748	21744	54260	
825710422	724894174	2201250	146714641	59611310
15686639	15138873		617125	
15653000	15348413		304587	
71016545	69559780	186	29856802	19721288

产品名称	计量单位	企业个数	年初库存
1. 边界防护类设备和系统	套	2	
2. 数据保护类设备和系统	套	6	3508
3. 安全检测类设备和系统	套	6	3930
4. 安全智能卡类设备和系统	套	13	202442
5. 密钥管理类设备和系统	套	3	4102
家电行业			
视听设备制造			
一、电视机制造（F3951）			
1. 彩色电视机	台	53	14243534
其中：智能电视	台	21	3205933
其中：4K电视	台	3	132613
8K电视	台		
2. 电视接收机顶盒			
2.1 有线电视机顶盒	部	10	3948648
其中：4K有线机顶盒	部		
8K有线机顶盒	部		
2.2 互联网广播机顶盒	部	4	733698
其中：4K互联网机顶盒	部		
8K互联网机顶盒	部		
2.3 IPTV广播机顶盒	部		
其中：4KIPTV广播机顶盒	部	1	741258
8KIPTV广播机顶盒	部		
2.4 其他机顶盒	部	7	3169839
二、摄、录像、激光视盘机制造（F3953）			
1. 摄、录像、激光视盘机制造	台	17	2200578
三、家用音响电子设备制造（F3952）			
1. 家用音响电子设备制造	台	56	29095506
四、家用电子电器主要配套件制造（F3859）			
1. 家用电子电器主要配套件制	只	73	132226686
电子测量仪器行业			

生产量、销售量和库存量

本年生产量	全年销售量	企业自用及其他	年末库存	本年实际出口
523777	523777			
4032541	4032546		3503	1
14188	13914	45	4159	10
2826948	2667292	42645	319453	961549
108356	107382		5076	
160465327	160174832	12107	15518922	91591211
53043100	53136778	5757	3106498	22614902
2481476	2544449		69640	1634022
47622209	47410519	8099	4152239	16467476
22395042	20495614	22116	2617555	3489248
5363261	5794264		310255	367461
20648836	22314198	7368	1497108	11211057
77874340	77664808	61	2410049	56981527
312381469	317740431	3422756	20313788	277828501
2197049943	2226625429	482073	102169127	154844630

2018年电子信息制造业主要产品

产品名称	计量单位	企业个数	年初库存
电子测量仪器制造			
一、电子测量仪器制造（G4028）			
1. 时间频率测量仪器	台	3	596
2. 电压测量仪器	台	8	119233
3. 示波器	台		
4. 器件参数测量仪器	台	1	
5. 元件参数测量仪器	台		
6. 脉冲测量仪器	台	7	59
7. 扫描、频谱波形分析仪器	台	1	76
8. 微波测量仪器	台	2	2219
9. 通信测量仪器	台		
10. 广播电视测量仪器	台		
11. 超低频测量仪器	台		
12. 声学测量仪器	台	1	
13. 干扰场强测量仪	台		
14. 稳压电源	台	11	58332569
15. 记录显示仪	台	4	17483
16. 信号源	台		
17. 功率计	台		
18. 其他测量仪器	台	73	1119753
19. 电子测量仪器零附件	台	12	678272
二、医疗电子设备及器械制造（G3581）			
1. 医用电子仪器设备	台	19	8630742
2. 医用超声仪器	台	4	1263
3. 医用激光仪器及设备	台	5	26
4. 医用体外诊断用仪器	台	8	1012
5. 医用高频微波射线核素核磁仪器	台	1	
6. 中医用仪器	台	1	2
7. 医疗植入无线通信设备	台		
8. 其他医疗电子仪器	台	17	542552

生产量、销售量和库存量

本年生产量	全年销售量	企业自用及其他	年末库存	本年实际出口
171301	170929		968	
312478	311592		120119	236788
4856	4856			5
1191615	1191393		281	
5359	5335		100	
137093	137354		1958	
27	27			
506860205	525172277	3140	40017357	514582231
1034647	1030493	1	21636	12
13102077	13044226	49126	1128478	4701008
22147577	21965609	1176	859064	17262685
77317884	77616073	2	8332551	72185568
689661	689654	75	1195	6821
1655637	1655586		77	158
24426	25036	30	372	1875
56	56			3
100	70	22	10	
6272971	6701050	50	114422	2912031

2018年电子信息制造业主要产品

产品名称	计量单位	企业个数	年初库存
三、应用电子仪器制造（G4021）			
1. 工业电子应用仪器	台	27	551864
2. 环境监测专用仪器仪表制造	台	36	72831
3. 导航、测绘、气象及海洋专用仪器制造	台	6	47514
4. 地质勘探和地震专用仪器	台	3	68
5. 其他仪器	台	77	1086930
6. 电子电表	万只	32	525105
7. 电子专用电表	万只	10	80000
8. 安规仪器	台	1	2743
9. 电化学测试仪器	台	3	66
电子工业专用设备行业			
电子工业专用设备制造			
一、电子工业专用设备制造（H3562）			
1. 集成电路制造设备			
1.1 集成电路设计设备	台	17	1349117
1.2 掩模版制造设备	台		
1.3 晶圆制造设备	台	2	3877
1.4 晶圆加工设备	台	4	304
1.5 封装设备	台	8	259
1.6 检测设备	台	6	246
1.7 工厂设施及相关设备	台	8	72
2. 锂离子电池制造设备	台	8	1050224
3. 太阳能光伏制造设备			
3.1 晶硅太阳能电池片制造设备	台	11	2889
3.2 薄膜太阳能电池制造设备	台	1	222
4. 平板显示制造设备			
4.1 液晶显示设计设备	台	3	1131
4.2 掩模版制造设备	台		
4.3 玻璃基板制造设备	台		
4.4 阵列制造设备	台	1	84211

生产量、销售量和库存量

本年生产量	全年销售量	企业自用及其他	年末库存	本年实际出口
4179092	4324820	22269	383867	608415
4026219	3751319	268056	79675	163720
252969	264016		36467	61932
1391	1270		189	264
40531745	40160669	3167	1454839	2802628
18052286	17978292	1	599098	2224726
1199857	1217045	15511	47331	519
14404	13231		3916	355
6165	6177		54	12
10319337	10995172		673282	1110763
272382	256625		19634	232965
638	592	45	305	65
202106	202002		363	2815
6441	6437	7	243	
3998	3969		101	323
2348743	2472820	5	926142	1936170
11694	11296	308	2979	302
24820	22388		2454	
9291	9257	26	1139	97
3080033	2900412	332	263500	1626170

产品名称	计量单位	企业个数	年初库存
4.5 彩色滤光片制造设备	台		
4.6 成盒工艺设备	台		
4.7 模组设备	台	1	
4.8 检测设备	台	1	
4.9 工厂设施相关其他设备	台	9	6055
4.10 OLED专用制造设备	台	6	198
4.11 其他显示制造设备	台	9	9148450
5. 电子元器件制造设备			
5.1 滤波器制造设备	台	1	10239
5.2 光电子器件制造设备	台	14	7437
5.3 其他电子元器件制造设备	台	60	23278238
6. 机电组件制造设备	台	47	13465848
7. 气候环境模拟和可靠性试验设备	台	10	39
8. 超净空气、高纯水、高纯气体制备设备及电子工厂废气、废水处理、电磁屏蔽设备	台	21	147
9. 电子整机装联设备	台	6	358
其中：表面贴装（SMT）设备	台	2	6562
10. 电子通用设备	台	60	30253
二、电子工业专用工具及制造（H3563）			
1. 电子工业模具及齿轮	件	57	44728811
三、其他电子设备制造（H3569）			
1. 其他电子设备	台	383	16210970
电子元件行业			
电子元件制造			
一、电子元件及组件制造（I3981）			
1. 电容器			
1.1 塑料介质电容器	万只	31	152513
1.1.1 聚酯膜电容器	万只	6	8078
1.1.2 聚丙烯膜电容器	万只	20	137774
1.1.3 其他塑料介质电容器	万只	5	6661

生产量、销售量和库存量

本年生产量	全年销售量	企业自用及其他	年末库存	本年实际出口
3651	3614		37	
124	124			
407969	406570	1000	6454	10350
4829	4330	20	677	49
113502849	114134540		8516759	101430010
12356	16730	123	5742	
139911	139176	3001	5171	19569
497795920	504751820	5100	16317239	169363956
143518479	134296629	1503	22686194	366253
140676	138679	5	2031	59
4918035	4917999		183	999
19707	19472		593	3
53211	43651		16122	
3566290	3525647	405	70491	100745
327571836	337077636	189483	35033528	139967106
402854574	405979709	253160	12832680	97064714
858641	841890		169264	312719
131198	130462		8814	39351
668916	653259		153431	271255
58528	58170		7019	2113

2018年电子信息制造业主要产品

产品名称	计量单位	企业个数	年初库存
1.2 瓷介电容器	万只	19	5426983
其中：片式多层瓷介电容器	万只	8	6009370
1.3 电解电容器			
1.3.1 铝电解电容器	万只	32	464906
其中：片式铝电解电容器	万只	1	940
1.3.2 钽电解电容器	万只	5	6376
1.3.3 其他电解电容器	万只	3	7937
1.4 超级电容器	万只	4	50213
1.5 其他电容器	万只	26	906844
1.6 电容器专用零配件	万只	10	118247
2. 电阻、电位器			
2.1 固定电阻器	万只	24	5801273
其中：片式电阻器	万只	20	3127264
2.2 电位器	万只	8	2506
其中：表面安装电位器	万只	2	1614
2.3 电阻电位器专用零配件	万只	11	67983
3. 光电接插元件			
3.1 光连接器	万只	27	10232
3.2 线束和线缆组件	万只	62	3783681
3.3 光电接插元件专用零配件	万只	31	1590638
其中：光纤陶瓷插芯	万只	2	1551
3.4 其他光电接插元件	万只	42	253001
4. 电控制元件			
4.1 电子继电器			
4.1.1 电磁继电器	万只	23	29636
其中：高压直流继电器	万只	3	27
4.1.2 固态继电器	万只	3	266840
4.1.3 其他继电器	万只	4	29873663
4.2 斩波器	万只		
4.3 电控制元件专用零部件	万只	50	1155871

生产量、销售量和库存量

本年生产量	全年销售量	企业自用及其他	年末库存	本年实际出口
87979180	82948979	7	10457177	72412957
114234347	110390286	458	9852972	94059687
4494100	4439456	1140	518411	665152
19910	19387		1463	4860
235324	231297	264	10140	96527
192546	185102		15381	
457781	408580	56833	42581	170
12233992	12481976	10945	647914	9326589
2537164	2501673		153738	56270
98649363	94422334		10028302	91161659
25232762	23979772		4380254	10812050
169429	170214	197	1524	104987
20410	18370		3654	
2342279	2279899	50776	79588	325855
887406	882428	412	14799	261482
71640104	66044886	5747701	3631198	24044290
24744205	24349412	5003	1980428	633679
8745	8845		1451	1
2435300	2337143	6498	344659	864671
504042	500210	1231	32237	39249
1514	1470	33	38	1059
186371	201623	73736	177852	104
249199514	258915299	4206119	15951759	5280
69470154	69255083	1297	1369645	177758

2018年电子信息制造业主要产品

产品名称	计量单位	企业个数	年初库存
5. 磁性材料元件			
5.1 软磁材料元件			
5.1.1 金属软磁元件	万公斤	7	1380125
5.1.2 铁氧体软磁元件	万公斤	25	4183656
5.2 永磁材料元件	万公斤		
其中：钕铁硼永磁元件	万公斤	24	482994
5.3 其他磁性材料元件	万公斤	4	60153
6. 感性元器件			
6.1 电子变压器	万只	104	3356488
6.2 电感器			
6.2.1 片式绕线电感器	万只	19	1217250
6.2.2 叠层电感器	万只	2	810031
6.2.3 其他电感器	万只	31	77959
6.3 磁珠	万只	2	24275
6.4 其他感性器件	万只	11	314798
6.5 感性器件专用零配件	万只	4	8276
7. 电声器件			
7.1 传声器（送话器）	万只	9	2335299
其中：无线话筒、传声器	万只		
7.2 受话器	万只	9	23051
7.3 送受话器组合件	万只	2	40538
7.4 扬声器	万只	37	17527
7.5 音箱、音柱	万只	12	37255
7.6 耳机	万只	32	6183
其中：无线耳机	万只	7	16
7.7 蜂鸣器	万只	10	6536
7.8 电声配件	万只	24	46697
8. 频率元器件			
8.1 频率选择及控制元器件			
8.1.1 压电陶瓷频率元器件	万只	8	4281

生产量、销售量和库存量

本年生产量	全年销售量	企业自用及其他	年末库存	本年实际出口
8505283	7777386	10344	2097679	1684837
40305559	40347084	338	4141794	17635
25312	501504	34	6768	547
4856460	4846462		70151	140
130857935	131886146	1662	2326614	30137652
28825201	28693823		1348628	504485
6898079	6499164		1208946	1432313
695082	690829	1848	80364	172058
519382	447383	42486	53788	2504
4714656	4579775		449678	3752817
111553	111588		8241	85521
9263190	9257037	-88	2341540	40282
195834	193485	97	25303	25582
486455	473356	-29	53666	2547
274748	272249	218	19809	159550
1128024	1078321	37	86922	1039331
141367	138561	235	8754	17298
24717	24713		20	1429
35188	34032	17	7675	10433
1716315	1708482		54530	105545
144185	144397	32	4037	9883

2018年电子信息制造业主要产品

产品名称	计量单位	企业个数	年初库存
8.1.2 压电石英晶体频率元器件	万只	17	56830
8.1.3 介质频率元器件	万只	4	7040
8.1.4 声表面波和体声波频率元器件	万只	1	9
其中：声表面波滤波器和双工器	万只	1	2984
8.1.5 硅基频率选择及控制元器件（组件、模块）	万只		
8.1.6 EMI滤波器	万只	3	76
8.1.7 其他频率选择及控制元器件	万只	2	4543
8.2 频率收发元器件			
8.2.1 微型射频天线	万只	6	3108
8.2.2 射频ID模块及组件	万只	3	124
8.2.3 其他频率收发元器件	万只	1	96
8.3 频率元器件专用零配件	万只	3	5757
其中：压电石英晶片	万只	13	27931
9. 电子结构件			
9.1 金属结构件	万公斤	26	176691
9.2 陶瓷结构件	万公斤	8	331
9.3 其他结构件	万公斤	16	91091
二、电子电路板制造（I3982）			
1. 刚性电子电路板	平方米	113	7775795
2. 挠性电子电路板	平方米	22	961097
3. 刚-挠性电子电路板	平方米	22	5245373
4. 其他电子电路板	平方米	125	89772717
三、电力电子元件制造（I3824）			
1.1 电力继电器	万只	9	910
1.2 接触器	万只	10	2971
1.3 断路器	万只	17	25330
1.4 其他配电器件	万只	47	120858
2. 继电保护装置			
2.1 熔断器	万只	3	7
2.2 其他继电保护装置	万只	4	1

生产量、销售量和库存量

本年生产量	全年销售量	企业自用及其他	年末库存	本年实际出口
504639	489849	120	71500	314406
47160	48715	421	5064	22564
19	17		11	
63057	61655		4386	6373
2889	2903		62	2230
4286	5747		3082	2314
219003	219993		2118	3443
2816	2528		412	
2540	2539		97	
25656	25468		5945	
347249	344069	1339	29772	82715
10710828	10711330	1	176188	26123
24157	23703		785	221
1450613	1448307	2	93394	37132
171546688	170983674	64377	8274433	26577572
10697980	10212595	3965	1442517	3163568
217691867	212428093	101036	10408110	178653227
992526793	970223700	32163436	79912375	142954764
15658	13949	3	2617	4305
70865	70550	824	2462	14776
88182	88508		25004	622
1905925	1884464	224	142095	544827
126	126		7	
46898	45278	15	1606	

产品名称	计量单位	企业个数	年初库存
3. 配电或电器控制设备专用零件	万只	74	2059794
四、敏感元器件及传感器制造（I3983）			
1. 敏感元器件			
1.1 力敏元器件	万只	4	51
1.2 压敏元器件	万只	11	65746
1.3 光敏元器件	万只	10	1766168
1.4 热敏元器件	万只	16	805483
1.5 其他敏感元器件	万只	22	208872
2. 传感器	万只	96	494442
2.1 MEMS传感器	万只	6	5185
2.2 光传感器件			
2.2.1 图像传感器件	万只	1	324
2.2.2 红外传感器件	万只	3	496
2.2.3 光纤传感器件	万只	2	450000
2.2.4 环境光传感器件	万只	3	23
2.2.5 激光传感器件	万只	1	58
2.2.6 紫外线传感器件	万只		
2.3 其他传感器	万只	80	38357
电子器件行业			
电子器件制造			
一、真空电子器件制造（J3971）			
1. 电子管	万只	6	2130
2. 真空开关管	万只	13	4138
3. 其他电真空器件	万只	18	1926
4. 真空电子器件零件	万只	8	31352
二、半导体分立器件制造（J3972）			
1. 半导体二极管	万只	99	2837602
2. 半导体三极管	万只	18	220289
3. 小信号晶体管	万只	5	16023
4. 功率晶体管	万只	16	260694

生产量、销售量和库存量

本年生产量	全年销售量	企业自用及其他	年末库存	本年实际出口
165124327	164626512	13	2557597	482649
50542	50544		49	
713695	645776	37029	96637	99367
6061322	6073882	908	1752700	5765976
864022	839810	3620	826075	283888
3455869	1730220	1682644	251877	816175
6357017	5887228	1224	963007	46303
23028	20772	173	7269	270
4631	4738		217	2580
9910	9621	5	780	469
5477160	5032530		894630	
1200	1163		60	708
388	357		89	
840700	818047	1046	59963	42276
52480	37710	404	16497	
54682	35663	15705	7453	32
416993	417015	40	1863	302
208941	212549	74	27670	22736
58391239	52989435	29843	8209563	10152116
4168920	4189822	1557	197829	877508
537536	528295	236	25028	288818
3470674	3413102	7829	310438	1141059

2018年电子信息制造业主要产品

产品名称	计量单位	企业个数	年初库存
三、集成电路制造（J3973）			
1. 集成电路制造			
1.1 硅基集成电路制造			
1.1.1 6英寸及6英寸以下集成电路硅片	万片	24	10534
1.1.2 8英寸集成电路硅片	万片	15	35782
1.1.3 12英寸集成电路硅片	万片	4	2211
1.2 光集成电路制造	万片	4	271
1.3 混合集成电路制造	万片	39	400687
1.4 其他集成电路制造	万片	121	6362336
2. 集成电路封装测试			
2.1 封装			
2.1.1 双列直插形式封装（DIP）/单列直插式封装（SIP）/Z形直插式封装（ZIP）系列	万只	4	864
其中：3DSIP	万只		
2.1.2 塑料方型扁平式封装（QFP）系列	万只	4	742
2.1.3 球栅阵列封装（BGA）/格栅阵列封装（PGA）系列	万只	2	21067
2.1.4 晶圆级封装（WLP）/倒片封装（FlipChip）系列	万只	8	487472
2.1.5 其他封装测试系列	万只	16	71639
2.2 测试			
2.2.1 晶圆测试	万只	8	3779
2.2.2 成品测试	万只	6	29251
四、电力电子器件制造（J3824）			
1. 晶闸管	万只	11	689
2. 绝缘栅极晶体管及模块（IGBT、IGCT）	万只	7	52
3. 快恢复二极管（FRD）	万只	3	13
4. 肖特基二极管	万只	2	1000
5. 金属氧化物半导体场效应管（MOSFET）器件及模块	万只	1	
五、显示器件制造（J3974）			
1. 显示器件			
1.1 液晶面板			

生产量、销售量和库存量

本年生产量	全年销售量	企业自用及其他	年末库存	本年实际出口
225999	227566	90	8877	16081
6992623	6574766	-428	454067	39529
29581	30277		1515	8
177441383	177441620	5	29	11847105
2731005	2933697	6261	191734	1358577
39267123	44069611	403384	1156464	4098222
94505	94468	8	893	4589
902137	892247	10268	364	681964
853120	859580	9061	5546	66726
3687575	3624003	28681	522363	1530373
4735935	4657875	9776	139922	2655525
305171	304690	13	4248	2605
1178003	1126890	11993	68371	999166
23674	22783	797	782	154
5193	4936		309	44
4448	4451		10	
8006	7006	1000	1000	
51	51			

产品名称	计量单位	企业个数	年初库存
1.1.1 智能手机用面板	万平方米	6	10462
1.1.2 平板电脑用面板	万平方米	2	
1.1.3 车载终端用面板	万平方米	5	9
1.1.4 工控系统及医疗设备用面板	万平方米	4	3
1.1.5 可穿戴用面板	万平方米		
1.1.6 笔记本电脑用面板	万平方米		
其中：4K笔记本电脑用面板	万平方米		
8K笔记本电脑用面板	万平方米		
1.1.7 显示器用面板	万平方米	6	19104825
其中：4K显示器用面板	万平方米	1	
8K显示器用面板	万平方米		
1.1.8 电视机用面板	万平方米		
其中：4K电视机用面板	万平方米	1	205772
8K电视机用面板	万平方米		
1.1.9 商用显示用面板	万平方米		
其中：4K商用显示用面板	万平方米		
8K商用显示用面板	万平方米		
1.1.10 其他显示用面板	万平方米	6	916
1.2 液晶显示模组	万套	87	8937850
1.3 有机发光二极管面板			
1.3.1 智能手机用面板	万平方米	1	
1.3.2 平板电脑用面板	万平方米		
1.3.3 车载终端用面板	万平方米		
1.3.4 工控系统及医疗设备用面板	万平方米		
1.3.5 可穿戴用面板	万平方米	1	
1.3.6 笔记本电脑用面板	万平方米		
1.3.7 显示器用面板	万平方米		
1.3.8 电视机用面板	万平方米		
1.3.9 商用显示用面板	万平方米		
1.3.10 其他显示用面板	万平方米	1	

生产量、销售量和库存量

本年生产量	全年销售量	企业自用及其他	年末库存	本年实际出口
254598	246752		18309	43
16	13		3	2
117	112	1	12	35
5308	5307		3	3
86283438	76551131		28837131	36069161
2400	2400			2400
9672210	9601840		276142	5182493
15765	15282	2	1397	2947
148510130	138699995	1247624	17500259	26505417
6	5			4
1	1			
1	1			

2018年电子信息制造业主要产品

产品名称	计量单位	企业个数	年初库存
1.4 有机发光二极管显示模组	万套	5	21887
1.5 发光二极管显示器件	万只	43	9080553
1.6 电泳显示器件	万只		
1.7 其他显示	万只	32	6066099
其中：电子纸	万平方米	1	
六、光电子器件制造（J3976）			
1. 光通信器件			
1.1 光通信有源器件	万只	6	387
1.2 光通信无源器件	万只	10	43228
1.3 光通信模块	万套	7	730
1.4 光通信子系统	万套		
2. 光照明器件			
2.1 LED照明器件	万只	149	20746681
2.2 OLED照明器件	万只	11	964579
3. 其他光电子器件	万只	133	18414141
七、其他电子器件制造（J3979）			
1. 电子束光电器件	万只	14	23
2. 半导体光电器件			
2.1 光电探测器件	万只	4	185
2.2 光电耦合器件	万只	7	8702
2.3 电荷耦合器件	万只	1	21
3. 激光器件			
3.1 半导体激光器件	万只	10	2147
3.2 固体激光器件	万只	2	2
3.3 其他激光器件	万只	5	1978
4. 光学元器件			
4.1 光学镜片	万只	25	417954
4.2 光学镜头及镜头模组	万只	15	1771063
5. 其他电子器件	万只	435	179365977
电子信息机电产品行业			

生产量、销售量和库存量

本年生产量	全年销售量	企业自用及其他	年末库存	本年实际出口
84465	78772	588	26992	12010
42960474	41533234	11613	10496180	2319419
104313198	105288643	140727	4949928	148892
3	3			2
6828	5757	11	1447	79
10221945	10222242	14	42917	177259
2626	2488		868	158
384906806	392943392	13670	12696425	311910522
11943504	10201339	7166	2699578	917531
268214036	235262953	67328	51297899	144353351
10834	10394		463	
21934	21868		251	1022
210760	211788		7674	209132
1375	1354		42	
28222	24872	48	5449	3059
703	703		2	3
5008	3089		3898	1251
859131	934527	2014	340544	72876
27565089	28317134	1	1019425	1164149
4492983744	4318748372	1467261	352134088	121477214

2018年电子信息制造业主要产品

产品名称	计量单位	企业个数	年初库存
电子信息机电产品制造			
一、电子微电机制造（K3813）			
1. 直流微特电动机			
1.1 有刷直流微特电动机	万只	25	208703
其中：微型振动电机	万只	7	1791
1.2 无刷直流微特电动机	万只	20	5115206
2. 交流微特电动机	万只	27	377986
3. 交直流两用微特电机	万只	25	243886
4. 步进微特电机	万只	7	21135
5. 开关磁阻微特电机	万只	3	228
6. 电源微特电机	万只	9	42
7. 微特电机的专用零组件	万只	25	140902
其中：换向器	万只	3	49159
二、电子电线电缆制造（K3831）			
1. 安装线缆	公里	77	475528
2. 射频电缆	公里	11	15082
3. 软波导	公里	1	3000
4. 综合电缆	公里	183	9260522
5. 通信及电子网络用电缆	公里	62	2213332
6. 电子线材	吨	135	962187
三、光纤、光缆制造（K3832）			
1. 光纤	公里	22	9207102
其中：特种光纤	公里		
2. 光缆	芯公里	38	3202271
其中：海底通信光缆	芯公里		
四、电池制造（K3840）			
1. 碱性蓄电池	千伏安时	5	362195
2. 酸性蓄电池	万kVh	55	4501027
3. 锂离子电池			
3.1 锂离子单体电池（电芯）			

生产量、销售量和库存量

本年生产量	全年销售量	企业自用及其他	年末库存	本年实际出口
7920316	7864942	10234	253843	1847855
61203	60397		2597	21
3671859	5230962	1000	3555102	31863
8444704	8535359	101	287229	541286
9931745	9660486		515145	2405512
181540	199335		3340	143519
961	917		272	
4671	833		3880	35
2505458	2290196	10	356154	23861
3204608	3202693		51074	198
8573825	8602737	2698	443918	71208
163331	166592		11821	57602
7000	9000		1000	
39064841	38391408	946	9932839	1126082
114735794	113537447	523181	2891318	11188077
26957929	26765760	4112	1150244	964736
259737489	237120378	2486499	29337714	20487253
147768992	146802738	1453	4167071	5044672
917798	826670	1667	451656	95894
13557682	17658816	33	399860	1026335

2018年电子信息制造业主要产品

产品名称	计量单位	企业个数	年初库存
3.1.1 消费类电子产品用	千瓦时	12	1211477623
3.1.2 动力用	千瓦时	12	9604627
3.1.3 储能用	千瓦时	9	430382
3.2 锂离子电池组	千瓦时	63	17378203
4. 原电池	万只	43	4364782
5. 贮备电池	万只	3	2829
6. 物理-化学电源能电源系统	套		
7. 燃料电池	千伏安		
8. 蓄电池充电器	万只	14	4208
9. 电池用材料、设备和配件	平方米	10	8441997
其中：无线电充电发射端设备	平方米		
五、太阳能电池制造（K3825）			
1. 太阳能电池			
1.1 单晶硅电池			
1.1.1 BSF（硅太阳能电池铝背场电池）	千瓦	16	2199481
1.1.2 PERC（钝化发射极背面电池）	千瓦	4	31641
1.1.3 HIT（本征薄层的异质结电池）	千瓦		
1.1.4 IBC（叉背接触电池）	千瓦		
1.1.5 N-PERT（N型单晶硅钝化反射极完全扩散电池）	千瓦		
1.1.6 其他单晶硅电池	千瓦	13	135576
1.2 多晶硅电池			
1.2.1 BSF（硅太阳能电池铝背场电池）	千瓦	6	139103
1.2.2 黑硅	千瓦	1	15800
1.2.3 黑硅PERC（黑硅钝化发射极背面电池）	千瓦	1	12915
1.2.4 其他多晶硅电池	千瓦	21	2985431
1.3 其他太阳能电池			
1.3.1 聚光	千瓦	1	
1.3.2 钙钛矿	千瓦		
2. 太阳能电池组件			
2.1 单晶硅电池组件	千瓦	35	435157

生产量、销售量和库存量

本年生产量	全年销售量	企业自用及其他	年末库存	本年实际出口
2240599087	2539872169	759181	911445360	1129148549
125713950	132378530	96373	2843674	2658123
14424820	14216938		638265	82985
589713530	577210950	44602	29836182	207268846
74303402	75503666	1793	3162725	12926144
18499	17011		4316	
1875024	1668908	86	210238	770233
69956498	61851038		16547457	90
84154382	83982737	39126	2332000	395713
1567613	1582503		16752	122033
17223888	15835392	1196074	327998	381044
3628105	3226234	258130	282844	1542135
1009000	1006177		18623	9500
814000	811693		15222	
18760794	19304722	1050647	1390856	541557
69583	69246		337	
4861554	5086956	24079	381360	1834708

产品名称	计量单位	企业个数	年初库存
2.2 多晶硅电池组件	千瓦	55	3533914
2.3 薄膜电池组件	千瓦	3	33655
2.4 其他电池组件	千瓦	13	41187495
3. 逆变器			
3.1 集中式逆变器	千瓦	1	1748
3.2 微型逆变器	千瓦	2	2204
3.3 其他逆变器	千瓦	5	490918
电子信息专用材料行业			
一、功能材料制造（L3901）			
1. 半导体材料			
1.1 硅材料			
1.1.1 单晶硅	公斤	22	2078864
1.1.1.1 电子级单晶硅	公斤	8	679364
1.1.1.2 太阳能级单晶硅	公斤	12	1370690
其中：P型	公斤	1	2669
N型	公斤	1	26142
1.1.2 多晶硅			
1.1.2.1 电子级多晶硅	公斤	4	1945868
1.1.2.2 太阳能级多晶硅	公斤	17	2630020
其中：P型	公斤	1	76012
N型	公斤		
1.2 锗材料	公斤	5	21440
1.3 砷化镓材料	公斤	2	12658
1.4 磷化铟材料	公斤	1	
1.5 碳化硅材料	公斤	3	215419
1.6 氮化镓材料	公斤	1	1251
1.7 其他半导体材料	公斤	24	11981112
2. 发光材料			
2.1 发光与显示材料			
2.1.1 LED材料	公斤	2	4806

生产量、销售量和库存量

本年生产量	全年销售量	企业自用及其他	年末库存	本年实际出口
64089738	64041470	450888	3543362	12036637
497734	519820		11569	10716
228104347	213746405	2	55545436	13564985
2100	1847	250	1751	610
76230	65912		12522	
2922409	2932554	12	480761	542356
45143724	40709475	47509	6465604	278233
1360562	1284681	23770	731475	275578
43405259	39096185		5679764	
20716	13072	5987	4326	143
357187	315537	17752	50040	2512
58753766	58901375		1798259	8659000
23253825	21628254	3902815	352776	48006
455671	488584		43099	
63027	67235		17233	16356
57249	57457	3156	9294	648
4520	3520	1000		1526
4752081	2842783	16	2124701	72
9983	8029	329	2876	992
121980228	117745458	8944	16206938	3633770
40117	42030		2893	

产品名称	计量单位	企业个数	年初库存
2.1.2 激光晶体	公斤		
2.1.3 有机发光材料	公斤	2	522
2.1.4 其他发光材料	公斤	2	253000
2.2 显示材料			
2.2.1 玻璃基板	公斤	7	5416143
2.2.2 液晶材料	公斤	8	23215
2.2.3 偏光片	公斤	3	248145
2.2.4 PI薄膜	公斤	2	255743
2.2.5 驱动芯片	万片	5	373
2.2.6 其他显示材料	公斤	12	4611368
3. 磁性材料	公斤	12	10127448
4. 压电与声光材料			
4.1 压电材料	公斤	2	19978
4.2 声光材料	公斤	1	5008426
5. 电子功能陶瓷材料	公斤	5	199771
其中：多层瓷介电容器用陶瓷材料	公斤	1	1125643
6. 电能源材料			
6.1 锂电池材料			
6.1.1 正极材料	公斤	16	6154671
6.1.2 负极材料	公斤	4	4201908
6.1.3 隔膜材料	公斤	8	246941
6.1.4 电解液（电解质）	公斤	4	871892
6.2 其他电能源材料	公斤	23	23457418
二、封装与装联材料制造（L3902）			
1. 陶瓷基板材料	公斤	3	21337
2. 覆铜板材料			
2.1 电子绝缘板	公斤	11	4417891
2.2 刚性覆铜板	公斤	10	32906904
2.3 挠性覆铜板	公斤	4	98314
3. 电子铜箔材料	公斤	14	2130339

生产量、销售量和库存量

本年生产量	全年销售量	企业自用及其他	年末库存	本年实际出口
1986	1772	111	625	153
1293038	1318038		228000	364000
106469474	106175422	53735	5656460	15060
457625	448985		31855	27858
1836772	1653431		431486	
5511057	5527933		238867	
8157272	8156632	1	1012	5
38332779	37213374	502251	5228522	3375883
394171497	392230720		12068225	8600741
221240	216418		24800	
16700000	15110630		6597796	
1194920	1173713		220978	6089
7267729	6863381		1529991	
107142879	103193529	131536	9972484	572000
45179147	44070684		5310371	
41054525	17163917		24137549	
19285481	19244389	12794	900190	851828
227740269	230069608	6555035	14573044	8623533
1204600	1205109	1200	19628	169000
37465288	37239360		4643819	3572261
191710328	190407426		34209806	37765820
2914298	2884474		128138	46707
134257293	132357762	40142	3989728	126177

2018年电子信息制造业主要产品

产品名称	计量单位	企业个数	年初库存
4. 引线框架材料	公斤	7	2094836
5. 电子焊料	公斤	6	148632
三、工艺与辅助材料制造（L3903）			
1. 湿电子化学品	公斤	1	141000
2. 电子特种气体	公斤	2	4226
3. PCB用化学品	公斤	1	664
4. 光刻胶	公斤		
其中：显示材料用光刻胶	公斤		
5. 电子级树脂	公斤	3	303964
6. 电子浆料	公斤	3	133263
7. 靶材	公斤	4	74693
其中：显示材料用靶材	公斤	1	46100
8. 掩模版	公斤		
其中：显示材料用掩模版	公斤		
9. 其他工艺与辅助材料	公斤	56	52609712
智能硬件设备工业行业			
智能硬件设备制造			
一、可穿戴智能设备制造（M3961）			
1. 智能手部穿戴设备	只	4	33421487
2. 智能健康监测穿戴设备	只	3	5292
3. 智能头戴式设备			
3.1 虚拟现实设备	台		
其中：4K虚拟现实设备	台		
8K虚拟现实设备	台		
3.2 增强现实设备	台		
其中：4K增强现实设备	台		
8K增强现实设备	台		
4. 其他可穿戴智能设备	台	8	42236
二、智能车载设备制造（后装）（M3962）			
1. 车机（信息娱乐用中控系统）	套	7	281614

生产量、销售量和库存量

本年生产量	全年销售量	企业自用及其他	年末库存	本年实际出口
11332202	11099178		2327860	940403
8532933	7777298	4250	900016	38781
31940000	31090000	221000	770000	
612681	570295	7959	38653	
7514	7495		683	161
60596788	60425242	14307	461203	85295
693584	579607		247240	19253
1019884	925980		168597	363676
2601450	2628950		18600	
462772077	456170643	3997206	55213940	31173584
336539268	332917113	2	37043640	168676908
1002063	1006809	134	412	2000
1100977	1070225	3239	69749	238735
3953574	3740344	61	494782	55912

2018年电子信息制造业主要产品

产品名称	计量单位	企业个数	年初库存
2. 车载诊断系统	套	1	60000
3. 智能后视镜及行车记录仪	套	8	84303
4. 车载抬头显示	套		
5. 其他车载设备	套	33	41432223
三、智能无人飞行器制造（M3963）			
1. 旋翼无人飞行器	台	6	223
2. 固定翼无人飞行器	台	2	296441
四、服务消费机器人制造（M3964）			
1. 个人、家庭服务类机器人	台	1	
其中：助老助残服务机器人	台		
清洁机器人	台	1	5
2. 商业服务类机器人	台	8	475
其中：社会公共服务机器人	台	2	16
教育娱乐机器人	台	5	310
医疗康复机器人	台		
五、智能家居设备制造（M3965）			
1. 智能净水设备	台	4	17928
2. 智能空气净化器	台	5	4162
3. 智能音箱	台	9	26743
4. 其他智能家居设备	台	31	584112
六、其他智能消费设备制造（M3969）			
1. 智能健康管理设备（非可穿戴）	台	7	125
2. 智能居家养老设备（细分）	台		
3. 智能互动教育设备	台	3	18481
4. 其他智能家庭消费设备	台	19	245202

生产量、销售量和库存量

本年生产量	全年销售量	企业自用及其他	年末库存	本年实际出口
1390000	1420000		30000	
794377	787032	50	91598	15942
1549439479	1555282615	5999	35583076	50574838
16825	13923	46	3079	8768
3870800	3942794	1	224446	2014920
1432	1034		398	
10	7	5	3	
8305	8110	2	668	51
2772	2640	4	144	
2159	833	110	1526	
518139	509601	15	26451	
17673	17321	20	4494	
1422351	1403997	31	45066	914122
27133914	25828324	10456	1770336	13950315
369348	349233	14	20226	
443941	448811	30	13581	
4858607	4778074	1291	324444	1175036

2018年电子信息制造业主要产品分省市产量情况

省市名称	单晶硅（万千克）	多晶硅（万千克）	数码照相机（万台）	通信及电子网络用电缆（万对千米）
总计	21422.3	2726.1	1135.9	2869.9
北京市	20.1			6.6
天津市				45.4
河北省	404.9	77.2		6.4
山西省				
内蒙古自治区	6823.9	370.0		
辽宁省	507.8			6
吉林省				0.1
黑龙江省				
上海市	25.3			19.3
江苏省	6.1	623.3	551.4	606.2
浙江省	200.5	31.3	6.6	679.3
安徽省	82.3	2.8		165.4
福建省	31.1	3.8	127.7	3.2
江西省	1636.4	230.4		256.9
山东省	43.9	14.2		36.9
河南省	78.2	217.4		4.1
湖北省		0.1		200.5
湖南省	6.1			27.4
广东省			450.3	724.4
广西壮族自治区		9.9		0.4
海南省				
重庆市	12.2			4.3
四川省	116.4	188		73.8
贵州省				
云南省	2568.9	7.2		
西藏自治区				
陕西省	2038.3	23.4		3.4
甘肃省				
青海省	347.2	147.8		
宁夏回族自治区	4691.2	70.9		
新疆维吾尔自治区	1781.5	708.4		

2018年电子信息制造业主要产品分省市产量情况

省市名称	光缆（万芯千米）	锂离子电池（万只）	太阳能电池（光伏电池）（万千瓦）
总计	31734.5	1398713.9	9605.3
北京市	354.3	1058	31.5
天津市	685.6	62653.4	65.6
河北省	101	2461.4	499.8
山西省	137.4	31.6	349.3
内蒙古自治区		0.8	42.8
辽宁省	374	532.7	24
吉林省		16.4	
黑龙江省		886.3	
上海市	742.6	7065.7	178.3
江苏省	9132.7	151884.7	3605.9
浙江省	4040.4	21921.4	1134.1
安徽省	133.6	25845.8	917.1
福建省		144970.4	85.9
江西省	98.3	55072.6	734
山东省	2283.9	5036.2	22.4
河南省	169.3	95183	210.6
湖北省	7294.2	87509.2	81.9
湖南省	98.7	5364.7	0.3
广东省	2553.8	564073.9	291.5
广西壮族自治区		18632	1.7
海南省	0.5		10.8
重庆市	135.6	36285.6	5.6
四川省	2681.1	36536.6	358.5
贵州省	1.3	20636.8	37.9
云南省		18812.6	11
西藏自治区			
陕西省	716.1	35036.2	857.2
甘肃省		643.8	0.1
青海省		562.1	47
宁夏回族自治区			0.4
新疆维吾尔自治区			

2018年电子信息制造业主要产品分省市产量情况

省市名称	计算机工作站（万台）	微型计算机设备（万台）	笔记本计算机（万台）	平板电脑（万台）
总计	30.3	30700.2	17327.4	6811.7
北京市		564.5	0.4	5.4
天津市				
河北省				
山西省				
内蒙古自治区				
辽宁省				
吉林省				
黑龙江省				
上海市		1448.8	1086.1	
江苏省		6215	4046.9	707
浙江省		204.1	204.1	
安徽省		2022.3	1982.4	39.9
福建省	30.3	1183.6	319.8	417.6
江西省		96.5		96.5
山东省		0.8		
河南省				
湖北省		1111.4		856.2
湖南省		67.1	11.1	56
广东省		4733.8	426.2	1643.3
广西壮族自治区				
海南省				
重庆市		7074.1	5730.2	735.8
四川省		5903.6	3520.1	2180.1
贵州省		2		1.4
云南省		72.4		72.4
西藏自治区				
陕西省				
甘肃省				
青海省				
宁夏回族自治区				
新疆维吾尔自治区				

2018年电子信息制造业主要产品分省市产量情况

省市名称	台式微型计算机（万台）	服务器（万台）	显示器（万台）	平板显示器（万台）
总计	2476.8	295.2	16627.1	10246.1
北京市	558.6	9.2	401.7	397.7
天津市		24.2	708.4	708.4
河北省				
山西省				
内蒙古自治区				
辽宁省			4.6	
吉林省				
黑龙江省				
上海市		32.7		
江苏省	56.6	24.9	5386.9	2839.2
浙江省				
安徽省			0.6	
福建省			3173	3147.2
江西省				
山东省		99.6	148.3	
河南省				
湖北省	11.4		1169.5	588.4
湖南省		3.5	2.1	2.1
广东省	1134.7	90.1	1199.2	392.3
广西壮族自治区			1619.7	330.9
海南省				
重庆市	511.5		2529	1580.3
四川省	203.4		148.5	145.4
贵州省	0.5	10.9	114.2	114.2
云南省				
西藏自治区				
陕西省			21.3	
甘肃省				
青海省				
宁夏回族自治区				
新疆维吾尔自治区				

2018年电子信息制造业主要产品分省市产量情况

省市名称	打印机（万台）	硬盘存储器（万台）	半导体存储盘（万个）	程控交换机（万线）
总计	4952.3	8796.3	18762	1006.6
北京市	153.2	133.8		
天津市				
河北省				25
山西省				
内蒙古自治区				
辽宁省	25.9	9.8		3.8
吉林省				
黑龙江省				
上海市	315.5		723	27.7
江苏省	50.7	7301.7		0.2
浙江省	3.2			72.3
安徽省				
福建省	219.6			
江西省				
山东省	340.3	111.1		
河南省	0.1			
湖北省				
湖南省	18.1	6.9		3.2
广东省	2229.7	1232.2	18039	873.5
广西壮族自治区				
海南省				
重庆市	1589.5			
四川省				0.9
贵州省				
云南省	6.6			
西藏自治区				
陕西省		0.9		
甘肃省				
青海省				
宁夏回族自治区				
新疆维吾尔自治区				

2018年电子信息制造业主要产品分省市产量情况

省市名称	数字程控交换机（万线）	电话单机（万部）	移动通信基站设备（万信道）	移动通信手持机（万台）
总计	968.4	5960.1	43225.2	179846.4
北京市		1.7	22.2	9029.6
天津市		136.4		2680.3
河北省	25			
山西省				1979.4
内蒙古自治区				
辽宁省				279.4
吉林省				
黑龙江省				
上海市	27.7	65.5		4729
江苏省		170.9		4924.6
浙江省	70.3		34	5317.6
安徽省			1.2	70
福建省		214.7	7	1362.1
江西省		84.7		4648.5
山东省		98.8	726	3254.1
河南省				20605.5
湖北省			1.6	4373.6
湖南省				1614.7
广东省	844.6	5107.4	42428.7	80818.3
广西壮族自治区				345.6
海南省				
重庆市			0.1	18868.2
四川省	0.8	80	4.2	9437
贵州省				1956
云南省				1897.6
西藏自治区				
陕西省				1655.1
甘肃省				
青海省				
宁夏回族自治区				
新疆维吾尔自治区				

2018年电子信息制造业主要产品分省市产量情况

省市名称	智能手机（万台）	彩色电视机（万台）	液晶电视机（万台）	智能电视（万台）	组合音响（万台）
总计	136927.7	20381.5	20100.7	12905.5	12225.8
北京市	8996.6	896.5	896.5	887.7	
天津市	2587	93.1	93.1	93.1	
河北省					
山西省	1979.4				
内蒙古自治区		134.1	134.1	134.1	
辽宁省	279.4	154.8	154.8		
吉林省					
黑龙江省					
上海市	4711.4	144.4	144.4	137.7	
江苏省	4867.7	1668	1654.6	1045.9	467.6
浙江省	4955.9	722.2	721.7	583	393.5
安徽省		2289.2	2281.3	1185.7	26
福建省	1361.8	979.5	974.6	960.9	
江西省	4067	23.2	23.2		483.6
山东省	2459	1695.2	1695.2	1485.2	
河南省	10865.2	15.6	15.6	3.6	
湖北省	3771.1	575.8	575.8		
湖南省	509.7	1.1	1.1		223.1
广东省	69868.4	9678.1	9492	6196.2	10431.3
广西壮族自治区		100.6	100.6		55.7
海南省					
重庆市	10381.5	1.9		1.9	
四川省	2752.3	1001.5	999	59.3	51
贵州省	859	132.7	123.5	126.9	93.9
云南省		69.7	15.4		
西藏自治区					
陕西省	1655.1	4.4	4.4	4.4	
甘肃省					
青海省					
宁夏回族自治区					
新疆维吾尔自治区					

2018年电子信息制造业主要产品分省市产量情况

省市名称	半导体存储器播放器（含MP3、MP4）（万个）	数字激光音、视盘机（万台）	电视接收机顶盒（万台）
总计	455	10282.8	19395.6
北京市	16.4		2858.8
天津市			
河北省			
山西省			
内蒙古自治区			
辽宁省		180.7	
吉林省			
黑龙江省			
上海市			123.6
江苏省			403.3
浙江省			109.7
安徽省			
福建省		3.7	1521.1
江西省			
山东省			
河南省			
湖北省			14.8
湖南省		0.3	558.7
广东省	419	9447.1	11931.8
广西壮族自治区			
海南省			
重庆市		650.9	
四川省			1654.9
贵州省			199
云南省	5.6		10.9
西藏自治区			
陕西省	14		
甘肃省			9
青海省			
宁夏回族自治区			
新疆维吾尔自治区			

2018年电子信息制造业主要产品分省市产量情况

省市名称	半导体分立器件（亿只）	集成电路（亿块）	集成电路圆片（万片）	发光二极管（LED管）（亿只）
总计	8972.6	1739.5	3740.4	10433.9
北京市	73.9	137.5	399.3	
天津市	201	16.3	335.6	95.5
河北省		0.1		
山西省				
内蒙古自治区				
辽宁省	20.8		100.6	
吉林省	40.4			
黑龙江省		2.9		
上海市	507.4	233.5	597.3	0.1
江苏省	2138.1	564.2	729.9	308.9
浙江省	313.4	65.4	1151.2	264.7
安徽省	309.2	1.2		1669.4
福建省		2	24.8	302.9
江西省	1768.2			223.2
山东省	289.2	0.4		0.1
河南省	0.3			1.2
湖北省	110.8	3.3	29.7	34.2
湖南省	0.2	4.7		29.6
广东省	1746.7	300.8	58	7348.8
广西壮族自治区	5.4			0.1
海南省				
重庆市	2.1	5.4	71	9.4
四川省	1389.6	76.6	71.5	
贵州省	0.6	0.4		4.3
云南省		3.7		
西藏自治区				
陕西省	55.3	3.3	150	
甘肃省		317.7	21.6	135.8
青海省				
宁夏回族自治区				
新疆维吾尔自治区				5.4

2018年电子信息制造业主要产品分省市产量情况

省市名称	液晶显示屏（万片）	液晶显示模组（万套）	电子元件（亿只）	印制电路板（万平方米）
总计	550067.7	230505.1	50638.6	50389.8
北京市	11122.6	14046.5	55.3	24.2
天津市	2590	179	6574.2	83.9
河北省	2576	380	6.5	26.2
山西省				
内蒙古自治区		2984.5	4.6	
辽宁省	2850	678	990.8	102.1
吉林省				
黑龙江省				
上海市	88034.2	4838.7	272.8	359.7
江苏省	21695.5	6385.5	15313.3	13569.7
浙江省	60.7	8442.2	952.6	1082.9
安徽省	40762.1	201.1	215.2	1755.1
福建省	63469.2	7450.9	217.3	4655.6
江西省	82702.2	3875.7	141.6	3343.4
山东省		123	523.9	84.1
河南省	1343.5	9687	138.9	182
湖北省	1242.7	176.1	106.4	883.9
湖南省	29274.7	2604	379.5	194.5
广东省	155710.2	148779.1	24127.5	22040.4
广西壮族自治区	4554.5		279.5	1.2
海南省				
重庆市	14261.1	5854	85.9	740.4
四川省	22179.1	7842.5	175.6	701.4
贵州省	5094.4	880.4	30.8	219.4
云南省	78	5097	7.4	
西藏自治区				
陕西省	467.1		39.2	339.6
甘肃省				
青海省				
宁夏回族自治区				
新疆维吾尔自治区				

	全行业出口完成	通信设备行业	计算机行业	广播电视设备行业
出口合计	**80153441.8**	**23497335.2**	**22407747.8**	**1569848.4**
一、按经济类型分列				
外商独资企业	40475854.0	9296835.8	15174717.6	604919.1
私营企业	21426133.2	6644477.9	4105985.5	750203.5
中外合资企业	11507413.9	6093534.6	1062692.8	134215.4
国有企业	5039707.1	650776.3	1610050.1	72167.3
集体企业	1435719.1	801268.1	290882.0	6751.7
中外合作企业	257241.6	8714.4	160980.2	1507.6
其他企业	6658.9	1587.1	2432.6	50.7
个体工商户	4714.0	140.9	7.0	33.2
二、按贸易方式分列				
进料加工贸易	42413265.5	15242935.2	13858467.4	707271.4
一般贸易	22222903.8	7404414.3	1988302.2	725719.5
海关特殊监管区域物流货物	9234509.4	498139.8	4866470.4	48067.8
来料加工装配贸易	4615405.2	139291.9	1495381.6	22042.9
保税监管场所进出境货物	822071.1	81469.5	133556.0	33608.1
其他贸易	452042.9	48752.9	33252.7	18417.7
边境小额贸易	209401.7	66521.2	8133.2	10778.6
对外承包工程出口货物	163206.2	14311.1	18282.8	2754.2
国家间、国际组织无偿援助和赠送的物资	13031.2	1466.4	5850.1	1188.2
出料加工贸易	7050.9	6.0	23.0	
租赁贸易	475.8	0.1	5.5	
其他捐赠物资	77.8	26.7	22.8	
易货贸易	0.2			
三、按省、自治区、直辖市分列				
广东省	28497990.5	10348328.6	5092878.8	803310.2
江苏省	15901967.9	3176063.3	5701069.8	227620.8
上海市	8510725.0	2119382.7	3128813.2	51470.8
重庆市	3473534.6	330088.7	2788630.3	9081.1
河南省	3378967.4	3262187.4	8747.4	6028.1

出口指标表

单位：万美元

家用视听设备行业	智能消费设备行业	电子器件行业	电子元件行业	其他电子设备行业	电子仪器设备行业	电子专用材料行业
3588128.6	**702256.4**	**15184298.3**	**9623373.6**	**158103.8**	**2746978.6**	**675371.2**
1121008.4	372311.3	8090654.5	4163550.0	90308.8	1367139.7	194409.0
1395669.5	233147.2	3355770.2	3593609.1	46851.5	974784.3	325634.4
695964.0	53157.1	2088511.4	1101935.0	9812.1	189329.1	78262.4
355412.2	36199.0	1548880.5	530016.6	6786.5	161160.1	68258.4
14494.3	2205.2	73805.5	189783.0	141.0	47948.0	8440.4
4503.9	4319.1	24712.0	42062.1	4159.4	5960.0	322.9
53.7	747.3	418.3	972.8	37.2	356.7	2.5
1022.7	170.2	1545.9	1444.9	7.3	300.8	41.2
2287277.7	218356.3	5227208.0	3686002.0	82064.9	998290.7	105391.9
1015475.1	293174.6	3992553.7	4879091.1	64494.7	1323845.3	535833.2
92198.8	51006.3	3069129.6	439371.4	9240.4	145556.6	15328.2
80885.6	82641.6	2520311.1	160387.9	32.6	104958.7	9471.3
43607.0	20663.8	235760.9	179593.2	1505.4	89800.2	2507.0
52880.2	27280.2	65023.7	160194.7	458.7	44858.7	923.3
11487.4	5314.0	30152.4	61840.3	142.4	15004.4	27.7
3469.4	3719.5	42992.8	54342.1	81.6	23233.6	18.9
835.1	10.7	158.4	2532.0	43.0	946.0	1.3
	86.5	1007.4	15.1	40.0	4.8	5868.2
0.1		0.1	3.2		467.0	
12.3	2.8	0.2	0.3		12.6	
			0.2			
2227119.0	271281.3	3441663.2	4698448.4	62231.3	1495463.1	57266.7
302422.3	90209.5	4020095.8	1669415.0	34630.0	472729.6	207711.8
138486.5	110591.3	2194733.6	481577.5	27123.6	222639.5	35906.3
1283.8	1637.3	240714.4	83506.8	378.2	9334.6	8879.6
3872.7	1550.4	34438.6	38796.6	173.1	9626.8	13546.3

	全行业出口完成	通信设备行业	计算机行业	广播电视设备行业
四川省	3347298.1	229248.3	1978986.6	7930.6
浙江省	2803216.4	164692.7	211851.1	239960.9
陕西省	2482789.8	50337.5	1155674.8	839.6
福建省	1754502.2	227356.9	581475.0	28297.0
天津市	1547984.5	491825.4	345958.2	63433.9
山东省	1261221.0	465584.0	103209.7	38871.6
湖北省	1101694.2	457702.1	261956.4	11838.8
北京市	1067213.1	519362.6	77847.1	11167.3
安徽省	950975.5	23007.4	548757.0	532.6
山西省	762591.0	716018.9	88.6	2409.3
辽宁省	691840.8	11649.5	16149.7	7591.0
广西壮族自治区	681224.7	231400.3	282901.5	21849.3
江西省	623172.8	128026.9	47968.3	8024.2
湖南省	428819.3	154501.7	40586.7	9291.1
贵州省	258325.4	207947.3	5398.1	1201.6
河北省	196762.7	39140.3	4568.5	16346.4
云南省	155633.0	88960.4	14651.0	77.0
新疆维吾尔自治区	80673.8	13889.1	6204.8	2344.9
内蒙古自治区	69662.1	36726.7	157.8	83.9
甘肃省	44034.8	78.7	2069.3	9.5
吉林省	26823.1	1569.3	226.1	34.4
黑龙江省	25878.5	289.5	767.1	181.1
宁夏回族自治区	16921.3	52.5	14.8	
海南省	7833.6	1873.9	3.7	1.3
青海省	2268.8	1.0	46.5	
西藏自治区	895.7	41.4	90.0	20.1
四、按国别和地区分列				
中国香港	19620164.0	5783214.9	4456928.8	323260.5
美国	15964556.1	5061499.6	6696571.7	274592.5
韩国	4296320.8	1259805.8	713773.5	68884.1

出口指标表

单位：万美元

家用视听设备行业	智能消费设备行业	电子器件行业	电子元件行业	其他电子设备行业	电子仪器设备行业	电子专用材料行业
27234.4	1078.0	1021852.4	45275.5	2776.2	24889.8	8026.4
248559.7	98291.6	711916.0	945391.8	5737.5	153046.2	23768.8
10185.5	1208.1	1164768.0	75946.8	824.0	4909.0	18096.5
136359.3	10990.1	456963.2	210657.8	316.0	81647.8	20439.1
31247.3	33064.6	345045.7	188370.4	1293.8	20153.4	27591.8
200413.0	10858.1	117578.1	241644.1	4381.8	56890.1	21790.4
33400.1	1489.5	161467.6	152461.1	1939.2	13376.6	6062.7
30757.1	7976.6	263622.4	86777.8	5722.6	51451.8	12527.8
63505.6	824.0	203475.1	83790.8	475.4	23609.2	2998.5
39.5	18.3	20716.9	5848.2	142.1	1757.2	15552.0
93913.5	41703.9	373301.6	111703.9	5164.4	21585.6	9077.8
6435.7	575.2	37718.6	78152.3	343.9	7870.5	13977.3
6663.8	3348.3	208251.9	152638.7	1081.0	29048.7	38121.1
1644.5	3286.8	27313.1	154553.9	618.9	19808.3	17214.3
3833.9	53.6	23766.7	11023.4	16.6	4297.4	786.8
10326.0	1232.2	56403.7	42300.9	1621.0	10534.6	14289.2
2788.3	77.3	2748.2	8568.6		544.6	37217.7
4592.6	4317.4	9311.1	21587.5	7.6	5813.2	12605.5
54.9	52.5	524.3	5728.9	74.8	193.7	26064.7
42.7	1137.4	39299.7	720.2		300.2	377.1
2334.1	4783.2	4684.6	3385.3	9.7	2251.7	7544.6
407.8	514.7	908.0	19708.8	0.7	2814.2	286.7
125.6	8.9	94.8	628.5	1020.4	224.1	14751.7
1.4	96.2	758.4	4413.8		2.5	682.5
		1.3	9.8		0.8	2209.4
78.1	0.2	161.3	340.5	0.5	163.7	
454512.5	61350.6	5283452.5	2592792.2	38470.0	572379.9	53802.1
912482.4	185423.8	701681.8	1515087.0	17783.6	562693.5	36740.2
55787.3	34031.8	1555197.6	419554.2	10816.3	74973.7	103496.6

	全行业出口完成	通信设备行业	计算机行业	广播电视设备行业
日本	3934414.8	1174466.8	1071663.8	81524.9
荷兰	3681073.1	1209158.5	1873097.5	41887.2
印度	2560217.0	880007.9	455245.3	119512.9
越南	2370372.2	822227.3	117475.6	77469.9
中国台澎金马关税区	2323933.1	192125.7	409938.2	15695.5
德国	2319548.7	387736.5	984977.2	24941.1
新加坡	1660663.7	243411.4	552669.9	10597.1
墨西哥	1635537.7	376289.4	410772.4	19836.1
马来西亚	1450619.9	181363.8	217219.1	8825.8
英国	1443172.6	499977.8	517575.4	49016.1
俄罗斯联邦	1037771.6	393949.0	283267.9	27106.1
澳大利亚	1037042.7	233993.5	409483.2	21865.8
泰国	1033409.8	323082.7	194557.1	27731.5
阿联酋	905924.0	462465.5	240058.4	14046.9
捷克	850952.2	319472.0	381662.0	13581.5
印度尼西亚	821133.8	327763.7	147001.0	23737.6
巴西	802686.3	163954.0	82365.8	30493.9
意大利	696987.0	288335.6	187085.3	12243.4
加拿大	667125.2	267353.7	194868.2	11383.1
波兰	648064.9	88261.0	177605.4	19894.9
法国	620736.3	179303.1	173217.2	20521.5
菲律宾	603446.6	144047.2	93390.0	15803.6
土耳其	380951.8	134857.5	71703.5	9597.9
西班牙	355884.2	127048.3	62035.3	8112.5
匈牙利	347532.0	132608.4	81551.7	4347.9
南非	309908.3	116686.9	72333.0	9153.1
沙特阿拉伯	261990.9	144972.2	24423.6	4786.6
智利	225218.0	87266.1	41446.8	6255.9
埃及	216986.9	61035.4	11884.6	4265.6
巴基斯坦	204181.6	61230.0	18511.9	4928.8

出口指标表

单位：万美元

家用视听设备行业	智能消费设备行业	电子器件行业	电子元件行业	其他电子设备行业	电子仪器设备行业	电子专用材料行业
238953.1	81314.1	567562.9	443323.2	7400.0	189322.5	78883.5
52030.9	28376.5	111456.4	272031.9	643.7	80766.1	11624.4
133904.0	12928.3	530817.2	322659.3	4681.6	72553.9	27906.6
46354.4	4373.2	807269.3	379472.0	10261.9	49968.8	55499.7
33206.6	11616.0	1218352.6	265757.0	17065.6	68578.0	91597.8
70538.1	44738.2	276033.9	388012.6	2087.1	122558.9	17925.0
22138.5	12039.8	590035.2	143995.8	27376.6	54521.1	3878.3
141321.1	7712.5	467901.7	158623.1	481.8	46573.6	6026.1
34992.7	6546.3	697050.8	176198.3	8249.1	52905.1	67269.0
60107.4	27893.1	48169.8	171087.4	413.3	60997.9	7934.4
62323.6	12594.8	112019.3	98006.0	1175.1	41730.3	5599.6
53883.1	22904.4	147702.3	125153.9	99.7	21385.5	571.3
93580.6	18295.0	122746.0	166568.4	3575.1	37142.4	46131.1
33088.8	2378.7	56565.6	71460.2	124.5	13909.6	11825.7
29897.9	1516.9	28630.8	56568.4	207.3	19193.3	222.2
50225.8	4474.9	111973.3	117125.4	245.4	33523.6	5063.1
74715.8	9653.6	270805.9	131475.3	491.6	38078.6	651.9
19327.9	5030.4	34990.0	114141.5	544.8	32627.3	2661.0
51993.0	8013.9	29211.9	74701.4	283.8	27647.4	1668.8
75362.5	5685.5	178187.6	68405.5	194.2	32661.4	1807.0
24031.8	10594.8	92636.9	86025.1	332.2	32158.8	1915.0
53243.5	2509.9	154468.9	112593.9	937.7	20307.8	6144.1
14848.0	5667.6	61328.9	60545.9	760.9	17073.3	4568.2
18226.6	9050.9	48139.0	64724.5	184.5	16669.9	1692.8
12002.2	500.8	57478.7	41197.2	139.6	17411.3	294.1
40605.1	1771.6	25366.0	32446.7	184.2	11228.3	133.2
34217.7	2796.2	14068.2	27517.0	37.3	8801.3	370.8
33586.4	3913.9	26683.4	20689.8	15.0	5341.5	19.0
17766.1	846.3	83112.9	26153.7	128.2	11296.0	498.2
19902.9	2911.3	46065.8	35876.4	178.2	14423.9	152.6

	全行业出口完成	通信设备行业	计算机行业	广播电视设备行业
阿根廷	193130.2	55425.5	27671.4	8971.9
哥伦比亚	192613.4	76374.4	45611.4	7172.9
伊朗	161764.1	41698.6	22613.9	5560.8
乌克兰	155226.4	40777.5	20433.4	4318.2
秘鲁	150797.2	59846.1	32809.5	5810.2
瑞典	150663.2	48828.9	38768.8	1910.1
缅甸	148016.5	104746.9	5389.6	2614.0
希腊	145538.2	15211.1	101180.3	1602.1
以色列	144949.5	28077.4	33464.6	7829.2
爱尔兰	144189.9	11246.1	108967.4	951.8
比利时	139106.5	22784.5	27181.4	3932.7
孟加拉国	132504.0	42109.0	14641.9	1956.2
哈萨克斯坦	129833.7	42873.1	34197.8	4485.1
尼日利亚	127601.9	26473.2	12271.2	9229.4
斯洛伐克	123175.3	9372.1	12820.6	1095.4
罗马尼亚	100347.3	30345.7	11332.8	2333.2
奥地利	96097.2	23801.0	30425.6	1122.9
瑞士	88307.9	20877.7	39160.8	2354.9
新西兰	86932.2	26460.8	31909.2	1431.5
巴拿马	86782.2	23613.9	26742.4	1408.9
阿尔及利亚	85009.8	30446.8	7178.6	4008.4
伊拉克	75788.1	12075.8	3499.4	6046.6
芬兰	74644.0	15571.8	20627.8	1451.9
葡萄牙	72802.8	20548.0	8004.5	1732.4
丹麦	72680.4	7754.3	21337.2	2279.9
摩洛哥	63029.2	19683.5	4016.4	3710.5
肯尼亚	62447.9	12309.2	4712.3	2405.7
卢森堡	59020.4	13933.2	43525.6	284.6
斯里兰卡	53410.6	22571.5	7888.0	1252.6
厄瓜多尔	44095.5	8028.5	7442.8	1420.9

出口指标表

单位：万美元

家用视听设备行业	智能消费设备行业	电子器件行业	电子元件行业	其他电子设备行业	电子仪器设备行业	电子专用材料行业
33939.6	1153.4	36972.2	20773.0	19.8	7764.5	438.8
16384.0	969.7	16671.7	23096.1	17.0	6236.7	79.4
13313.8	3417.6	36100.1	25940.0	125.5	12162.6	831.1
11794.9	1596.9	56937.8	14072.1	14.1	4955.5	326.0
20963.2	2463.4	6535.2	17152.5	13.0	5191.2	13.1
7702.1	1693.6	15703.7	28448.9	32.6	7442.8	131.7
9218.2	139.6	3507.6	18423.8	29.4	3702.3	245.2
4808.9	1519.4	6753.2	10464.7	3.8	3900.6	94.2
15547.0	1976.8	25766.9	19586.6	459.3	10069.0	2172.6
2578.3	526.4	8946.2	8301.0	27.0	2569.3	76.5
11209.3	3872.1	14848.9	44190.1	101.0	9644.2	1342.3
12748.9	890.3	17480.8	30153.0	19.4	12414.4	90.1
5166.6	4160.7	11736.4	20062.6	9.6	7039.1	102.6
21018.0	284.3	14575.2	31305.1	16.9	11966.7	461.9
14458.7	740.9	59570.5	16555.0	6.1	8539.7	16.3
4838.0	2022.0	16429.3	26618.0	12.6	6359.5	56.1
1461.4	1326.2	6537.9	21423.9	114.0	9053.0	831.2
1270.6	410.0	3608.1	15058.5	97.9	5265.7	203.6
4930.4	2693.9	2766.7	13611.0	10.0	2513.0	605.6
13189.5	1130.0	6443.7	10535.4	3.4	3714.4	0.7
19934.8	351.0	6440.9	11221.2	119.9	5305.6	2.7
21769.9	498.2	9821.0	16983.7	31.1	5050.1	12.2
1827.7	877.5	13002.2	11329.8	62.2	9793.4	99.9
2742.2	641.8	21749.3	13500.5	19.0	3813.0	52.2
3715.3	2298.9	3206.6	22431.0	7.1	9380.1	269.9
10726.1	645.9	14754.6	7161.8	7.0	2284.4	38.9
13084.4	444.2	7241.5	17577.2	6.4	4666.3	0.7
64.8	112.8	602.9	152.0		343.2	1.4
6603.4	274.3	6414.7	6390.2	8.4	1983.8	23.8
11738.5	584.7	4302.3	7867.8	1.1	2697.3	11.3

	全行业出口完成	通信设备行业	计算机行业	广播电视设备行业
加纳	43678.9	5427.7	1532.5	2113.1
乌兹别克斯坦	41996.3	13972.1	5000.4	2180.6
挪威	40656.8	8311.4	12749.7	542.7
柬埔寨	39985.4	22232.8	3350.2	986.1
巴拉圭	38733.3	21706.5	3413.0	2499.7
科威特	38238.1	23105.1	2328.9	930.8
乌拉圭	38067.9	7586.5	8961.5	1405.1
斯洛文尼亚	37440.8	4722.9	3319.0	1802.6
约旦	37352.4	9800.9	2487.6	1198.0
坦桑尼亚	34688.6	1123.5	1631.1	2283.3
白俄罗斯	30814.9	17704.8	4464.3	841.7
卡塔尔	29389.1	11872.3	4581.2	786.3
突尼斯	29105.6	11290.7	4034.4	1057.6
爱沙尼亚	28294.7	16600.1	2160.4	750.5
哥斯达黎加	27742.4	10560.4	3079.1	829.5
老挝	27555.7	14466.7	3709.4	305.0
澳门	27345.0	9578.5	3408.2	373.0
黎巴嫩	27109.9	6825.7	3251.1	1494.4
保加利亚	26731.2	8466.4	4909.8	657.9
立陶宛	26020.5	7777.7	6078.3	810.3
利比亚	25880.1	12964.8	862.5	963.4
贝宁	24926.7	546.3	267.4	341.0
塞内加尔	24483.5	4349.9	3167.7	1726.4
喀麦隆	24300.2	5702.5	5089.0	914.8
危地马拉	24055.5	9546.0	2444.2	353.4
多米尼加共和国	23944.1	4910.4	1680.7	1133.9
拉脱维亚	22581.8	10813.8	2334.2	947.6
赞比亚	22420.8	8528.9	3979.4	1234.3
尼泊尔联邦民主共和国	22301.0	10808.1	1737.8	2861.7
科特迪瓦	22047.0	3778.6	1033.5	2188.4

出口指标表

单位：万美元

家用视听设备行业	智能消费设备行业	电子器件行业	电子元件行业	其他电子设备行业	电子仪器设备行业	电子专用材料行业
7623.6	107.6	6082.5	16184.2	43.5	4508.3	55.9
10157.8	280.3	2076.0	3622.6	28.8	4588.1	89.4
1623.8	316.8	2991.1	5919.9	214.6	5798.1	2188.7
1867.9	151.9	2945.0	6837.0	264.0	1340.4	10.0
5707.8	183.5	1343.4	2995.2	0.5	883.2	0.4
4198.5	278.1	2061.7	4438.0	20.6	843.5	33.0
8405.1	618.2	1940.2	6916.3	11.5	2141.4	82.1
1832.3	1544.6	4220.3	15721.2	52.9	3621.0	604.2
4722.8	260.6	14811.4	2813.8	21.0	1221.4	15.0
8804.7	122.9	5495.6	12492.0	1.5	2731.8	2.4
2261.5	122.7	1230.7	2878.2	30.9	1262.3	17.7
3091.8	198.4	1257.1	2902.9	8.1	613.9	4077.1
2495.3	78.5	2900.7	5198.5	32.0	1994.5	23.4
826.3	118.2	1759.8	3882.1	1.1	1384.8	811.3
4883.4	159.9	3275.6	4067.1	0.2	886.2	1.2
512.1	31.5	267.5	4948.5	0.1	3315.0	
1393.6	30.6	5018.7	6595.6	53.5	886.6	6.7
5682.0	389.8	3534.0	4212.1	8.4	1711.1	1.4
1733.6	584.5	2286.4	5471.6	24.6	2589.7	6.7
3094.2	451.1	1772.4	3766.3	7.5	2239.5	23.2
4911.7	120.7	2105.2	2705.9		1245.2	0.6
793.9	10.8	1162.0	21446.4		358.9	
3180.9	65.1	5458.6	4851.4	5.2	1678.3	
2387.1	88.6	1310.6	6836.1	3.4	1954.9	13.2
3371.4	270.4	3181.9	3931.6	0.8	951.1	4.7
4123.9	251.3	5180.2	5295.2	0.4	1362.6	5.7
959.8	319.6	2917.1	2612.5	11.6	1625.1	40.8
1507.1	188.9	2181.5	3156.5	0.4	1643.1	0.7
2145.2	70.9	1005.7	2798.8	0.8	871.8	
5798.0	117.2	1504.0	4905.8	7.3	2714.3	

	全行业出口完成	通信设备行业	计算机行业	广播电视设备行业
安哥拉	21845.6	2663.1	2378.3	1432.0
阿曼	21654.0	5442.9	1615.8	780.7
莫桑比克	20921.3	2530.3	882.1	1693.6
巴林	18845.5	5246.7	6072.4	776.3
塞尔维亚	18776.9	8263.0	2229.9	916.8
多民族玻利维亚国	18617.4	12157.2	1680.6	661.5
埃塞俄比亚	18490.4	5568.1	1128.0	582.4
刚果（金）	16893.9	2053.8	1057.5	1192.5
克罗地亚	16752.1	5961.4	2908.4	690.2
吉尔吉斯斯坦	16571.1	3321.5	1257.8	743.8
古巴	15384.2	5985.5	2977.8	622.4
格鲁吉亚	14937.8	3178.8	5618.0	467.5
苏丹	14729.3	3647.0	1569.9	259.6
萨尔瓦多	14445.3	3587.2	1036.1	220.2
多哥	13709.4	1619.6	251.8	1316.7
毛里求斯	13532.9	2544.0	1989.7	704.3
洪都拉斯	13239.6	4155.2	628.4	228.3
委内瑞拉	12882.8	3070.4	3384.3	152.7
几内亚	12820.1	3827.2	632.0	488.1
乌干达	12790.7	1703.4	918.0	1404.8
巴布亚新几内亚	12535.6	4806.8	1128.5	148.3
阿富汗	11554.6	4360.7	849.8	145.6
蒙古	11546.3	3929.0	1552.7	395.8
塔吉克斯坦	10576.0	406.0	291.2	723.3
吉布提	10508.5	762.8	601.7	273.7
文莱	10231.5	733.4	2691.6	398.2
马达加斯加	9746.7	883.9	443.4	374.4
叙利亚	9469.6	1630.3	615.7	678.7
也门	9332.5	223.8	79.3	388.0
阿塞拜疆	8365.4	3511.3	1529.8	579.5

出口指标表

单位：万美元

家用视听设备行业	智能消费设备行业	电子器件行业	电子元件行业	其他电子设备行业	电子仪器设备行业	电子专用材料行业
3467.7	81.0	1878.0	7686.1	2.6	2238.5	18.1
4242.0	376.8	4747.5	3686.6	4.6	631.4	125.8
3918.0	23.9	3128.9	5794.3	16.3	2933.8	0.1
1287.6	106.9	389.0	793.5		894.5	3278.7
4132.1	108.8	831.6	1697.2	4.7	572.7	20.1
1340.5	27.5	358.0	1885.5	0.2	505.7	0.8
4159.8	144.7	1121.0	4663.3	13.5	1109.0	0.6
2186.8	75.8	1024.4	6578.9	2.0	2721.8	0.4
2231.5	306.1	1261.2	2480.1	2.0	673.7	237.5
6239.8	289.1	967.0	2347.6	66.7	1248.5	89.4
992.0	252.4	1926.8	1864.3	20.1	725.1	17.8
1426.8	136.2	1019.9	1625.1	2.0	1458.9	4.7
1201.1	265.0	2557.7	3630.5	2.7	1595.9	
1595.8	85.9	6449.4	1211.8	0.4	252.1	6.4
1761.8	26.2	1395.3	6768.9	20.8	548.5	
3211.7	67.4	2794.4	1585.9	12.6	597.0	26.0
1899.4	86.9	3101.6	2471.5	0.5	667.6	
1026.7	216.4	1720.2	1549.9	0.1	1758.2	4.0
1371.9	22.4	1241.3	4445.3		791.6	0.2
2621.7	208.9	1218.4	3159.3	0.6	1555.7	
585.8	45.6	332.3	4624.4	0.7	863.2	
1369.0	11.4	2672.1	993.9	1.1	1151.0	
964.0	362.2	1052.4	2642.6	1.6	645.9	0.1
3625.3	151.8	1928.1	2737.2	0.1	700.8	12.2
1845.7	19.7	1157.5	5253.8	0.1	593.6	
423.0	268.2	190.7	4330.6	0.8	1195.0	0.1
2198.0	32.4	1922.7	3577.4	1.8	312.5	0.3
658.8	96.3	2386.2	2491.2	23.8	888.6	0.1
1182.2	510.7	2969.2	3335.7	2.1	641.6	
1348.2	34.0	263.9	604.0	2.4	492.1	

	全行业出口完成	通信设备行业	计算机行业	广播电视设备行业
毛里塔尼亚	7916.8	2005.7	231.1	176.4
博茨瓦纳	7318.5	1244.1	455.9	299.1
马里	7020.8	3718.3	589.1	723.0
牙买加	6964.4	591.0	165.5	119.4
波多黎各	6923.3	1784.1	410.1	97.9
马耳他	6817.3	211.8	327.0	393.8
纳米比亚	6531.2	1131.2	498.0	217.9
阿尔巴尼亚	5943.2	1025.1	350.5	582.9
津巴布韦	4901.3	1354.4	842.5	82.0
亚美尼亚	4899.0	1279.1	1612.6	155.1
斐济	4773.2	2833.0	470.7	78.8
索马里	4676.0	1517.6	218.2	132.2
马尔代夫	4424.8	1360.8	944.7	126.7
尼加拉瓜	4317.1	1775.6	334.1	195.3
塞浦路斯	4112.4	1810.6	738.6	112.9
利比里亚	3951.9	813.1	285.7	167.0
刚果（布）	3769.7	287.1	448.1	418.3
北马其顿	3378.3	1860.1	539.4	63.8
冰岛	3190.0	297.3	1951.9	93.5
海地	3001.3	374.3	134.6	59.5
塞拉利昂	2971.0	440.9	102.5	23.2
特立尼达和多巴哥	2916.3	970.5	216.8	22.9
马拉维	2866.3	467.1	404.7	171.0
苏里南	2841.4	1231.0	337.5	32.6
波黑	2762.2	1336.5	638.8	163.7
布基纳法索	2754.6	984.9	32.5	391.1
卢旺达	2709.9	702.2	456.5	132.2
摩尔多瓦	2659.3	397.0	596.6	189.0
土库曼斯坦	2516.3	729.4	81.4	105.7
赤道几内亚	2340.0	264.3	41.2	43.5

出口指标表

单位：万美元

家用视听设备行业	智能消费设备行业	电子器件行业	电子元件行业	其他电子设备行业	电子仪器设备行业	电子专用材料行业
710.3	10.0	792.5	3250.0	0.5	740.2	
4401.2	7.5	140.2	642.5	2.7	125.4	
496.5	6.8	404.4	765.6		307.5	9.5
2359.5	20.6	2049.3	1316.7	2.8	339.6	
878.4	95.9	756.4	2282.2	1.9	615.2	1.2
412.0	83.3	3010.0	2020.1	0.6	358.6	
168.5	34.0	3321.4	1035.3	0.1	124.9	
1235.6	54.3	1293.4	1055.8	1.5	215.8	128.3
310.0	15.2	643.5	1073.5		580.2	
964.1	10.9	309.4	327.7	18.3	211.6	10.1
460.8	18.5	214.0	575.8	4.1	117.2	0.1
514.6	1.2	365.0	1739.5		187.6	
377.0	29.8	350.3	976.6	0.4	258.4	0.1
366.8	27.2	461.0	856.2	0.8	300.0	
183.7	33.5	255.2	787.8	1.5	187.6	0.9
726.1	29.1	271.2	1411.2	1.8	246.6	
610.2	42.7	612.9	1146.7		203.6	0.1
456.0	5.1	153.6	206.1	13.1	81.0	0.2
281.9	6.5	44.8	211.8		302.3	
811.5	13.6	684.2	865.5		58.0	
212.7	2.3	360.7	1576.4	3.0	249.3	
754.3	28.7	344.5	495.7		82.8	
463.6	6.1	444.6	736.7	0.8	171.7	
324.7	5.1	132.0	726.6		51.8	
255.9	1.4	143.2	123.1	0.2	99.3	
248.5	4.7	398.0	363.9	3.1	327.9	
384.9	1.4	141.8	415.5		475.6	
556.8	17.7	164.9	488.3		248.8	0.2
681.8	212.8	133.9	439.9	8.0	123.1	0.4
161.8	1.9	205.2	1246.1		376.0	

	全行业出口完成	通信设备行业	计算机行业	广播电视设备行业
加蓬	2335.5	290.8	295.8	448.8
冈比亚	2130.0	192.4	17.0	124.4
乍得	1837.7	300.4	476.8	91.4
新喀里多尼亚	1810.7	47.9	46.4	32.1
尼日尔	1635.3	248.6	362.5	134.2
科摩罗	1611.7	804.8	473.6	46.1
圭亚那	1499.0	114.4	50.8	145.5
留尼汪	1243.7	300.7	312.4	18.5
巴勒斯坦	1111.1	22.6	131.0	71.7
萨摩亚	988.4	248.9	384.5	15.0
朝鲜	986.5	48.3	52.4	65.2
南苏丹共和国	853.5	207.4	16.1	2.1
东帝汶	765.2	303.6	17.2	16.7
黑山	698.3	229.7	50.7	12.2
佛得角	628.6	132.7	56.4	15.3
布隆迪	615.9	73.5	143.2	53.8
英属维尔京群岛	608.3	563.9	9.9	0.1
塞舌尔	603.8	126.1	102.4	26.2
瓦努阿图	575.4	217.0	37.5	2.9
摩纳哥	564.2	31.6	68.8	0.2
法属波利尼西亚	562.4	98.3	44.3	4.4
列支敦士登	551.0	83.0	35.1	
巴巴多斯	534.9	37.9	37.6	7.4
所罗门群岛	530.7	57.4	11.4	27.7
伯利兹	516.0	98.4	4.9	87.6
莱索托	481.6	141.3	167.1	16.6
多米尼克	464.4	178.2	10.3	49.7
阿鲁巴	454.0	12.4	33.5	2.5
巴哈马	419.9	102.0	49.1	4.4
几内亚比绍	395.4	171.3	53.7	6.1

出口指标表

单位：万美元

家用视听设备行业	智能消费设备行业	电子器件行业	电子元件行业	其他电子设备行业	电子仪器设备行业	电子专用材料行业
408.5	8.8	333.8	396.3	0.6	152.1	
197.5	0.2	278.9	1211.2		108.4	
91.4	13.7	127.4	582.7	1.9	152.1	
104.9	12.3	1490.8	53.5		22.8	
45.6	3.5	205.5	415.1		220.3	
65.6	17.2	33.2	98.2		72.9	
346.5	9.1	263.8	519.4	1.7	47.7	
395.2	27.2	53.7	84.4	0.3	51.4	
605.3	7.1	104.3	106.9		62.1	
34.8	8.1	180.7	62.9		53.5	
335.9	22.9	13.3	216.4		232.0	
12.9	7.2	78.7	294.8	0.1	234.1	
52.2	1.2	138.9	172.7		62.6	
220.3	11.3	34.8	93.9		23.5	21.9
115.0	5.7	76.2	223.0		4.3	
90.1	0.1	54.3	153.5		47.2	
	0.1	7.7	24.2	0.1	2.1	
48.2	2.2	174.2	87.4		37.0	
58.8	5.8	64.4	141.8		47.4	
428.6		23.3	10.1		1.4	
239.3	11.3	114.3	40.2		10.3	
	9.1	71.7	308.3		10.0	33.9
118.8	0.4	298.6	26.4		7.7	
60.6	5.6	82.1	283.0		2.9	
72.6	4.6	37.4	203.0		7.6	
13.5	0.1	83.9	57.4		1.7	
30.7		125.9	55.7		13.7	
35.6	3.2	310.4	46.6		9.9	
44.4	11.6	55.8	139.2	2.2	11.3	
6.7		19.7	52.5		85.5	

	全行业出口完成	通信设备行业	计算机行业	广播电视设备行业
中非	393.9	83.3	101.5	36.8
厄立特里亚	356.8	122.4	19.7	1.0
马绍尔群岛	338.8	151.1	73.3	1.5
斯威士兰	265.7	133.5	4.6	0.7
不丹	250.8	107.4	42.2	11.8
圣卢西亚	226.7	12.0	2.9	0.3
荷属安地列斯	217.0	51.1	6.8	1.4
马约特	212.2	15.5	0.2	1.9
百慕大	200.1	166.9	10.9	3.5
汤加	169.2	29.1	7.2	4.1
法属圭亚那	157.4	12.2	1.8	0.2
瓜德罗普	122.3	37.9	10.4	1.3
开曼群岛	120.1	16.9	4.7	45.3
特克斯和凯科斯群岛	118.0	62.9	0.3	47.8
库腊索岛	111.1	1.9	10.0	3.1
基里巴斯	109.7	44.8	2.7	7.1
马提尼克	107.8	12.9	56.2	2.3
安提瓜和巴布达	105.5	17.1	12.6	0.2
大洋洲其他国家（地区）	104.3	25.3	18.6	2.4
格林纳达	91.9	31.6	7.3	2.1
圣马丁岛	86.6	7.3	19.0	6.5
梅利利亚	78.3			
非洲其他国家（地区）	76.8	64.4		5.6
圣文森特和格林纳丁斯	71.1	18.7	6.1	3.8
圣多美和普林西比	61.7	0.2	1.3	0.1
拉丁美洲其他国家（地区）	55.3	25.5	4.8	0.1
圣其茨和尼维斯	53.5	2.9	3.6	1.6
安道尔	52.0	0.2	36.3	4.1
瑙鲁	47.7	8.8		
直布罗陀	44.9	26.2	2.6	11.8

出口指标表

单位：万美元

家用视听设备行业	智能消费设备行业	电子器件行业	电子元件行业	其他电子设备行业	电子仪器设备行业	电子专用材料行业
26.2		12.2	127.5		6.5	
3.2	2.8	112.2	64.3		31.1	0.1
6.9	25.9	20.8	39.4	1.2	18.8	
0.6	4.6	30.6	70.7		20.2	
3.1	0.1	5.5	29.9		50.8	
12.6	4.5	170.0	13.7	1.1	9.6	
46.4	0.2	87.7	21.0		2.4	
150.5	13.0	1.9	21.6	0.1	7.3	
1.3		5.0	4.6		7.9	
16.7	0.3	41.6	66.5	0.5	3.1	
38.6	0.7	76.4	27.0		0.6	
2.0	7.6	32.4	19.2		11.4	
0.1		22.0	28.8		2.2	
1.1		1.2	4.4		0.4	
13.9	0.4	53.4	24.7		3.6	
26.2	0.1	8.3	20.2		0.3	
8.5	6.2	18.4	2.6		0.8	
17.8	1.4	16.3	16.6	0.1	23.5	
13.2		5.6	37.0		2.3	
13.3	0.9	9.3	15.5	1.7	10.2	
33.4		9.0	9.4		2.0	
64.5		10.8	3.0			
6.4			0.1		0.2	
4.6	1.6	22.1	7.1		7.3	
23.5		18.5	12.2		6.0	
7.2		16.8	0.1		0.8	
2.6		1.5	40.5	0.5	0.3	
0.4		0.6	2.0		8.5	
		30.9	7.9			
1.7		0.2	0.9		1.5	

	全行业出口完成	通信设备行业	计算机行业	广播电视设备行业
圣马力诺	41.8	1.3	3.0	
法罗群岛	37.5	10.5	23.0	0.4
密克罗尼西亚联邦	34.1	5.9	0.7	
北美洲其他国家（地区）	27.1	26.0		
帕劳	15.1	1.4	0.3	0.1
蒙特塞拉特	10.9	10.9		
库克群岛	10.1	7.0	0.3	
加那利群岛	9.8	2.5	2.0	
图瓦卢	9.4	1.5	0.2	
博内尔	7.4		0.1	
诺福克岛	7.4		6.3	
社会群岛	6.1			
格陵兰	3.8	0.1	0.7	
亚洲其他国家（地区）	3.7	1.2	0.5	0.8
土阿莫土群岛	0.4			
瓦利斯和浮图纳	0.3			
梵蒂冈城国	0.3		0.1	

出口指标表

单位：万美元

家用视听设备行业	智能消费设备行业	电子器件行业	电子元件行业	其他电子设备行业	电子仪器设备行业	电子专用材料行业
0.8		14.1	8.1		14.4	
	0.3	0.8	0.8		1.8	
4.1		4.5	18.5		0.4	
		0.3	0.1		0.6	
3.9	0.3	7.0	2.0		0.1	
		0.5	2.3			
3.4	0.9	0.1	0.5		0.4	
	0.9	5.6	1.0			
1.6		2.4	3.3			
			1.1			
		6.1				
		0.9	1.0		1.1	
0.1	0.1	0.7			0.2	
			0.4			
			0.2			
			0.1			

	全行业出口完成	通信设备行业	计算机行业	广播电视设备行业
进口合计	**62199771.8**	**4934948.9**	**5490685.8**	**1186552.4**
一、按经济类型分列				
外商独资企业	29829978.2	1659183.6	2959079.9	602860.8
私营企业	19928245.6	2319031.2	1684375.3	71586.2
中外合资企业	8480459.8	777319.2	320434.1	478908.5
国有企业	3093087.3	123066.8	358219.6	32363.0
集体企业	777245.2	54827.2	163965.9	648.5
中外合作企业	51926.6	1129.5	3374.5	97.8
其他企业	38101.5	378.0	1067.1	87.7
个体工商户	727.6	13.5	169.4	
二、按贸易方式分列				
进料加工贸易	25037997.0	2880344.5	1517262.3	984785.8
一般贸易	19565120.3	1086584.4	1793460.8	136584.6
海关特殊监管区域物流货物	8949517.8	604735.9	1776727.2	24869.6
来料加工装配贸易	4349111.5	70990.0	167301.1	34277.8
保税监管场所进出境货物	3607455.8	285438.9	207302.7	4600.7
特殊监管区域进口设备	481714.4	2153.8	15382.6	471.9
其他贸易	94959.9	4542.3	12523.4	942.6
外商投资企业作为投资进口的设备、物品	74117.5	23.8	644.0	15.6
加工贸易进口设备	27291.3	77.0	36.0	0.4
出料加工贸易	10895.0			
租赁贸易	1131.0	56.8	43.4	2.8
免税品	262.5	0.5	2.2	
国家间、国际组织无偿援助和赠送的物资	118.1			
其他捐赠物资	68.0			0.6
边境小额贸易	5.9	0.9		
免税外汇商品	5.7			
易货贸易				
三、按省、自治区、直辖市分列				
广东省	24867807.3	3112743.7	2214493.7	320604.0

进口指标表

单位：万美元

家用视听设备行业	智能消费设备行业	电子器件行业	电子元件行业	其他电子设备行业	电子仪器设备行业	电子专用材料行业
668136.4	**480811.5**	**36887789.4**	**5631803.9**	**2942779.1**	**2943625.0**	**1032639.3**
319278.6	184930.0	18459015.7	3269232.9	582355.8	1195919.2	598121.7
159103.7	57872.5	11879320.2	1451685.6	1062552.8	964138.5	278579.8
90531.4	179890.0	5013214.0	762253.5	472141.0	315228.7	70539.4
85302.6	54357.2	1042460.5	112507.8	791711.9	427707.0	65390.9
12656.1	657.4	478218.1	25017.2	3694.5	33237.0	4323.2
450.7	1709.8	15398.1	8615.0	1737.3	3842.5	15571.4
813.3	1382.9	153.8	2264.0	28585.9	3339.0	29.8
	11.7	9.0	228.0		213.1	83.0
256386.4	39663.7	15992287.6	2649304.5	5739.2	346548.3	365674.7
318810.7	379507.6	9426804.7	1758371.6	2313253.7	1944831.9	406910.2
52099.5	31098.8	4954922.2	754378.8	202061.1	360694.5	187930.3
15208.3	928.6	3761941.6	235520.2	1262.9	27521.8	34159.3
13601.1	22710.0	2715760.8	220850.3	43679.9	59416.7	34094.8
10799.2	2716.9	1999.2	7554.8	308613.8	131517.1	505.4
1094.5	2267.2	25059.0	5641.2	13822.5	27533.1	1534.2
100.8	1234.2	41.6	36.5	45982.8	26037.4	0.8
1.6	30.2	2.3	3.8	8106.2	19033.7	
		8969.7	26.4	69.8	2.9	1826.1
9.4	470.6	0.7	37.3	154.4	355.6	
	178.2		76.7		4.9	
24.9			0.5		92.7	
				33.1	34.4	
			1.4		0.1	3.5
	5.7					
220497.3	42728.7	15175926.9	2510242.9	441373.4	654847.9	174348.8

2018年电子信息制造业

	全行业出口完成	通信设备行业	计算机行业	广播电视设备行业
江苏省	11080879.1	359095.1	758639.7	180524.7
上海市	7572501.7	223797.1	941095.8	139706.6
四川省	3017723.8	72100.3	167024.1	25664.1
河南省	1782790.8	246834.5	1650.2	288175.8
陕西省	1578834.5	3032.0	15166.2	415.2
北京市	1540887.3	137012.3	139157.7	33630.3
山东省	1480893.3	123240.3	158085.9	26355.3
重庆市	1343825.2	41037.3	341312.1	9264.8
福建省	1315588.5	69629.7	205300.9	12037.2
天津市	1192640.6	204884.7	127718.9	16857.7
浙江省	1007808.7	11657.7	111063.1	15835.9
安徽省	728928.9	5447.7	96891.9	503.5
湖北省	672269.3	27143.9	26196.9	957.9
辽宁省	598705.4	20643.4	31406.7	8216.3
广西壮族自治区	497455.0	23932.6	111512.4	2281.8
山西省	416537.0	84896.8	1847.6	62980.7
江西省	396186.7	12004.8	7981.5	9660.0
湖南省	235673.0	21192.8	12070.9	602.1
吉林省	230098.3	45588.5	3784.3	7499.9
河北省	214582.2	2119.1	3498.5	17001.7
贵州省	147024.9	23512.6	1057.1	5906.4
云南省	98897.4	59159.5	7012.9	1670.2
内蒙古自治区	69741.4	74.1	235.7	3.8
甘肃省	35647.6	18.7	2744.7	36.0
宁夏回族自治区	28985.9	85.3	1687.7	1.9
黑龙江省	20260.1	3579.4	366.9	121.6
新疆维吾尔自治区	16570.7	408.1	918.5	7.6
海南省	8527.0	71.6	719.9	15.2
青海省	1312.4	5.1	33.8	14.2

进口指标表

单位：万美元

家用视听设备行业	智能消费设备行业	电子器件行业	电子元件行业	其他电子设备行业	电子仪器设备行业	电子专用材料行业
132937.0	64513.8	7398179.2	1096369.3	371771.9	420975.6	297872.9
114033.5	106365.8	4044874.8	769111.6	320175.4	692923.8	220417.4
11245.7	7900.4	2082935.7	102846.8	426213.5	110962.5	10830.8
1897.5	2386.7	1061024.1	136590.9	11046.3	30548.8	2636.0
10174.2	4217.7	1322334.4	35480.3	124948.4	42253.6	20812.3
76584.1	66635.8	587114.8	104115.9	61162.2	298660.5	36813.7
15389.6	22240.2	857589.6	157019.9	20768.9	81162.6	19041.0
2041.0	5130.2	808749.9	66616.7	40481.5	27016.3	2175.4
11445.6	9359.9	712795.9	73348.1	144721.7	61832.8	15116.5
15492.7	32381.3	496965.4	160679.9	26528.9	61177.9	49953.4
7422.3	12422.7	598935.1	77601.7	50520.6	82292.4	40057.1
2845.8	3893.1	277759.0	24261.4	248495.7	53064.6	15766.1
11417.5	11596.8	259652.6	34363.5	217744.3	66568.6	16627.3
20792.7	16135.6	113316.3	67222.6	229816.7	71548.8	19606.5
1021.8	446.8	259357.7	75156.9	1422.7	21104.4	1217.8
164.6	408.7	222769.1	21681.2	11003.2	10616.2	168.8
447.3	5886.2	296617.6	11079.3	18593.1	23986.0	9931.0
1790.2	9016.2	90760.7	29106.9	12471.6	57009.4	1652.2
5219.0	49622.2	53803.6	43649.8	1320.0	17825.4	1785.8
1421.6	2659.7	21746.4	13613.5	124778.6	24325.4	3417.8
894.8	137.3	93028.0	10809.4	1841.5	4540.8	5296.9
499.9	491.8	9615.6	4777.0	1859.0	7546.3	6265.2
44.2	368.7	17393.2	562.8	24924.9	3815.3	22318.8
402.4	9.2	22797.5	99.3	6132.2	3172.0	235.6
73.6	1969.7	16.9	1518.3	775.1	923.4	21934.0
1696.5	1384.4	1457.5	3337.6	1320.4	6824.2	171.5
193.5	226.2	79.9	172.2	19.1	3433.0	11112.7
45.5	256.8	189.4	360.6	486.3	1325.9	5056.0
5.1	15.7	2.4	4.5	62.1	1169.6	

	全行业出口完成	通信设备行业	计算机行业	广播电视设备行业
西藏自治区	187.5	0.2	9.6	
四、按国别和地区分列				
中国台澎金马关税区	13289382.3	233364.7	667698.4	13039.8
韩国	12143522.1	420780.0	677058.1	253613.7
中国	11895548.3	1757610.2	2027847.0	216265.9
日本	5864111.0	239781.1	242096.2	79675.2
马来西亚	3625809.0	52165.7	281930.4	6036.6
越南	3457761.6	1689929.6	17971.1	477906.2
美国	2690920.3	92504.5	110361.2	13682.8
泰国	1549451.0	116779.1	701781.5	19154.8
菲律宾	1447787.3	10966.8	345320.4	36185.7
德国	1403241.6	45797.1	95462.7	21957.9
新加坡	1387581.2	34522.0	132715.3	5332.9
爱尔兰	537922.6	1688.0	21692.7	5075.2
墨西哥	462596.4	39741.6	25776.8	2129.2
荷兰	294477.9	1137.1	6679.3	375.6
以色列	235261.5	7823.5	6297.9	375.3
法国	180124.9	9742.6	12310.8	1022.4
奥地利	159459.4	9276.1	8379.8	152.2
英国	144170.3	6038.0	7192.8	1796.9
印度尼西亚	138442.5	3319.0	9413.4	958.7
匈牙利	117645.2	4346.6	17342.8	3364.5
捷克	117457.8	6338.6	8786.5	3231.3
瑞士	113781.7	5163.9	3079.4	310.7
意大利	102565.5	4727.5	9736.1	431.0
加拿大	85709.3	7400.5	8519.4	2932.5
中国香港	85044.7	23747.8	3777.9	15746.7
葡萄牙	63802.5	2778.8	11897.9	435.1
比利时	57896.1	39174.3	2220.0	305.9

进口指标表

单位：万美元

家用视听设备行业	智能消费设备行业	电子器件行业	电子元件行业	其他电子设备行业	电子仪器设备行业	电子专用材料行业
	3.3		3.3		171.0	
72969.7	7470.4	11159650.6	588352.5	224954.5	144672.6	177209.3
25149.1	28405.5	9228076.6	472632.7	590934.8	187746.9	259124.7
152818.8	8886.4	5561095.8	1697056.7	39550.3	392966.2	41450.9
56106.9	128018.1	2237613.3	1048631.3	1084670.0	425602.0	321916.8
10667.5	2754.6	2891634.6	221090.9	26711.9	115145.4	17671.5
8582.6	810.0	874582.2	364218.0	7164.6	16532.3	65.0
74270.5	53747.2	1295699.5	154669.4	331888.9	483115.8	80980.4
12544.7	9838.7	511675.7	138233.6	2063.4	37043.5	336.1
7739.4	4516.8	831043.0	179705.5	572.2	31067.5	670.0
40989.8	100191.4	272857.5	186532.9	101841.9	448103.9	89506.4
66192.5	2658.2	720884.8	93920.4	207430.0	115607.2	8318.0
43112.1	179.3	449896.2	1391.2	11.1	14870.4	6.4
7783.5	10115.3	293529.0	57266.9	34.3	26187.0	32.6
11287.5	3565.9	10780.7	4816.0	243403.5	12113.9	318.3
3970.2	3286.0	135689.8	12721.6	855.7	59091.0	5150.5
9769.2	9928.6	64036.9	26438.3	4108.6	40382.2	2385.4
819.8	1899.6	43096.7	32598.1	26096.4	33698.9	3441.8
7511.4	7228.2	18579.9	16405.9	16093.6	61700.8	1622.7
7959.4	1947.5	21947.8	84490.1	1.4	7638.1	767.1
4003.7	16256.9	10360.8	16235.2	169.6	45562.3	3.0
4736.4	9574.9	39138.1	39726.2	25.1	5825.2	75.4
9811.1	3422.1	14725.1	26421.8	7381.7	43105.0	361.0
2569.7	5621.4	25511.4	18476.4	6656.7	26440.7	2394.6
5421.9	2191.5	28657.8	6082.9	336.5	23902.1	264.2
4969.6	879.2	17025.6	8678.2	3507.1	6391.5	321.0
630.4	14810.4	24738.9	7542.3	44.9	923.6	0.1
1688.7	907.5	5407.3	1280.1	145.6	5171.0	1595.7

	全行业出口完成	通信设备行业	计算机行业	广播电视设备行业
印度	52248.0	6163.3	1224.0	56.9
瑞典	51555.4	3592.5	6312.3	499.2
波兰	46452.0	8249.3	1743.4	1195.9
罗马尼亚	40595.3	2993.5	989.9	1169.7
芬兰	37021.9	11163.2	2986.8	65.2
西班牙	34387.4	1229.0	1450.5	47.1
丹麦	33373.5	3387.8	3317.7	392.8
澳大利亚	31999.1	13533.2	3417.4	365.7
马耳他	27951.2	220.4	93.9	44.8
斯洛伐克	26045.2	290.1	1145.7	101.8
哥斯达黎加	24169.7	203.1	50.3	249.5
摩洛哥	21975.7	169.3	2.0	0.1
挪威	20438.3	3581.8	962.9	615.5
俄罗斯联邦	14793.4	567.5	196.5	44.1
柬埔寨	8549.8	582.6	423.1	0.6
爱沙尼亚	7505.2	2670.6	60.5	
保加利亚	7372.3	42.5	128.2	18.2
萨尔瓦多	7343.3	3.8		
斯洛文尼亚	7028.6	216.6	254.1	1.3
巴西	5080.4	57.6	40.9	16.0
老挝	4913.7	4289.9	22.1	11.9
突尼斯	4158.3	1895.7	42.8	
新西兰	4069.6	127.7	1412.7	24.2
乌克兰	2898.1	1299.5	33.9	4.5
克罗地亚	2653.6	0.9	10.7	1.4
土耳其	2084.2	310.6	46.4	1.6
斯里兰卡	2066.8	125.2	156.6	
卢森堡	1884.2	1.5	159.3	
多米尼加共和国	1764.9	0.3	1.4	

进口指标表

单位：万美元

家用视听设备行业	智能消费设备行业	电子器件行业	电子元件行业	其他电子设备行业	电子仪器设备行业	电子专用材料行业
551.6	2197.9	8466.8	9988.8	59.1	22417.6	1122.0
2273.7	1608.1	1626.7	3793.3	12353.9	18195.6	1300.1
414.0	6101.3	4616.2	13284.5	1.8	10726.0	119.6
412.7	14735.0	1797.2	9589.4	0.1	8777.5	130.2
1508.0	2024.0	2786.7	3762.0	1052.3	10451.1	1222.6
861.7	4516.5	13887.1	6355.8	1752.7	4246.0	40.9
748.6	4341.4	791.4	7297.6	30.6	12576.1	489.6
3177.1	239.2	3408.7	1169.0	0.6	6273.2	415.0
41.9	23.2	22529.5	4158.3	6.8	832.5	
393.7	334.0	8414.7	6250.7	22.9	9091.7	
0.8	84.6	898.8	21754.5		924.3	3.8
79.6	397.5	19981.2	1290.5		55.6	
567.5	1317.9	1908.1	336.7	3.8	8368.5	2775.7
356.8	1628.3	1655.8	946.7	134.9	1595.9	7666.9
0.5	1.3	42.6	3933.7		3565.3	
17.1	247.0	41.3	873.5	8.3	3586.8	0.1
90.2	364.5	275.9	3842.4	391.2	1984.5	234.7
1.5	0.1	18.1	7307.0		12.8	
497.9	67.4	3438.8	1911.7	67.5	573.2	
13.9	143.6	556.7	3666.4	0.3	574.8	10.2
25.5		0.1	490.4		73.8	
174.0	0.3	89.7	1476.8		478.9	
38.6	63.5	437.8	1010.2		954.9	
450.4	297.8	24.8	417.8		358.4	11.0
41.6	103.3	88.9	2337.8		69.0	
44.2	48.3	168.2	1280.1	18.4	166.1	0.4
		54.1	1167.0		563.6	0.1
111.8	168.1	0.5	312.9		1129.8	0.3
0.1	0.1	1.0	391.6		1370.4	

	全行业出口完成	通信设备行业	计算机行业	广播电视设备行业
缅甸	1723.7	237.6	15.7	106.3
立陶宛	1486.8	117.8	60.6	16.0
拉脱维亚	1240.9	672.7	20.3	0.5
波多黎各	1214.3	7.4	229.3	
希腊	1188.1	51.2	79.2	0.2
白俄罗斯	1114.5	0.1	0.4	0.7
国（地）别不详	949.3	20.6	29.9	1.1
南非	849.0	63.5	47.5	1.4
北马其顿	741.4	31.0		1.1
列支敦士登	704.9		1.3	
孟加拉国	597.8	5.0	0.5	
阿联酋	587.9	8.9	37.0	0.1
莱索托	477.6	1.0		
塞尔维亚	398.7	2.5	2.3	
尼加拉瓜	371.5		0.4	
哈萨克斯坦	193.3		0.1	
埃及	189.8	6.7	0.9	
朝鲜	187.5			
智利	177.0	1.7	11.0	0.1
格鲁吉亚	167.9		5.7	0.3
洪都拉斯	157.0		0.2	0.1
沙特阿拉伯	154.4	0.1	0.4	
巴巴多斯	126.5		0.1	
黎巴嫩	118.9	5.8	12.9	
冰岛	59.5	2.4	28.1	
中国澳门	53.5	22.3	18.4	
波黑	45.8		8.3	
厄瓜多尔	45.7	1.1	2.3	0.1
塞浦路斯	42.8	14.0	6.4	0.2

进口指标表

单位：万美元

家用视听设备行业	智能消费设备行业	电子器件行业	电子元件行业	其他电子设备行业	电子仪器设备行业	电子专用材料行业
114.0		23.2	1226.5			0.4
4.9	164.5	126.5	137.6	66.2	781.0	11.7
0.2	20.6	9.3	361.3		156.0	
23.7	62.4	43.3	7.0		13.8	827.3
179.8	19.7	7.2	697.4	1.0	152.4	
100.2	2.0	523.4	9.0		478.2	0.5
11.9	26.1	439.8	95.2	150.0	168.8	5.8
206.5	171.8	60.0	116.9		155.4	25.8
0.4	68.6	5.1	631.1		4.1	
0.9	19.0	12.7	624.6		43.9	2.4
1.2		325.7	16.9		248.4	
57.2	14.2	13.0	449.7		7.7	
			475.8		0.7	
5.1	0.7	0.5	339.7		47.9	
		0.5			370.6	
		0.6	22.1		88.4	82.1
153.5		14.0	3.6		11.1	
			36.8		2.9	147.7
141.4		4.0	16.3		2.4	
133.3		7.6	10.2		10.8	
	46.3	32.9	77.0		0.5	
	0.1	1.2	150.7		1.7	
			126.1		0.3	
14.5		8.4	0.5		76.9	
9.9	0.2	2.6	6.1		10.3	
0.3		4.6	4.3		3.7	
2.0	0.8		34.2		0.5	
	0.4	3.4	1.3		37.1	
0.1	0.5	0.4	1.6	0.1	19.6	

	全行业出口完成	通信设备行业	计算机行业	广播电视设备行业
巴基斯坦	40.1		0.7	
摩纳哥	33.0	0.1		
纳米比亚	29.0	0.7	1.1	
摩尔多瓦	24.2	0.1		
马达加斯加	22.3	1.7		
肯尼亚	21.7	20.3		0.1
伊朗	20.6	2.1	0.1	0.6
喀麦隆	18.9			
阿尔巴尼亚	18.0	0.2		
冈比亚	17.5	0.1		
巴哈马	17.4	15.3		
阿曼	16.7		0.1	
塞拉利昂	12.9	7.8		
蒙古	12.6			
阿根廷	12.3	0.7	0.1	0.1
安道尔	12.1	0.4		
东帝汶	11.1			
开曼群岛	10.9		6.9	
卡塔尔	10.3			
卢旺达	9.3		8.6	
圣马力诺	8.9			
吉尔吉斯斯坦	8.1			
牙买加	7.6	3.6		
秘鲁	7.3	0.1		
佛得角	6.5			
莫桑比克	6.3		1.2	
乍得	6.2		5.8	
留尼汪	6.1		6.1	
圣卢西亚	5.5			

进口指标表

单位：万美元

家用视听设备行业	智能消费设备行业	电子器件行业	电子元件行业	其他电子设备行业	电子仪器设备行业	电子专用材料行业
0.3		1.0			38.2	
		30.3	1.3		1.2	
0.6		15.1	10.9		0.7	
		0.4	16.3		7.4	
	20.5					
		1.2	0.1			
0.9		10.3	3.7	2.2	0.7	
		4.3	4.5		10.0	
			1.7		16.0	
		0.1	0.1		17.1	
			2.1			
		15.9	0.1		0.6	
		2.5	1.8		0.8	
		11.1			1.5	
0.1	0.1	0.6	2.3		8.3	
	0.1	9.6	0.9		1.1	
		11.0	0.1			
		3.4	0.5			
	0.7	0.4	8.8		0.4	
		0.6	0.1			
		0.4	0.8		7.6	
0.3		0.1	7.7			
			0.3			3.7
	3.5	0.1	1.7		1.9	
		6.5				
		4.9	0.2			
		0.3	0.1			
			5.5			

	全行业出口完成	通信设备行业	计算机行业	广播电视设备行业
马里	5.4	0.2	0.3	
哥伦比亚	5.3		0.1	
海地	4.9			
巴拿马	4.6	1.6	0.2	
毛里求斯	4.4	2.5		
斯威士兰	4.3			
圣其茨和尼维斯	3.6			
委内瑞拉	3.3	0.2	0.1	
圣多美和普林西比	3.1			
古巴	3.1			
尼日尔	3.1			
多米尼克	3.1			
安提瓜和巴布达	3.1			
巴布亚新几内亚	3.0			
瓦努阿图	2.9			
新喀里多尼亚	2.7	0.2		
大洋洲其他国家（地区）	2.7	0.9		
塞内加尔	2.6	0.1		
阿富汗	2.4			
多哥	2.2			
马尔代夫	2.0			
拉丁美洲其他国家（地区）	1.9			
几内亚	1.8			
马拉维	1.8			
苏里南	1.8			
土库曼斯坦	1.6			
约旦	1.5			
伊拉克	1.5	1.0		0.1
毛里塔尼亚	1.4			

进口指标表

单位：万美元

家用视听设备行业	智能消费设备行业	电子器件行业	电子元件行业	其他电子设备行业	电子仪器设备行业	电子专用材料行业
		4.6	0.4			
	0.1	1.3	3.1		0.6	
		0.5	4.3		0.1	
	0.4	0.3	2.0			
		0.6	0.1		1.1	
		0.4	3.0		0.8	
			3.5			
		2.5	0.2		0.3	
			0.1		3.0	
			3.1			
		0.8	2.3			
		1.8	1.2		0.1	
			2.7		0.4	
		3.0	0.1			
					2.9	
	0.6	1.9				
			0.2		1.5	
		1.6	0.9			
		1.3	0.4		0.7	
		2.2				
		1.9				
			1.9			
		1.2	0.6			
		1.8				
			1.8			
		1.5	0.1			
1.0			0.5			
		0.1			0.2	
		0.8	0.6			

	全行业出口完成	通信设备行业	计算机行业	广播电视设备行业
阿塞拜疆	1.4			
也门	1.4			
萨摩亚	1.4		0.1	
阿鲁巴	1.3		0.1	
乌拉圭	1.3			
加纳	1.2			
阿尔及利亚	1.2			
加蓬	1.1		0.4	
塔吉克斯坦	1.1			
亚美尼亚	1.1		0.4	
百慕大	1.1	0.3		
黑山	1.1		0.1	
坦桑尼亚	1.0	0.1		
尼日利亚	1.0	0.4	0.4	
土阿莫土群岛	0.9			
利比里亚	0.8			
法属圭亚那	0.8			
巴勒斯坦	0.8			
苏丹	0.8	0.5		
赞比亚	0.8			
瑙鲁	0.8			
巴拉圭	0.7			
梅利利亚	0.7			
特立尼达和多巴哥	0.7			
法属波利尼西亚	0.7			
文莱	0.6			
圭亚那	0.6		0.3	
马绍尔群岛	0.5			
中非	0.5		0.5	

进口指标表

单位：万美元

家用视听设备行业	智能消费设备行业	电子器件行业	电子元件行业	其他电子设备行业	电子仪器设备行业	电子专用材料行业
		0.9	0.4			
		1.4				
	0.5	0.3	0.1		0.3	
		1.2				
0.1	0.3	0.1	0.7			
		1.1			0.1	
		1.0	0.1			
0.3		0.4				
		0.5	0.2		0.4	
0.4		0.1	0.1		0.2	
					0.8	
		0.6	0.4			
		0.7			0.3	
			0.1		0.1	
		0.9				
	0.3	0.1	0.4			
		0.6	0.3			
		0.7	0.1			
					0.3	
			0.7			
		0.7	0.1			
			0.7			
		0.7				
		0.7				
		0.7				
		0.6				
			0.3			
0.1	0.4					

	全行业出口完成	通信设备行业	计算机行业	广播电视设备行业
塞卜泰（休达）	0.5	0.1		0.1
库腊索岛	0.5			
吉布提	0.5		0.5	
西撒哈拉	0.4			
索马里	0.4			
叙利亚	0.4			0.3
布隆迪	0.4			
瓦利斯和浮图纳	0.4			
伯利兹	0.3			
马提尼克	0.3			
安哥拉	0.3			
巴林	0.2	0.1		
亚洲其他国家（地区）	0.2			
多民族玻利维亚国	0.2			
刚果（布）	0.2			
基里巴斯	0.2			
埃塞俄比亚	0.2			
蒙特塞拉特	0.2			
博茨瓦纳	0.1			
危地马拉	0.1			
科威特	0.1			
乌兹别克斯坦	0.1			
密克罗尼西亚联邦	0.1		0.1	
乌干达	0.1			
瓜德罗普	0.1			
加那利群岛	0.1			
格林纳达	0.1			
塞舌尔	0.1			

进口指标表

单位：万美元

家用视听设备行业	智能消费设备行业	电子器件行业	电子元件行业	其他电子设备行业	电子仪器设备行业	电子专用材料行业
		0.4				
			0.5			
		0.4				
			0.4			
			0.1			
			0.3			
		0.4				
		0.1	0.2			
		0.1			0.2	
					0.3	
			0.1			
		0.2				
			0.2			
		0.2				
			0.2			
		0.1				
		0.1				
					0.1	
			0.1			
		0.1				
		0.1				
			0.1			
					0.1	
			0.1			
		0.1				
		0.1				

反侵权盗版声明

电子工业出版社依法对本作品享有专有出版权。任何未经权利人书面许可，复制、销售或通过信息网络传播本作品的行为；歪曲、篡改、剽窃本作品的行为，均违反《中华人民共和国著作权法》，其行为人应承担相应的民事责任和行政责任，构成犯罪的，将被依法追究刑事责任。

为了维护市场秩序，保护权利人的合法权益，我社将依法查处和打击侵权盗版的单位和个人。欢迎社会各界人士积极举报侵权盗版行为，本社将奖励举报有功人员，并保证举报人的信息不被泄露。

举报电话：（010）88254396；（010）88258888

传　　真：（010）88254397

E-mail：　dbqq@phei.com.cn

通信地址：北京市万寿路 173 信箱

电子工业出版社总编办公室

邮　　编：100036